Bartholomäus · Glut der Begierde – Sprache der Liebe

CIP-Kurztitelaufnahme der Deutschen Bibliothek

Bartholomäus, Wolfgang:
Glut der Begierde – Sprache der Liebe : unterwegs zur ganzen Sexualität / Wolfgang Bartholomäus. – München : Kösel, 1987.
ISBN 3-466-36268-7

Gesamtherstellung: Kösel, Kempten.
Umschlag: Günther Oberhauser, München.
ISBN 3-466-36268-7

WOLFGANG
BARTHOLOMÄUS

GLUT DER BEGIERDE SPRACHE DER LIEBE

UNTERWEGS ZUR GANZEN SEXUALITÄT

KÖSEL

Inhalt

Geschichtliche Ideen katholischer Sexualpädagogik 59

Einführung

Sexualität macht Angst

Über die Sexualität des Menschen zu schreiben, braucht immer noch Mut – speziell in der katholischen Kirchengesellschaft. Man muß sich gegen die Angst vor den Folgen behaupten, die sich mit einem solchen Vorhaben einschleicht. Und das auch dann, wenn es, wie in diesem Buch, (nur) um Grundlagen und Grundfragen einer Sexualpädagogik in der Welt des Christentums geht. Die Angst bezieht sich nicht in erster Linie auf die mögliche Ablehnung oder falsche Anerkennung, die die hier vertretenen Auffassungen hervorrufen könnten. Sie betrifft eher das mögliche Urteil über die Person, die sich Themen und Problemen menschlicher Sexualität zuwendet. Bei aller Liberalisierung in diesem Bereich gilt es in Kreisen katholischer Kirchenleute, bei Amtsträgern, Theologen und einflußreichen Laien gleichermaßen, immer noch als nicht gerade schicklich, offen über die Sexualität zu reden.
Zudem wird – übrigens ganz zurecht – vermutet, die Zuwendung eines Autors zu einem Gegenstand habe mit dem zu tun, was ihm selbst in seiner Lebensgeschichte interessant und problematisch geworden ist, und so werde, was er denkt und schreibt, zu einem Spiegel seines eigenen Lebens. Nicht die Tatsache, daß es so ist, sondern die Unsicherheit darüber, wie der Leser damit umgeht, macht Angst. Obwohl in vielen kirchenamtlichen Texten, wie auch anderswo, zurecht behauptet wird, die Sexualität betreffe das ganze Leben eines jeden Menschen, sind Leser doch überrascht und Autoren vor Überraschungen nicht sicher, wenn damit Ernst gemacht wird.
Wieso war es, wie mir ein Redakteur einer katholischen Zeitschrift im Jahre 1983 gestand, immer noch nicht möglich, ein Themenheft zu sexualpädagogischen Fragen zu veröffentlichen? Warum verfallen – die Beispiele aus jüngster Zeit sind zahlreich – offene und weiterführende Äußerungen zur Sexualität kirchenamtlicherseits schnell dem Verdikt? Wieso wird, obwohl in Predigt und Katechese, in Seelsorge und Erziehung auch von der Sexualität gesprochen wird, dem Sprechen am liebsten das

Schweigen vorgezogen? Die Angst, die viele vor der Sexualität des Menschen haben und die sie mit Verboten gegen sich und andere zu bewältigen suchen, macht Autoren Angst, sich an ihr interessiert zu zeigen und mit dezidierten Äußerungen hervorzutreten.

Gleichwohl stelle ich meine Angst zurück. Es geht ja um Menschen, denen im Blick auf ihre Sexualität Angst gemacht wurde und noch wird. Ihnen müssen Möglichkeiten der Bewältigung ihrer Angst bereitgestellt werden. Und nicht nur das: Ihnen sollen sich darüber hinaus begründete und inspirative Perspektiven zu einer umfassenden Sinngebung und Entfaltung ihrer Sexualität eröffnen. In der Sexualität geht es ja um etwas, dem die meisten Menschen – zu oft nur heimlich – die größte Aufmerksamkeit schenken, das die Mitte ihres Erlebens – und damit Lebens – bedeutet und ihnen oft Quelle des Glücks und Grund von Leid ist. Das zudem – unter den gegebenen geschichtlichen Bedingungen – elementar ihr Gottesverhältnis und ihre Kirchenbeziehung berührt. Sexuell nicht lieben können, ist eine Behinderung vieler Menschen, die niemanden gleichgültig läßt. Ihr Grund sind vielfach innere Sperren, die aus unnötiger Angst hervorgehen.

Nun hat die Angstmacherei keine so lange Geschichte, wie mancher vermuten wird. Noch Erasmus von Rotterdam (1466–1536) konnte über die Sexualität des Menschen offen reden, weil sie eine Wirklichkeit war, mit der man damals noch relativ unbefangen umging[1]. Und das nicht etwa deswegen, weil sie nicht als bedrohlich erlebt wurde oder man in ihr nicht versagen zu können glaubte, sondern weil man sie als zum Menschenleben gehörig begriff und weil sie im Menschenleben, für alle sichtbar, auch vorkam. Erasmus spiegelt allerdings auch schon die zunehmende Peinlichkeit, mit der der Bereich der Intimität wie der der Körperlichkeit des Menschen belegt wurde[2].

[1] *Erasmus v. Rotterdam,* Colloquia familiaria. Vertraute Gespräche (1522), Darmstadt 1967.

[2] *N. Elias,* Über den Prozeß der Zivilisation I (1936), Frankfurt a. M. 1976, 181. 233.

In der Einstellung zur Sexualität läßt sich ein ähnlicher Verlauf ausmachen wie in der Einstellung zum Tod. Ursprünglich als zum Leben gehörig erlebt und darum weder aus der Öffentlichkeit (einer Familie, eines Dorfes, einer Gesellschaft) ausgesperrt noch aus dem eigenen Innern verdrängt, wurde er seit dem 16. Jahrhundert zunehmend tabuisiert, bis sich die Menschen des 20. Jahrhunderts ihres eigenen Todes beraubt haben. Viele erleben ihn heute nicht mehr, weil er nur im Krankenhaus vorkommt, weil die Beerdigung »in aller Stille« stattfindet, arrangiert von entsprechenden Instituten, weil gebeten wird, »von Beileidsbezeugungen abzusehen«, weil man nicht mehr öffentlich trauert. »Wer sich mit der Darstellung des Todes beschäftigt, rückt in den Verdacht der Pornografie.«[3]

Der Höhepunkt der öffentlichen Tabuisierung der Sexualität in unserer Gesellschaft ist zwar überschritten. Doch sind die Seelen noch nicht überall nachgekommen. Viele Menschen empfinden es darum immer noch als peinlich, von ihren sexuellen Wünschen und Erfahrungen offen zu sprechen. Selbst da, wo die Vertrautheit solche Offenheit rechtfertigen würde, zwischen Eltern und Kindern, Freundin und Freund, Ehemann und Ehefrau. Dabei hat jeder sexuelle Wünsche und macht jeder sexuelle Erfahrungen, selbst derjenige, der sich den strengsten Normierungen unterwirft, die gesellschaftliche Gruppen dafür bereitstellen, oder der, der sie aus seinem Bewußtsein verdrängt hat. Gleichwohl: man schweigt – jedenfalls in einer gewissen Hinsicht, und von der eigenen Sexualität.

Eltern schweigen vor ihren Kindern (es sei denn, sie warnen vor Gefahren), Pfarrer schweigen in ihren Predigten (es sei denn, sie verbreiten Verbote), Lehrer schweigen in ihrem Unterricht (es sei denn, sie informieren über biologische Fakten). Würden wir in einer Gesellschaft leben, die die Sexualität dem Alltag zurechnet, wie es im Mittelalter offensichtlich sehr viel gelassener als heute der Fall war, dann hätte solches Schweigen kaum ernstzuneh-

[3] *T. Michaelis,* Tabu Tod: Süddeutsche Zeitung Nr. 261 (12./13. 11. 1983) SZ am Wochenende I.

mende Folgen. Dann würde auch das Reden nicht so ungewöhnlich erscheinen. Wo Menschen allseits unvermittelte Sexualität erleben, da muß nur wenig von ihr gesprochen werden. Und da kann Schweigen nichts Schlimmes anrichten. Heute freilich ist das anders. Vor allem in der Kirchengesellschaft. Mehr Menschen, als man vermuten möchte, sind irritiert von dem, was sie in sich vorfinden: Signale einer tabuisierten Sexualität, deren Heimlichkeit zu unheimlichen Sperren führt, sie in Angst versetzt oder ihnen Schuldgefühle bereitet. Dem steht die sexuelle Liberalisierung nicht entgegen. Denn die Vermarktung der Sexualität, die durch sie möglich wurde, rechnet damit, daß die Sexualität eben nichts attraktiv und vielleicht verführerisch Normales ist, sondern etwas Heimliches, Schlüpfriges und Peinliches. Und der seit längerer Zeit bereits geführte sexualpädagogische Diskurs hat hier noch keinen Durchbruch erzielt.

Neue Aufmerksamkeit für die Sexualerziehung

Die Beschäftigung des Religionspädagogen mit der menschlichen Sexualität hat weitere Gründe. Sie ist auch veranlaßt durch die neue Aufmerksamkeit, die die Sexualerziehung gegenwärtig findet. Was diese betrifft, so ist zunächst darauf zu verweisen, daß die Geschlechtserziehung in der katholischen Kirche seit langem als eine »religionspädagogische Hauptaufgabe« gilt. Der »Rahmenplan für die Glaubensunterweisung« von 1967 bezeichnete die Geschlechtserziehung so[4]. Das war drei Jahre nachdem die deutschen Bischöfe »Sexualpädagogische Richtlinien für die Jugendseelsorge« (1964) veröffentlicht hatten, die es als unverantwortlich ansahen, wenn Eltern und Seelsorger die geschlechtliche Erziehung der Straße überlassen würden[5].
Obwohl diese Anstöße kaum die erhoffte Resonanz fanden, war

[4] Rahmenplan für die Glaubensunterweisung, hrsg. von den katholischen Bischöfen Deutschlands durch den Deutschen Katechetenverein, München 1967, 12.

[5] Sexualpädagogische Richtlinien für die Jugendseelsorge: *W. Bokler/H.*

in der katholischen Kirche damit schon intoniert, was die Schüler- und Studentenbewegung Ende der sechziger Jahre zum Paukenschlag machte: die öffentliche Thematisierung der menschlichen Sexualität und der Sexualerziehung[6]. Anläßlich des Gründungskongresses des »Aktionszentrums unabhängiger und sozialistischer Schüler« (AUSS) wurde 1968 eine »Resolution zur Sexualerziehung« (in der Schule) verabschiedet: »Neben der Aufklärung über alle physiologischen und anatomischen Fakten ist die Hauptaufgabe der Sexualerziehung: die Erkenntnis zu vermitteln, daß Glück und Befriedigung der Heranwachsenden nicht einer zukünftigen Glücksvorstellung und zukünftigen Befriedigungsversprechungen geopfert werden dürfen.«[7]

Auf die öffentlich geforderte Sexualerziehung antworteten die deutschen Kultusminister sofort mit »Empfehlungen zur Sexualerziehung in den Schulen« (1968). Sie schrieben darin: »Sexualerziehung als Erziehung zu verantwortlichem geschlechtlichem Verhalten ist Teil der Gesamterziehung. Sie ist notwendig, um die individual- und sozialethischen Aufgaben der Erziehung zu erfüllen. Sexualerziehung ist in erster Linie Aufgabe der Eltern. Die Schule ist auf Grund ihres Bildungs- und Erziehungsauftrags verpflichtet, bei dieser Aufgabe mitzuwirken.«[8]

Die so empfohlene, jedoch nur halbherzig praktizierte Sexualerziehung – als fächerübergreifendes Unterrichtsprinzip, auch im Religionsunterricht – wurde in »Pro und Contra« heftig diskutiert – speziell im katholischen Raum. Hervorgetan hat sich nament-

Fleckenstein, Die sexualpädagogischen Richtlinien in der Jugendpastoral, Mainz 1967, 7–15.

6 Nach sexualpädagogischen Vorarbeiten: *H. Kentler,* Für eine Revision der Sexualpädagogik, München (1967) 1971; *H. Scarbath,* Geschlechtserziehung, Heidelberg (1967) 1969.

7 Zitiert nach: *H. Kentler,* Sexualerziehung, Reinbek b. Hamburg 1970, 143.

8 Empfehlungen zur Sexualerziehung in den Schulen: Kultus und Unterricht. Bekanntmachungen des Kultusministeriums Baden-Württemberg 137 (1969) UA I 3151/109; vgl. *N. Kluge,* Sexualerziehung als Unterrichtsprinzip, Darmstadt 1976, 9–13.

lich der Münchner »Freundeskreis Maria Goretti e. V.« (FMG), der gegen die schulische Sexualerziehung in der Schule Sturm lief[9]. Eltern protestierten gebenüber Kirchenführern und Politikern. Die Auseinandersetzung spitzte sich zu in einer Klage vor dem Bundesverfassungsgericht (BVG). Das BVG bestätigte in seinem Urteil vom 21. Dezember 1977 die sexualpädagogische Aufgabe der Schule (Art. 7 I GG). Bei Betonung des Grundsatzes, die individuelle Sexualerziehung gehöre in erster Linie zum natürlichen Erziehungsrecht der Eltern (Art. 6 II GG), verpflichtete es die Schule zu Offenheit für die verschiedenen Wertvorstellungen im Bereich der Sexualität, zur Rücksichtnahme auf die Eltern und deren Überzeugungen, und zur Vermeidung jeder Indoktrinierung. Es unterschied zwischen Sexualkunde (biologische, psychologische, soziologische Information) und Sexualerziehung (ethische Urteilsbildung und Handlungsermöglichung). Die erste Aufgabe gab es generell an die Schule frei, während es die zweite Aufgabe an den Vorbehalt des zuständigen Gesetzgebers knüpfte[10]. Ähnlich entschied das Bundesverwaltungsgericht (BVWG) in seinem Urteil vom 22. März 1979[11].
Diese Urteile zwangen die Länder dazu, wo noch nicht erfolgt, in ihre Schulgesetze Regelungen zur Sexualerziehung aufzunehmen, und die etwaig auf dem Erlaßweg gegebenen Richtlinien zur Sexualerziehung an die gesetzlichen Grundlagen anzupassen. Das ist inzwischen in fast allen deutschen Bundesländern geschehen. Baden-Württemberg beispielsweise fügte am 11. Juli 1983

[9] Die »FMG-Information« erscheint seit 1977 jährlich etwa dreimal. Daneben gibt es u. a. eine Broschüre »Schul-Sexualerziehung – so ist sie wirklich!« und verschiedene Flugblätter gegen die »neuheidnische Schulsexualerziehung«, mit der Behauptung, das kirchliche Lehramt verurteile sie. Ähnlich haben sich die »Katholischen Pfadfinder Europas« eingestellt: *G. Wondrak,* Reinheit: Beiträge zur »Spur« Nr. 11 (1978) 1–24; vgl. dazu *R. Bleistein,* Gefährliche Pfade ins Ungewisse, Pastoralblatt 32 (1980) 80–86.

[10] Entscheidungen des BVG 47 (1978) 46–85; vgl. *T. Oppermann,* Die erst halb bewältigte Sexualerziehung: Juristenzeitung 33 (1978) Nr. 3, 289–293.

[11] Entscheidungen des BVWG 57 (1979) 360–373.

in sein Schulgesetz einen § 100 b »Geschlechtserziehung« ein[12]. Dieser wurde am 26. April 1984 durch eine staatliche Verwaltungsvorschrift konkretisiert[13].

Die Deutsche Bischofskonferenz (DBK) reagierte auf das Urteil des BVG von 1977 im Jahre 1979 mit zwei Erklärungen, von denen sich die eine auf die mehr rechtlichen Aspekte, die andere auf die theologischen und pädagogischen Aspekte der Sexualerziehung bezieht[14]. Im Streit der Meinungen sagen sie ein klares Ja zur elterlichen und zur schulischen Sexualerziehung, reklamieren dabei den Primat der Eltern und betonen, die schulische Sexualerziehung müsse sich in jedem Fall im Rahmen der elterlichen Erziehungsvorstellungen bewegen. Darum sei eine Abstimmung zwischen Schule und Elternhaus nötig. In ihren Erklärungen berufen sich die Bischöfe auf ihren Hirtenbrief von 1973 »Zu Fragen der menschlichen Geschlechtlichkeit«[15]. Auch stellen sie sich in die Tradition der Gemeinsamen Synode der Bistümer in der BRD: des Arbeitspapiers »Sinn und Gestaltung menschlicher Sexualität« von 1973, und des Beschlusses »Christlich gelebte Ehe und Familie«, von 1975[16].

Inzwischen liegen nun sogar gesamtkirchliche Äußerungen zum Thema vor. In seinem Schreiben »Familiaris consortio« über die Aufgaben der christlichen Familie in der Welt von heute äußert sich Johannes Paul II. auch zu Fragen der Sexualerziehung[17].

[12] Gesetzblatt für Baden-Württemberg 1983, 225 f. Vgl. Kirchliches Amtsblatt für die Diözese Rottenburg-Stuttgart. Band 37 (1. 9. 1983) Nr. 15, 178.

[13] Richtlinien zur Geschlechtserziehung in der Schule: Kirchliches Amtsblatt für die Diözese Rottenburg-Stuttgart. Band 37 (10. 8. 1984) Nr. 13, 519–523.

[14] Am 30. 4. 1979: Zur Sexualerziehung in Elternhaus und Schule. Am 25. 9. 1979: Handreichung zur Sexualerziehung in Elternhaus und Schule: Die deutschen Bischöfe Nr. 23, hrsg. v. Sekretariat der Deutschen Bischofskonferenz, Bonn 1979.

[15] Die deutschen Bischöfe Nr. 05, hrsg. v. Sekretariat der Deutschen Bischofskonferenz, Bonn 1973.

[16] Sonderdruck aus »Synode 7/1973«, Bonn 1973; Heftreihe: Synodenbeschlüsse Nr. 11, Bonn 1975.

[17] *Papst Johannes Paul II.*, Dem Leben in Liebe dienen. Apostolisches

Was hier grundgelegt wurde, suchte seine Detaillierung und Konkretisierung in der »Orientierung zur Erziehung in der menschlichen Liebe« der römischen Kongregation für das katholische Bildungswesen vom 1. November 1983[18]. Beide Dokumente wollen fortschreiben, was das Zweite Vatikanische Konzil angeregt hatte[19].

Diese Dokumente – und noch einige mehr[20] – beleben eine lebhafte Auseinandersetzung mit sexualpädagogischen Fragen in der katholischen Kirche wie in der gesellschaftlichen Öffentlichkeit. Sie hat damit zu tun, daß sich im Blick auf den Menschen und seine Sexualität in unserer Gesellschaft Änderungen vollziehen, und der richtige pädagogische Umgang mit seiner Sexualität fragwürdig geworden ist. Es ist darum auch nicht verwunderlich, daß sich die Wissenschaften dieses Themas annehmen. In den Erziehungswissenschaften formieren sich sexualpädagogische Theorien, die die Sexualerziehung aus unterschiedlichen Ansätzen und mit verschiedenen methodischen Instrumentarien zu

Schreiben »Familiaris consortio« über die Aufgaben der christlichen Familie in der Welt von heute, Freiburg 1982, Nr. 27; vgl. *N.* und *R. Martin* (Hrsg.), Familie, werde, was du bist. Kommentare zu Familiaris consortio, Vallendar-Schönstatt 1983.

18 Verlautbarungen des Apostolischen Stuhles Nr. 51, hrsg. v. Sekretariat der Deutschen Bischofskonferenz, Bonn 1984.

19 Gravissimum educationis. Erklärung über die christliche Erziehung, Nr. 1; Gaudium et spes. Konstitution über die Kirche in der Welt von heute, Nr. 49.

20 Gemeinsame Erklärung der DBK und des Rates der EKD »Ja zur Ehe«: Ehe, Familie, Sexualität, Jugend. Die Denkschriften der EKD. Band 3, Gütersloh 1981, 63–67; Zu Fragen der Stellung der Frau in Kirche und Gesellschaft. Die deutschen Bischöfe Nr. 30, Bonn 1981; *Josef Höffner,* Geschlechtliche Erziehung. Hirtenbrief zum Familiensonntag, Köln 1984; *ders.,* Versöhnung und Buße. Hirtenbrief zur Fastenzeit, Köln 1985. *Karl Lehmann,* Nichteheliche Lebensgemeinschaften und christliche Ehe. Der Fastenhirtenbrief des Bischofs von Mainz: Herder-Korrespondenz 38 (1984) 171–175; Empfehlungen zur Sexualerziehung, Hrsg.: Arbeitsgemeinschaft für katholische Familienbildung, Bonn 1970; Stellungnahme zur schulischen Geschlechtserziehung, Hrsg.: Bundeskonferenz für Schule und Erziehung, Bonn 1976. Hinzu kommen Stellungnahmen der katholischen Verbände.

beschreiben, zu begreifen und zu beeinflussen suchen. Beleg dieser Entwicklung ist u. a. das von Norbert Kluge herausgegebene doppelbändige »Handbuch der Sexualpädagogik«[21]. Mit den sexualerzieherischen Wirkungen und Möglichkeiten religiöser Traditionen befassen die Erziehungswissenschaften sich allerdings eher in der Attitüde der Anklage oder des Widerspruchs. In unterschiedlichem Maße und mit Ausnahmen. Wer die Geschichte katholischer Sexualpädagogik verfolgt, wird das verstehen können. Insofern ist es notwendig, kritisch und konstruktiv an einer »Sexualpädagogik in der Welt des Christentums« zu arbeiten, die sich zwar von jeder konfessionellen Einseitigkeit und kirchlichen Enge befreit und so (hoffentlich) öffentlich begründbar und kommunizierbar wird; die jedoch zugleich in der Wirkungsgeschichte des von den Kirchen und ihren typischen Einstellungen zur Sexualität bestimmten Christentums verbleibt und sich mit der Aufarbeitung von deren schädigenden und hilfreichen Möglichkeiten befaßt[22].

Entfremdete Sexualität

Neben diesen eher äußeren Anlässen drängen auch einige die Sexualität des Menschen betreffenden Phänomene und Beobachtungen dazu, die umfassende Sinngebung und erzieherische Entfaltung menschlicher Sexualität zum Thema zu machen. Da ist zunächst die allenthalben erfahrbare Entfremdung der Menschen voneinander und die damit gegebene Verkarstung ihrer Humanität, die ihren Ausdruck findet in charakteristischen Ver-

[21] *N. Kluge* (Hrsg.), Handbuch der Sexualpädagogik. 2 Bände, Düsseldorf 1984.

[22] Vgl. *W. Bartholomäus*, Lernziel: Kultivierte Sexualität: *W. Graff/ H. Tiefenbacher* (Hrsg.), Kirche – Lebensraum für Jugendliche, Mainz 1980, 34–62; *ders.*, Einführung in die Religionspädagogik, Darmstadt – München 1983, 174–179; *ders.*, Art. Sexualpädagogik: *G. Bitter/ G. Miller* (Hrsg.), Handbuch religionspädagogischer Grundbegriffe I, München 1986, 322–327.

fehlungen ihrer Sexualität, im Verlust von Zärtlichkeit oder der Unfähigkeit dazu, in quantifizierendem Leistungs-Sex, in pornografischer Langeweile, in destruktiv-aggressivem Sex.
Ich erwähne dazu die verbreitete Beziehungs- und Bindungsunfähigkeit, die verschiedene Gründe hat: die Angst etwa davor, durch den ersten Schritt zu einer Beziehung verletzt zu werden; die Angst vor der möglichen Enttäuschung, die aus überhöhten Erwartungen an die Glücksmöglichkeiten stammt, die in sexuellen Beziehungen liegen sollen; die Furcht davor, durch langfristige Bindungen sich festzulegen und dabei vielleicht Lebensmöglichkeiten zu verpassen; wohl auch die egoistische Selbstverfallenheit von Zeitgenossen, die der Erfahrung noch ermangeln, daß gelungenes Leben nur mit anderen, nicht gegen andere möglich ist. Ich nenne auch die »Banalisierung der Sexualität«[23], die mit dem Verlust zwischenmenschlicher Kultur einhergeht oder zumindest als Begleiterscheinung von Veränderungen im Bereich zwischenmenschlicher Kultur erlebt wird. Eng damit zusammen hängt der Gebrauch oder Mißbrauch von Sexualität als Droge, Problemlöser, Konsumgut oder Werbeträger. Sie sind die Rückseite der sexuellen Liberalisierung, die als ein durchaus ambivalentes Phänomen bekannt ist, ambivalent insofern, als sie zugleich von der schrecklichen Angst vergangener Generationen vor der Sexualität befreite und zugleich die Instrumentalisierung der Sexualität für psychische und ökonomische Zwecke erst wirklich ermöglichte (s. S. 43–46). Ich nenne auch die offensichtlich zunehmenden Störungen, die das sexuelle Erleben und die sexuelle Praxis vieler befallen, Versagensgefühle und Potenzstörungen, die wohl auch zu tun haben mit publizistisch hervorgebrachten, überzogenen und unrealistischen Vorstellungen von dem, was im Bereich der Sexualität »normal« sein soll, und die diejenigen unter Streß setzen, die diese Scheinnormalität zu verwirklichen suchen, statt sich von ihren Gefühlen und Möglichkeiten leiten zu lassen (s. S. 255f.).

[23] Vgl. die »Orientierung zur Erziehung in der menschlichen Liebe« (Anm. 18), Nr. 37; und *Höffner* 1984 (Anm. 20), 5.

Glut der Begierde – Sprache der Liebe

Diese Irritationen, die eingangs geschilderte Angst und die soeben angedeutete Entfremdung, auf die sich, wo sie überhaupt öffentlich wahrgenommen und als erzieherisches Problem erkannt wurden, in der Regel sexualpädagogische Bemühungen richteten, sind nicht vom Himmel gefallen. Sie sind die Widerspiegelung der in der Welt des Christentums akkumulierten Erfahrungen mit der Sexualität, in denen biblisch-christliche und bürgerlich-religiöse Impulse zusammengekommen sind. Darüber ist viel geschrieben worden. Ich brauche das hier nicht zu wiederholen. So komplex nun der Wirkungszusammenhang »Welt des Christentums« auch ist und so sehr in ihm die Sexualität des Menschen zugleich hinderlichen und förderlichen, verletzenden und inspirierenden, zerrüttenden und behütenden Formungen ausgesetzt war: Was uns gegenwärtig im Blick auf die menschliche Sexualität betroffen macht, hat damit zu tun, daß die Sexualität lange Jahrhunderte als böse »Glut der Begierde« (Thomas von Aquin) und nicht als leidenschaftliche »Sprache der Liebe« erlebt und begriffen wurde. Das sexuelle Begehren und der Wunsch nach sexueller Erfahrung galt nicht als Bedingung der Möglichkeit leibhaftiger Begegnung und Liebe. Es galt als aus Sünde stammende Geilheit des Unterleibs, als tierische Verführung der Seele durch den rebellischen Körper, als schändliche und erbärmliche Erniedrigung des Menschen. »Böse Begierlichkeit« wurde es genannt, und mit der erbsündlichen Schädigung des Menschen zusammengebracht, der niemand entrinnen konnte. Man fühlte mit – dem mißverstandenen – Paulus: »Wir wissen: Das Gesetz ist geistlich; ich aber bin fleischlich, verkauft unter die Gewalt der Sünde. Was ich tue, verstehe ich nicht. Denn ich tue nicht, was ich will, sondern was ich hasse, das tue ich« (Röm 7,14f.).

Dieser Glut der Begierde erlebten sich lange Jahrhunderte ausgeliefert. Und ihr wurden sie je neu ausgeliefert, wenn in Erziehung und Seelsorge alles Sexuelle, entgegen den gescheiten Differenzierungen der Theologen, als »böse Begierlichkeit« ausgegeben wurde, um vor ihm zu warnen. Diese Deutung der Sexualität ging vielen in des Wortes realster Bedeutung in »Fleisch und Blut« über, hielt ihre Selbsterfahrung besetzt und nistete sich in ihre Ängste, um von dort erneut auf die verheerende Deutung zurückzuwirken. Die Sexualität war nicht mehr leidenschaftliches Begehren und lustvolles Lieben. – War sie das in der persisch-orientalisch und griechisch-römisch beeinflußten abendländisch-christlichen Welt je? – Sie war Rebellion und Sünde, es sei denn, sie wurde in den Dienst der Gattung genommen.

Nicht den Denkzusammenhang, der schon erledigt ist, den Erfahrungszusammenhang gilt es aufzubrechen. Sexualität soll Sprache der Liebe werden, mit der Sprengkraft des Begehrens und der Leidenschaft, die sowohl im Sprechen wie im Lieben steckt, als etwas Menschenfreundliches und Menschenwürdiges.

Gegen die »Glut der Begierde« hatte die sexualdefensive Tradition rigorose Normierungen gesetzt. Sie wollte sie in der Ehe zähmen und für den Gattungszweck kanalisieren, außerhalb der Ehe (vor und neben ihr) aber unterdrücken, wenn nicht gar ausrotten. Dadurch jedoch züchtete sie die rebellische Gier eher, als daß sie sie humanisierte. Bis diese in einer Weise aufbegehrte, die manche »sexuelle Revolution« nennen. Ich glaube – im Blick auf die Gegenwart – nicht an eine revolutionäre Entfesselung der Sexualität. Doch die Sexualaffirmation hat ihre Spuren hinterlassen: Spuren der Befreiung und der Entfremdung. Die Irritationen erzählen nach wie vor von Leiden an der Sexualität, die umso mehr Leid bringen, als sie für normal gehalten werden. In ihnen wird der Ruf nach einer Sexualität als »Sprache der Liebe« hörbar.

So ist eine Neubesinnung erfordert. Soll diese sich behaupten können, sowohl gegen die Verfestigungen katholischer Repression wie gegen die Verformungen durch jüngste Sexualaffirmation, dann wird eine Auseinandersetzung mit beiden Ansätzen nötig. Daß Neubesinnung möglich ist, beweisen schon deren Anfänge. Für die katholische Tradition komme ich noch genauer auf sie zu sprechen. Für die sexualaffirmative, fälschlich »emanzipatorisch« genannte jüngste Vergangenheit folge ich der Bilanz von H.-J. Gamm: »Zentrales Thema der Jugendlichen ist ... weniger die Sexualität als solche, sondern eher, wie man durch sie hindurch des Partners inne werden könne, wie man erfahre, ob zwischenmenschliche Beziehungen verläßlich seien. Letztlich ist es die elementare Frage, wer zu einem hält, wem man etwas bedeutet, wer an einen ›glaubt‹ und wem man Liebe auch als Opfer darbringen dürfe. Der fast problemlose Zugang zu versachlichter Sexualität hat ja den Vereinsamungsdruck und die Verlassenheitsängste erst recht wachrufen müssen. Der Charakter von passageren Beziehungen macht die Frage unabweisbar, wo angesichts des sich anbietenden Partnerwechsels die soziale Konstante zu finden sei.« Darum seine Überlegung: »Die sexualpädagogische Diskussion wird sich ... neu zu orientieren haben. Nachdem zahllose didaktische Hilfsmittel zur Veranschaulichung bereitstehen und die früher tabuierte Sexualzone gründlich durchleuchtet worden ist, bedarf es hinfort wohl eher der inneren Anschauung, einer Auseinandersetzung im Wertbereich. Die Sinnfrage ist nicht länger zu umgehen. Sich auf die Sinnfrage unter erweiterter Disponibilität der Jugendlichen neu einzustellen, ist eine Aufgabe der Sexualpädagogik, die die Tauglichkeit ihrer Konzepte für die nächste Generation zu sichern wünscht.«[24] Ich bin überzeugt, daß eine »Sexualpädagogik in der Welt des Christentums« dazu etwas Überzeugendes beizutragen vermag.

Vorverständigung über den Begriff »Sexualität«

Auf welche Phänomene bezieht sich der Begriff »Sexualität«? Definitionen von »Sexualität« gibt es zuhauf. Es scheint jedoch, als werde das Begreifen von Sexualität umso problematischer, je mehr man sich auf Begriffsbestimmungen einläßt. Es gibt wohl auch nicht die (einzig) richtige Definition – vielleicht gibt es gar

[24] Beide Zitate: *H.-J. Gamm*, Zur Sexualpädagogik. Vorüberlegungen: *H.-J. Gamm/F. Koch* (Hrsg.), Bilanz der Sexualpädagogik, Frankfurt a. M.–New York 1977, 13–16, 15f.

überhaupt keine. Es gibt nur eine Begriffsbestimmung, die für den Verwendungszusammenhang vernünftig und brauchbar ist, in dem mit ihr umgegangen werden soll. Ich beziehe darum jetzt Position, wenn ich den Begriff von »Sexualität« knapp charakterisiere, von dem ich mich leiten lasse, weil ich ihn im sexualpädagogischen Zusammenhang für vernünftig und brauchbar halte.

Danach ist »Sexualität« nicht auf genitales Verhalten eingeschränkt oder auf solche Erlebnis- und Handlungsweisen, die mit der Fortpflanzung der menschlichen Gattung zu tun haben. »Sexualität« steht für das körpernahe und sinnvielfältige Erleben und Handeln der Menschen und zwischen Menschen, welches (auch bei der Selbstliebe oder der homosexuellen Liebe) davon geprägt ist, daß und wie diese Menschen Frauen und Männer sind. Sexualität steht der Liebe nahe, ist allerdings mit Liebe nicht einfach gleichzusetzen. Die Sexualität ist eine Möglichkeit, Liebe auszudrücken. Wo Menschen im Medium ihres Körpers sich begegnen, sind sie sexuell, weil sie sich als Geschlechtswesen aktualisieren und in Kommunikation miteinander treten. In seinem ganzen Sein ist der Mensch von seiner Geschlechtlichkeit geprägt, da er »nie und nirgends als Mensch an sich, sondern immer und überall als der menschliche Mann und die menschliche Frau« existiert[25]. So sind Liebe und Sexualität wohl zu unterscheiden, nicht aber zu trennen.

Den Begriff »Sexualität« beziehe ich auf

∗ *die Tatsache der Geschlechtsdifferenzierung des Menschen*[26].

– Jeder ist (in der Regel) Mann oder Frau (Geschlechtlichkeit);

– jeder hat (in der Regel) einen männlichen oder weiblichen Körper (verschiedengeschlechtliche Körperlichkeit);

∗ *die Gegebenheit, daß jeder mit dieser Tatsache (notwendig) umgeht,*

– daß er sich zu ihr selbst einstellt (sexuelle Identität);

[25] *K. Barth,* in: *H. Hauke,* Sexualität und Liebe: *Kluge* (Anm. 21) I, 222.

[26] *J. van Ussel* möchte den Begriff »Sexualität« darauf eingeschränkt wissen. Für die anderen Phänomene gebraucht er »Intimität«: *ders.*, Intimität, Gießen (1975) 1979.

– daß er die Erwartungen der Umwelt aufnimmt und (kritisch und kreativ) verarbeitet, die sich auf ihn richten, weil er Mann oder Frau ist (Geschlechtsrolle);
– daß er sein Mann- oder Frausein repräsentiert: durch Nacktheit, durch Kleidung, durch Gehabe (Gang, Gestik u. ä.), durch Worte (sexuelle Repräsentation);
– daß er aufgrund seines Mann- oder Frauseins der Realität in spezifischen Weisen begegnet (sexualitätsgeprägte Wirklichkeit);
∗ *alle Erlebnisweisen und Handlungsformen, die mit der körpernahen Beziehung zu Menschen (zu anderen und zu sich selbst) zu tun haben,* auf
– Vorstellungen, Erinnerungen, Empfindungen, Fantasien, Wünsche;
– Zärtlichkeiten;
– genitale Handlungen (autosexuelle: Selbstbefriedigung; homosexuelle; heterosexuelle: Petting, Koitus);
– Fehlformen des Erlebens und Handelns;
∗ *die auf diese Aspekte der Sexualität bezogenen Normen und Institutionen,* wie
– Sexualmoral, Sexualethik;
– Ehe, Familie, Vorformen oder Alternativen;
– Sexualstrafrecht.
Mit all dem hat die Sexualpädagogik zu tun. Auch die sexuelle Lust ist nicht einfachhin mit orgastischer Lust gleichzusetzen. Lustfähigkeit als sexualpädagogisches Teilziel schließt orgastische Lust nicht aus; aber sie schließt ein
– die Freude am anderen Menschen,
– an der Schönheit seines Gesichts,
– an der Attraktivität seines Leibes,
– an seiner reizvollen Nähe,
– an der Geborgenheit in seinen Armen,
– an seiner Zärtlichkeit.
Sie schließt ein
– das Erleben der Beziehung zu ihm,
– das Staunen über seinen Erlebnis- und Gedankenreichtum.

Sie schließt ein
- die Freude am eigenen Körper,
- an seiner Geschmeidigkeit und Kraft,
- den Genuß seiner Nacktheit und den Reiz seiner fantasievollen Bekleidung,
- an Bewegung und Tanz,
- an der Sensibilität der Sinne, der Augen und Ohren, der Haut und der Hände.

Eine Verständigung über eine umfassende Sinngebung menschlicher Sexualität und deren Entfaltung kann erst wirklich möglich werden, wenn man mit einem so weiten Begriff von Sexualität und sexueller Lust rechnet. Das gilt auch für eine »Sexualpädagogik in der Welt des Christentums«. Wohl wird sie dadurch schwieriger, denn sie verliert ihre genauen Konturen, weil ihr Gegenstandsfeld an den Rändern ausfranst. Und sie betritt Neuland, weil sie mit neuen Erfahrungsmöglichkeiten und Fragestellungen konfrontiert wird, die bisher außerhalb des Interesses der traditionellen sexualethischen und sexualpädagogischen Reflexion liegen. Doch das muß nicht nur in Kauf genommen werden. Das ist ihre Chance.

Auf der Suche

Es ist nicht meine Absicht, mit dem, was ich hier ausführe, (absolute) Wahrheiten zu behaupten, oder gar die (einzige) Wahrheit zu vertreten – wirklich nicht! Wohl beziehe ich Position. Und ich halte meine Überzeugungen auch für begründet. Aber sie sind nicht zur schnellen Übernahme gedacht. Ich rechne mit selbstbestimmten Lesern, die sich, indem sie aufmerksam den vorgetragenen Gedanken folgen, auf einen auf die Sexualität des Menschen bezogenen Diskurs einlassen, um am Ende ein eigenes Urteil sich zu bilden. Ich bin auf der Suche. Und ich hoffe, daß die Leser es auch sind. Die Suche schließt die Bereitschaft zur Revision ein, sofern andere Erfahrungen und gute Gründe, die mir bislang verschlossen geblieben sind, eine

Revision nahelegen. Doch ich appelliere auch an die Bereitschaft der Leser, sich einer Revision dessen nicht grundsätzlich zu entziehen, was ihnen bisher einleuchtete und woran sie keinen Zweifel hatten. Möglicherweise bringt die gemeinsame Suche dem näher, was dem Weg von der »Glut der Begierde« zur »Sprache der Liebe« förderlich ist und zur umfassenden Sinngebung menschlicher Sexualität und deren Entfaltung in der Lebensgeschichte von Menschen nottut.

Im (erzieherischen) Umgang mit Menschen führen ja Überzeugungen, die nur behauptet werden, weil sie richtig sind oder als wahr gelten, niemals weiter. Was man Menschen vermitteln will, soll ankommen. Und dazu ist es notwendig, daß die Betroffenen es in ihre Erfahrungswelt und ihr Wahrheitskonzept einzubringen vermögen. Es muß ihre Erfahrungen und Überzeugungen »treffen«; sie müssen es auf sich anwenden können. Ich hoffe, daß, was ich geschrieben habe, auch solche Wirkung hat. Ich bitte die Leser, dies wenigstens zu überprüfen.

In aller Regel bringen auch Aussagen, die nur bestätigen, was man immer schon wußte oder glaubte, nicht viel weiter. Es sei denn, man sei schon unsicher geworden. Was wirklich weiterführt und konstruktive Impulse gibt, ist oft das Fremde, Überraschende, Unbequeme. Und das tut gewöhnlich weh, weil es alte Sicherheiten in Frage stellt. Wer hat das schon gern? Wo solche Sicherheiten sich nun bewährt haben, wird man an ihnen festhalten, auch wenn ein Autor sie für fragwürdig ausgibt. Wo sie aber nur Sicherungen sind, die zur Stabilisierung der eigenen Identität zurechtgelegt und gebraucht werden, sollte man sie um der eigenen Lebendigkeit und Glaubwürdigkeit willen aufgeben. Im Feld der Sexualität gibt es vermutlich beides: bewährte Sicherheiten und zwanghafte Sicherungen. Vielleicht wird das eine zu oft für das andere gehalten. Vielleicht wird man auch beides nie gänzlich auseinanderhalten und als das, was es wirklich ist, entziffern können. Wer aber leben will und lebendig machen möchte – auch in der sexuellen Liebe –, der sollte die Gefahr nicht scheuen, die im Versuch der Entzifferung und der Veränderung liegt.

Notizen zur Situation von Sexualität und Sexualpädagogik in der Gegenwart

1. Die Zeitgebundenheit jeder Sexualpädagogik

Eine Sexualpädagogik, die nicht allgemeingültige Aussagen zeitenthoben treffen, sondern die gerade heute notwendigen Akzente setzen will, wird sich der Situation stellen, mit der sie zu tun hat. Sie mag sich dann zwar den Vorwurf zuziehen, so könne sie auf die Verhältnisse nur reagieren, nicht aber in ihnen produktiv agieren. Doch dieser Vorwurf trifft sie nicht wirklich. Denn sie nimmt die Gegenwartssituation zum Anlaß, nicht zur Legitimation ihrer Überlegungen. Jedenfalls muß das für eine »Sexualpädagogik in der Welt des Christentums« so sein. Ihre theologische und pädagogische Verantwortung drängt sie, sich auf die sexuellen Realitäten kritisch wie inspirativ auszurichten. Darum kann sie in Formulierung und Begründung ihrer Aussagen an der Entfaltung humanen und gelingenden Menschseins in einer gerechten Gesellschaft interessiert bleiben; wobei sie ihre Vorstellungen von Menschenwürde, Glück und Gerechtigkeit am biblischen Entwurf vom Menschen in der Neuen Welt Gottes bemißt.

Mildernde Umstände

Die Zeitgebundenheit ihrer Aussagen, die sie sich bewußt macht, und die zeitbedingten Akzente, die sie deswegen setzt, mildern vielleicht die Kritik an alternativen sexualpädagogischen Ansätzen, speziell an der sexualdefensiven Sexualpädagogik der katholisch-christlich-bürgerlichen Tradition und an der sexualaffirmativen Sexualpädagogik der jüngsten emanzipatorischen Vergangenheit. Es bleibt nämlich offen, ob die im Blick auf andere Situationen formulierten Aussagen und die unter anderen Bedingungen gesetzten Akzente situationsgemäß waren oder nicht, und ob sie nicht, wenngleich sie gegenwärtig revidiert werden müssen, zu ihrer Zeit auch hilfreiche Funktionen hatten. Das gilt mit größter Wahrscheinlichkeit für die sexualaffirmative Sexualpädagogik, die nach langer Tabuisierung der Sexualität notwendige Freiheitsmöglichkeiten eröffnete, selbst wenn diese zu einer mißbräuchlichen Instrumentalisierung und Kommerzialisierung der Sexualität führen konnten. Meine Kritik richtet sich darum auch nicht auf die emanzipatorischen Aspekte dieser Sexualpädagogik, wo sie wirklich wirksam wurden, sondern auf die verführerische Entfesselung der Sexualität, die sie brachte, die ihren emanzipatorischen Interessen aber doch wohl zuwiderlief (s. S. 43ff., 121ff.).

Vielleicht trifft die mildernde Vermutung auch auf die umstrittene sexualdefensive Sexualpädagogik zu. Die katholische Sexualpädagogik hat lange Jahrhunderte vielen Menschen ihre sexuellen Möglichkeiten untersagt. Sie hat ihnen Angst und Schuld eingejagt und sie zur Bekämpfung und Verdrängung ihrer Sexualität gezwungen. Das hat zwischenmenschliche Entfremdung und persönliches Leid im Übermaß hervorgebracht und als menschenunwürdige Knechtung von Menschen zu gelten. Und doch – wer will sich da ein letztes Urteil erlauben, speziell wenn er sich der die Sexualität betreffenden Repressionen bewußt wird, die unsere Gegenwart bereithält – mag es sein, daß ihre Einschränkungen unter den gänzlich anderen gesellschaftlichen Bedingungen der Vergangenheit auch als ordnend und schützend erlebt wurden.

Dieses in aller Vorsicht getroffene versöhnliche Urteil über die »sexualdefensive« und »sexualaffirmative« Sexualpädagogik soll gewiß das Leiden und die Verletzungen nicht mißachten, die aus diesen Ansätzen hervorgegangen sind. Es soll auch die Anstrengungen nicht lähmen, beide zu überwinden. Doch soll dies geschehen in Aufmerksamkeit für die behütende bzw. befreiende Gestaltung der Sexualität des Menschen, die sie auf je ihre Weise gewollt haben.

2. *Die »sexuelle Revolution« hat nicht stattgefunden*

Vorweg eine Vorbemerkung für die, die glauben, unsere gegenwärtige Welt sei sexuell aus den Fugen geraten, und die sich dabei an dem orientieren, was die Massenmedien über die sexuelle Praxis und die sexuellen Standards von Jugendlichen vorgaukeln. Leider glauben sich – seit 5000 Jahren übrigens – speziell religiöse Autoritäten in der Kritik »unsittlicher Verhältnisse« hervortun zu sollen.

Keine Jugendverwahrlosung

Dagegen ist jedoch zu halten: »Die sogenannte ›sexuelle Revolution‹ ist . . . ausgeblieben, wie die Fachleute übereinstimmend bezeugen«[1]. Auch eine »sexuelle Jugendverwahrlosung« trat nicht ein[2]. Gewiß: Die Vorverlegung des Geschlechtsverkehrs, die G. Schmidt und V. Sigusch schon für die Zeit zwischen 1960 und 1970 festgestellt haben[3], hat sich fortgesetzt[4]. Auch finden sich immer mehr Jugendliche zu ihm bereit. Doch ist die Vorstellung von einem Ausufern sexueller Aktivitäten zu relativieren. Weite Verbreitung sagt ja nichts über die Häufigkeit beim

[1] *H.-J. Gamm,* in: *ders./F. Koch* (Hrsg.), Bilanz der Sexualpädagogik, Frankfurt a. M. – New York 1977, 189; vgl. *ders.,* in: *N. Kluge* (Hrsg.), Handbuch der Sexualpädagogik I, Düsseldorf 1984, 131; auch *N. Kluge,* in: *Kluge* 1984, a.a.O., 4.

[2] *A. Husslein,* Voreheliche Beziehungen. Eine empirische Studie zum Sexualverhalten der 14–18jährigen in Österreich, Wien – Freiburg – Basel 1982, 98.

[3] *G. Schmidt,* Jugendsexualität und Sexualerziehung: *R. Haun* (Hrsg.), Geschlechtserziehung heute. Informationen – Kontroversen – Modelle, München 1971, 53–74; *V. Sigusch/G. Schmidt,* Jugendsexualität, Stuttgart 1973, 68–76.

[4] *J. Schlaegel u.a.,* Sexuelle Sozialisation in Vorpubertät, Pubertät und früher Adoleszenz I–III: Sexualmedizin 4 (1975) 210–214. Auch *U. Clement,* Sexualität im sozialen Wandel, Stuttgart 1986, 46.

einzelnen[5]. Zudem wäre nicht die Quantität, sondern die Qualität das entscheidende Kriterium.
Und da behält Gültigkeit, was manche überraschen mag, was jedoch von verschiedenen Autoren einmütig geäußert wird, daß die Jugendlichen sich in ihrer sexuellen Praxis weithin an traditionellen Standards orientieren. »Bei aller Ablehnung der überkommenen vorehelichen Enthaltsamkeitsnorm ist eine Akzeptierung der traditionellen Ehe und Familie – inklusive des sexuellen Ausschließlichkeitsanspruches – weit verbreitet. Wo es um Ehe und Familie geht, sind die Einstellungen der Jugendlichen noch am restriktivsten.«[6] »Das sexuelle Verhalten Jugendlicher wird nach wie vor durch traditionelle Werthaltungen, wie Liebe, Treue, feste Freundschaft, Ehe und Familie bestimmt und kontrolliert.«[7] Der Standard lautet »Freizügigkeit bei Liebe.«[8] »Bei aller Freizügigkeit im vorehelichen Verkehr (sind) . . . durch die neue Moral Ehe und Familie nicht gefährdet.«[9] Die Ehe oder eine entsprechende Alternative, wenn es sie denn gibt, werden gewünscht. Partnerorientierung heißt auch Familienorientierung. Die meisten Jugendlichen wünschen sich Kinder[10]. Die Überzeugungen, die Jugendliche – im Blick auf die Bedingungen, unter denen Sexualität glückt – haben, sind annähernd die gleichen, die für die Ehe gegenwärtig in Geltung sind[11]. »Das Sexualverhalten der heutigen Jugend unterscheidet sich gewiß von dem der

[5] *Schlaegel* (Anm. 4) 218.

[6] *Schmidt* (Anm. 3) 63.

[7] *Sigusch/Schmidt* (Anm. 3) 75f.; vgl. *Kluge,* in: *Kluge* 1984 (Anm. 1) 4.

[8] *L. Walczak,* in: *Schlaegel* (Anm. 4) 314.324. Die neueste Untersuchung von *Clement* (Anm. 4) 58.76, stellt darin Veränderungen fest.

[9] *Husslein* (Anm. 2) 99.

[10] *Walczak,* in: *Schlaegel* (Anm. 4) 318; auch *K. Schoof-Tams,* in: *Schlaegel* (Anm. 4) 381; *H.-J. Türk,* Moderne und traditionelle Sexualethik und Sexualpädagogik: *F. Beffart* (Hrsg.), Geschlechtserziehung interdisziplinär, Düsseldorf 1975, 19f.; *A. Husslein,* Sexualpädagogische Forschung in Österreich: *N. Kluge* (Hrsg.), Aufgabenbereiche und Probleme sexualpädagogischer Forschung heute. Ein Tagungsbericht, Frankfurt a. M. 1986, 41.

[11] *Husslein* (Anm. 2) 98; auch: *H. Kramer,* Wie moralisch sind dokumentfreie Lebensgemeinschaften: Stimmen der Zeit 202 (1984) 582. Auch

früheren Generationen (mit Ausnahme der Masturbation). Der Jugendliche spricht und handelt in diesem Sektor viel freier. Man könnte daher meinen, daß sich die Einstellung zum Sexuellen, zu Familie und Ehe, zur partnerschaftlichen Treue stark geändert habe. Dies ist aber nicht der Fall. Der Jugendliche vertritt nach wie vor die Anschauung seiner Eltern über Liebe und Treue, will eine Familie gründen und sucht ganz ähnlich nach einem festen Partner, dem er treu bleiben will...«[12] Diese Urteile sprechen gegen eine sexuelle Revolution und Verwahrlosung[13].

Überhaupt ist zu fragen, ob wir nicht einer Täuschung unterliegen, wenn wir den Begriff »Sexualisierung« zur Charakterisierung der Gegenwart benutzen. Findet die Sexualität heute eine größere Aufmerksamkeit als früher? Natürlich haben sich die Gewichte verschoben. Doch Michel Foucault betont die Tatsache, »daß die größere sexuelle Freizügigkeit der letzten zehn bis fünfzehn Jahre keineswegs generell zu einer größeren Repräsentanz von Sexualität durch eine Vermehrung sexueller Reize geführt habe. Die vorher bestandenen Verbote, Ordnungssysteme und Einschränkungen haben ebenfalls eine Fülle von Reizen schaffen können, die Sexualität überall präsent machte.«[14] E. Ringel und A. Kirchmayr werfen – die Moral und Pastoral in der Welt des Christentums vor Augen – sogar der Kirche Pansexualismus vor. »Die Sexualität wird als das Gefährlichste, das Schlimmste, die sexuelle Sünde als das nicht wieder Gutzumachende im menschlichen Leben angesehen. Man hat S. Freud zu Unrecht den Vorwurf des Pansexualismus gemacht. Wenn man aber das Sexuelle an die Spitze der Wert-

dies wird durch neueste Untersuchungen mindestens relativiert: *Clement* (Anm. 4) 73. 77. 81.

12 *R. Oerter/L. Montada,* Entwicklungspsychologie, München – Wien – Baltimore 1982, 262f.

13 Vgl. auch die Shell-Untersuchung: Jugendliche und Erwachsene '85. IV, Opladen 1985, 308–311.

14 *S. Fricke u. a.,* Sexualerziehung in der Praxis, Köln 1980, 64; vgl. *M. Foucault,* Sexualität und Wahrheit (1976), Frankfurt 1983.

hierarchie stellt, wie dies in kirchlichen Kreisen nicht unüblich ist, kann man eigentlich viel eher dort von Pansexualismus sprechen.«[15]

Die unendliche Klage

Ich will für den Wahrheitsgehalt solcher Aussagen hier nicht einstehen. Daß es sie gibt und daß für sie Gründe angegeben werden können, macht immerhin deutlich, wie fragwürdig und gefährlich Pauschalurteile über die Gegenwart und über die Jugend unserer Zeit sind. Seit dem Jahr 3000 vor Christus hat jede Erwachsenengeneration über die Unverbesserlichkeit ihrer Jugend geklagt. Der weitsichtige August Adam warnte schon 1931 kirchliche Amtsträger, vor allem Prediger, davor, »die Sitten früherer Zeiten zuviel gegen die heutigen auszuspielen und zur Erhöhung des rednerischen Kontrastes die heutigen dunklen Punkte allzusehr auf einem oftmals unechten Goldgrund früherer Ehrbarkeit aufzutragen. Gewiß wird heute die Unschuld der Jugend viel mehr als früher der Verantwortung des eigenen Gewissens überlassen. Aber zahlreiche und schwere Übertretungen des sechsten Gebotes hat es immer gegeben; ja die Geschichte weist Perioden auf, die an Minderwertung der Keuschheit und Öffentlichkeit der Unzucht keiner anderen Zeit, am wenigsten der unsrigen, nachstehen. Die Schilderungen, die z.B. Salvian vom 5. Jhd., Ratherr von Verona oder Petrus Damianus vom 8. bzw. 10. Jhd., Geiler von Kaisersberg vom 15. Jhd. entwerfen, warnen vor der Voreiligkeit, mit der mancher Sittenprediger immer gerade seine Zeit als Ausbund aller Zuchtlosigkeit zu schildern pflegt«[16] (s. S. 89f., 105f.). Außerdem

[15] *E. Ringel/A. Kirchmayr,* Religionsverlust durch religiöse Erziehung. Tiefenpsychologische Ursachen und Folgerungen, Wien – Freiburg – Basel 1985, 123; vgl. *E. Ringel,* Die Rolle der Sexualität im menschlichen Leben: *ders.,* Die österreichische Seele (1984), Wien – Köln – Graz 1986, 157.

[16] *A. Adam,* Der Primat der Liebe. Untersuchungen über die Einordnung der

lädt Adam die erwachsene Generation ein, sich zu fragen, »woher es denn komme, wenn die Jugend heute nicht mehr nach denselben soliden Grundsätzen sich richte wie ihre Eltern und Ahnen«[17]. Dafür sei doch nicht der Leichtsinn der Jugend, sondern eher der »Leichtsinn« der Erwachsenen verantwortlich zu machen. Nun gut. Auch darüber will ich jetzt nicht streiten. Die Veränderungen, die auf der Hand liegen und die man – neben den schon angeführten Sexualforschern – auch bei Sozialhistorikern im Detail nachlesen kann[18], sollen gewiß nicht bagatellisiert werden. Es ist jedoch vor allzu vollmündigem Krisengeschrei zu warnen. Zumal es ja Veränderungen nicht nur zum Negativen gibt.

3. Sexualpädagogische Problemlagen: Empirische Befunde

Die unbekannte Sexualität

Die Sexualität ist für viele Jugendliche noch immer eine unbekannte Wirklichkeit. Wie soll das anders sein, wenn sich selbst Eltern und sogar Ärzte in dieser Hinsicht uninformiert zeigen[19]? 1973 haben Volkmar Sigusch und Gunter Schmidt die Ergebnisse ihrer Untersuchung über sexuelle Praxis und Einstellungen westdeutscher Jugendlicher veröffentlicht. Danach urteilen über 80%

Sexualmoral in das Sittengesetz, Straubing 1931, 29. Das Zitat erscheint mit Veränderungen in allen späteren Ausgaben. In dieser Form findet es sich in der von 1954, 205f..

17 *A. Adam,* Das sechste Gebot. Gedanken und Vorschläge für die Behandlung der sexuellen Fragen in Erziehung und Unterricht (1942), Paderborn 1948, 62.

18 *E. Shorter,* Die Geburt der modernen Familie, Reinbek b. Hamburg 1977; *B. Beuys,* Familienleben in Deutschland, Reinbek b. Hamburg 1985; *A. E. Imhof,* Geschichte der Sexualität – Sexualität in der Geschichte: *C. Wulf* (Hrsg.), Lust und Liebe. Wandlungen der Sexualität, München – Zürich 1985, 181–215.

19 Vgl. *Ringel/Kirchmayr* (Anm. 15) 130.

der Befragten über ihr bisher ohne Sexualunterricht in der Schule erworbenes Sexualwissen, es sei »genügend« und entspreche ihren Ansprüchen und Anforderungen. Befragt jedoch – unter Vorlage einer Themenliste –, zu welchen Themen sie weitere Auskünfte wünschten, zeigten die gleichen Jugendlichen ein erstaunlich großes Informationsbedürfnis. »Von 18 vorgegebenen Themen nannten die Jugendlichen am häufigsten Themen mit einem starken gesellschaftlichen oder sozialen Aspekt (Kommunen und Gruppenehen, Einstellungen anderer zur Sexualität, Zusammenhänge von Sexualität und Politik, Ehe) sowie Empfängnisverhütung . . . Ausgesprochen biologische Themen . . . interessieren die wenigsten Jugendlichen.«[20] »An diesem ›sexualpädagogischen Notstand‹ hat sich, wie immer wieder nachgewiesen wurde, also seit zwanzig Jahren, bei uns nur wenig geändert. So wünschten beispielsweise drei Viertel der von Sigusch und Schmidt befragten Jugendlichen auch heute noch weitere Informationen zur Empfängnisverhütung, aber auch zu der Frage, ob sexuelle Enthaltsamkeit gesund oder schädlich sei. Noch mehr als jeweils ein Drittel jeden Geschlechts weiß nicht, wie das Genital des anderen Geschlechts aussieht und wünscht, darüber unterrichtet zu werden. Selbst über die Regel der Frau wünschen von den 16/17jährigen noch 42% der Jungen bzw. 22% der Mädchen Zusatzinformationen . . . Dieser Unterschied zwischen angeblichem Bescheidwissen und einem Sich-bewußtwerden der eigenen Wissensunsicherheit, sobald konkret gefragt wird, ist durchgängig, d. h. findet sich auch noch bei Studenten aller Fakultäten einschließlich der Medizinstudenten wieder . . . Das bedeutet: das Ergebnis der bisherigen Sexualerziehung bei uns produziert nachweislich ein bedauerliches Halbwissen.«[21] Ähnliches beobachtete Adelina Husslein in Österreich. In einer

[20] *Sigusch/Schmidt* (Anm. 3) 36.

[21] *G. Bögle u. a.,* Sexualität christlich verantwortlich leben. München 1977, 51; vgl. *Sigusch/Schmidt* (Anm. 3) 172; *Husslein* (Anm. 2) 71; *J. Schmid-Tannwald/A. Urdze,* Sexualität und Kontrazeption aus der Sicht der Jugendlichen und Eltern. Schriftenreihe des BMJFG. Band 132, Stuttgart – Berlin – Köln – Mainz 1983, 97–107.

empirischen Studie zum Sexualverhalten der 14–18jährigen stellte sie zum Thema »Aufklärung« fest: »Fragt man die Jugendlichen, ob sie glauben, daß sie genügend über Sexualität wissen, antworten 41% mit ›Ja‹. Nur 5% behaupten von sich, daß sie zu wenig wissen. Bei den Diskussionen, vor allem aber durch gezielte Fragen erkennt man, daß ihr Wissen sich hauptsächlich auf ›Faktenwissen‹ bezieht. Im biologischen Bereich wissen sie gut Bescheid. Darüber erfahren sie anscheinend im Schulunterricht genügend. Ihr ›verhaltensrelevantes‹ Wissen ist ungenügend. Das erkennt man aus den Fragen, die sie stellen, wie etwa: Was bedeutet die Menstruation und die Pollution? Kann man schwanger werden, wenn man nur einmal Verkehr hat? Sind alle Verhütungsmittel gleich sicher? Viele andere Fragen zeigen ihre Lükken in diesem Bereich auf. Die Überschätzung ihres Wissens führt dazu, daß viele Jugendliche glauben, daß ihr Wissen ausreichend sei und daß weitere Informationen nicht notwendig seien. In der Diskussion gelingt es dann oft, ihnen ihre Wissenslücken deutlich zu machen. Hier ist der wunde Punkt in der Sexualpädagogik, daß bestimmte, aber entscheidende Bereiche, vor allem der verhaltensrelevante Bereich der Sexualität, in der Informationsvermittlung ausgeklammert werden. Diese Feststellung wird aber auch mit dieser Untersuchung aufgezeigt. Es genügt eben nicht, daß zweimal im Jahr ein Arzt in den Schulen einen Vortrag hält bzw. mit den Schülern über diesen Bereich spricht. Die Untersuchung hat gezeigt, und das stimmt mit dem Eindruck überein, den ich bei meinen Vorträgen und Diskussionen in den Schulen gewonnen habe, daß die Schüler Aufklärung bekommen lediglich in biologischen Bereichen, also in Bereichen, die für das Sexualverhalten eher eine geringere Bedeutung haben, und daß die Aufklärung in dieser Form wenig zu einer echten Auseinandersetzung mit den wirklichen Sexualproblemen der Jugendlichen beiträgt. Ein Jugendlicher hat in einer Diskussion von der ›flachen Aufklärung‹ gesprochen und präzise das gemeint, was ich eben zum Ausdruck gebracht habe.«[22]

[22] *Husslein* (Anm. 2) 71; vgl. *Husslein* (Anm. 10) 36–44.

Andere Untersuchungen könnten das gleiche belegen. Kürzlich erst urteilten E. Ringel und A. Kirchmayr, es gebe »immer noch weite Kreise, die sexuell ahnungslos, verkümmert und mangelhaft informiert leben«[23]. Diese Tatsachen sind deswegen erstaunlich, weil die Bejahung der Aufklärung von Kindern und Jugendlichen in unserer Gesellschaft hoch ist[24].

Die angstvoll und schuldhaft erlebte Sexualität

Auch heute noch macht die Sexualität Angst und werden sexuelle Wünsche und Handlungen schuldhaft erlebt. »Es gibt viele Hinweise darauf, daß . . . (die) optimistisch stimmenden und eine problem- und konfliktlos verlaufende Entwicklung signalisierenden Daten nur sehr bedingt die Wirklichkeit jugendlicher Sexualität wiedergeben.«[25] Der so Urteilende bezieht sich ausdrücklich auf die Untersuchung von V. Sigusch und G. Schmidt von 1973 und setzt gegen sie etwa das Tagebuch der Karin Q. Er behauptet, »daß Sexualität nach wie vor ein Konfliktfeld dramatischer Art ist, in dem sich die verschiedenen Auseinandersetzungen abspielen, daß es hier Schuldgefühle auf Seiten der Jugendlichen, Verdrängung von Seiten der Erwachsenen gibt, und daß es für die Heranwachsenden offensichtlich auch heute noch schwierig ist, ihren Weg zu finden«[26]. Schmidt hatte schon 1971 festgestellt: »Die Tatsache, koituserfahren zu sein, sagt über ein befriedigendes Sexualleben noch gar nichts aus.«[27] Häufig fungieren auch bei koituserfahrenen Jugendlichen die Selbstbefriedigung und das Petting als Ersatzbefriedigung. Sie treten also an die Stelle eines nicht möglichen, angstvoll aufgeschobenen oder als

[23] *Ringel/Kirchmayr* (Anm. 15) 117.

[24] Shell-Untersuchung. III (Anm. 13) 240–243.

[25] *H. Borlinghaus,* in: *W. Hornstein,* Unsere Jugend. Über Liebe, Arbeit, Politik, Weinheim – Basel 1982, 50.

[26] *Borlinghaus* (Anm. 25) 50.53.

[27] *Schmidt* (Anm. 3) 59.

schuldhaft erlebten Koitus. Sie sind nicht Durchgang und Einübung, sondern Ersatz. Entscheidend für die Bewertung jugendlicher Sexualität ist eben nicht der quantitative Aspekt, die Aufmerksamkeit also darauf, in welchem Alter wer wie oft Koitus praktiziert, sondern der qualitative Aspekt, wie die sexuelle Praxis erlebt wird. Schmidt registriert: »Für viele Jugendliche ist ... der erste Koitus ... eher ein Desaster.«[28]

L. Walczak vertritt eine scheinbar gegenteilige Auffassung, wenn er schreibt: »Das gebrochene, bestenfalls subversive Verhältnis Jugendlicher früherer Generationen zu ihrer Sexualität ist weitgehend verschwunden und damit auch die von Schuldgefühlen, Angst vor dem Überwältigtwerden durch eigene Triebimpulse und Furcht vor den Folgen sexueller ›Verfehlungen‹ gekennzeichneten Sexualkonflikte.«[29] Dazu ist jedoch zu sagen: Die Forschungen empirischer Sexualwissenschaft können die Ebene des Unbewußten nicht oder nur schwer erreichen. Sie erheben in der Regel nur die Einstellungen, die sich der Befragte klar machen kann, wenn sie sich überhaupt an Einstellungen und nicht nur an Verhaltensweisen interessiert zeigen. Auf der Ebene des Bewußtseins belegen sie wohl furchtlose und freie sexuelle Moral. Die verbreitete Beziehungsangst und -unsicherheit jedoch können sie nicht erklären. Auch nicht die sexuelle Unbefriedigung, die sich in der manchmal verzweifelten Suche nach deren Gegenteil zeigt. Diese offenbaren geheime Ängste (und Schuldgefühle?), die dem Betroffenen und der Forschung unzugänglich bleiben müssen. Wobei noch zu berücksichtigen ist, daß sexualwissenschaftliche Forschung auch nach Angst und Schuld in der Regel nicht fragt. Sie kommen daher auch eher beiläufig zum Vorschein.

Der SHELL-Studie '85 jedenfalls fällt die Tatsache auf, daß die Sexualität in den von Jugendlichen eingeschickten Beiträgen, zu denen man sie öffentlich aufgefordert hatte, am wenigsten thematisiert wird. Sie kommentiert: »Es besteht offenkundig immer

[28] *Schmidt* (Anm. 3) 66.

[29] *Walczak,* in: *Schlaegel* (Anm. 4) 324.

noch – oder wieder – ein Tabu, von körperlicher Liebe zu schreiben.«[30] E. Ringel und A. Kirchmayr nehmen das Ausweichen vieler Eltern vor der Aufgabe einer guten Aufklärung als drastischen Beweis, »daß die Folgen der Sexualangst noch keineswegs überwunden sind und sich weiter katastrophal auswirken«[31]. Schlaegel u. a. selbst registrieren bei Jugendlichen Unsicherheit hinsichtlich der Frage, ob die sexuelle Kompetenz schon weit genug entfaltet sei, und Angst, man könnte hier – hinter den freizügigen Standards der Sexualaffirmation – zurückgeblieben sein[32].

Die Problematik der Sexualität ist nun nicht allein sexueller Natur. Die Angst im Zusammenhang sexueller Praxis darum auch nicht. Die Theorie nicht-sexueller Motivation der Sexualität, die sexuelles Erleben und Handeln nicht unbedingt durch libidinösen Triebdruck oder durch den Wunsch nach orgastischer Lust motiviert sieht, sondern nicht-sexuelle Gründe erkennt, wie beispielsweise den Wunsch nach Selbstbestätigung, läßt die Vermutung zu, sexuelle Praxis (oder der Wunsch danach oder die Initiative dazu) könnten Angst machen, weil nicht sicher ist, ob die Suche nach Selbstbestätigung, die so aufgenommen wird, tatsächlich ans Ziel kommt (s. S. 96ff. 252). Vielleicht ängstigt die mögliche oder gar wahrscheinliche narzißtische Verletzung, wenn der Partner nicht auf das werbende Angebot eingeht. So schreibt eine Neunzehnjährige über sich: »Sie hatte das Anmachen nie gelernt und litt seit dem 12. Lebensjahr unter starken Minderwertigkeitskomplexen, die es ihr unmöglich machten, sich einem Jungen zu nähern.«[33]

Angst macht wohl auch die Unsicherheit, wie mit der eigenen, ethisch womöglich zugelassenen Sexualität umzugehen ist, ob die sexuellen Wünsche geäußert werden sollen, ob es normal ist, wenn sie vorhanden oder nicht vorhanden sind, ob andere sie

[30] Shell-Untersuchung. IV (Anm. 13) 308.
[31] *Ringel/Kirchmayr* (Anm. 15) 130.
[32] *Walczak,* in: *Schlaegel* (Anm. 4) 324.
[33] Shell-Untersuchung. IV (Anm. 13) 317.

auch verspüren und ähnlich erleben[34]. Das ist die Angst um die eigene Identität und darum, ob ich, wie ich bin, »richtig« bin. Wir leben aber in einer Situation, in der das aus tabuisierter Sexualität stammende enge, strenge und starre Gewissen weiterhin Sexualängste und Schuldgefühle produziert[35]. Die heutige Jugend ist so liberal nicht, wie sie den Anschein erweckt. Hinter einer neuen sexuellen Praxis verbergen sich häufig alte Gefühle. E. Danneberg meint, Liebesbeziehungen, die nicht auf Lebensdauer angelegt sind, seien »häufig genug – trotz aller scheinbaren ›Aufgeklärtheit‹ der so sehr verschrieenen ›heutigen Jugend‹ – mit einem beträchtlichen Ausmaß an Schuldgefühlen belastet«[36]. Die Praxis einer Beziehung auf Zeit gerate nicht nur in Konflikt mit der christlichen Eheauffassung, »sondern auch mit allen Wunschträumen von der ›ewigen Liebe‹« aus großer (Dichtung) und kleiner (Schnulzen-) Literatur. Allerdings wurzeln diese Träume nicht in erster Linie im Ethos. Sie wurzeln »im Triebleben« des Menschen, »in der alten Kindheitsangst vor dem Verlassenwerden und in dem alten Kindheitswunsch, auf jeden Fall geliebt zu werden«[37]. Sie werden durch die traditionelle Moral verstärkt. Solchen Ängsten entkommt man kaum.

Auch dies ist zu bedenken: Kein sexuelles Problem ist so tabuisiert wie die Selbstbefriedigung (s. S. 76ff. 159). Und sie ist die vorherrschende sexuelle Praxis zu Beginn des Jugendalters. Anders als über den Koitus wird über sie fast gänzlich geschwiegen. »Obwohl es sich . . . bei der Masturbation in dieser Phase um eine normale Erscheinung handelt, wird sie von vielen Eltern und Erziehern noch immer als etwas ›Abnormales‹, ›Sündhaf-

[34] Vgl. dazu *R. Bell,* Wie wir werden – was wir fühlen. Ein Handbuch für Jugendliche über Körper, Sexualität, Beziehungen, Reinbek b. Hamburg 1980.

[35] *Borlinghaus* (Anm. 25) 50; *Schmid-Tannwald/Urdze* (Anm. 21) 120.124f.; Shell-Untersuchung. IV (Anm. 13) 308. 309. 317.

[36] *E. Danneberg,* in: *T. Brocher/L. von Friedeburg* (Hrsg.), Lexikon der Sexualerziehung für Eltern, Lehrer, Schüler (1972), Gütersloh 1978, 500.

[37] *Danneberg* (Anm. 36) 500f.

tes‹, ›Gesundheitsschädliches‹ dargestellt und dementsprechend kommt dies dann in der Sexualerziehung zum Ausdruck. Viele Jugendliche reagieren daher mit Ängsten, Schuldgefühlen und Konflikten«[38].

G. Brown spricht im Blick auf die Gegenwart von einer Tabuisierung der »zwischenmenschlichen Tastbarkeit« und sieht darin ein Charakteristikum einer Zeit, die paradoxerweise zugleich gegenteilige Bedürfnisse hervorbringe[39]. Sie registriert, daß wir im allgemeinen niemand anfassen, es sei denn, wir wollten uns sexuell mit ihm einlassen. Hier gibt es sicher schichtenspezifische Unterschiede und auch schon wieder Veränderungen. Doch der vielfach unternommene und in entsprechenden Trainings erzwungene Versuch, Berührungsängste abzubauen, belegt die Stärke des Tabus. In solchen Widersprüchen kommt Angst und Schuld zum Vorschein.

Die unbefreite Sexualität

Die Sexualreform der letzten zwei Jahrzehnte hat die Sexualität weder aus gesellschaftlicher Repression befreien noch aus inhumaner Entfremdung erlösen können. Das ist zu bedauern, doch nicht wegzudiskutieren. Heute erleben sich viele Menschen neu geknechtet durch die Zwänge einer nur scheinbar befreiten Sexualität. Unter verschiedenen Aspekten läßt sich belegen, daß die sexuelle Liberalisierung bei aller Freiheit, die sie eröffnete, auch neue Repression und Entfremdung hervorgebracht hat (s. S. 121ff.). Sie führte nur zu einer »scheinliberalisierten Sexualmoral«[40].

Die möglich gewordene Freizügigkeit stellt ja nicht nur frei. Sie

[38] *Husslein* (Anm. 2) 61f.

[39] *G. Brown,* Liebe ohne Sex, Frankfurt a. M. 1983, 65.

[40] *B. Rohr,* Schulische Sexualerziehung und soziale Benachteiligung: *Gamm/Koch* (Anm. 1) 139. So schon: *W. Fischer,* Normenprobleme in der Sexualpädagogik, Heidelberg 1971, 160–195; *D. und T. Freyberg,* Zur Kritik der Sexualerziehung, Frankfurt a. M. 1971.

stellt auch Ansprüche, »die dem Leistungsdruck und dem Konkurrenzmarkt unterliegen«[41]. Sie setzt die Menschen den »Normen« einer neuen Moral aus, deren Faktizität für selbstverständlich ausgegeben und deren Legitimität gar nicht mehr gefragt wird (s. S. 255f.). Zudem findet sich mit einer äußeren Freizügigkeit nicht zugleich die innere Freiheit ein. »Wenn die Freiheit auf außen beschränkt wird, innen aber Triebunterdrückung fortbesteht, kann Freiheit nicht entstehen, denn sie ist unteilbar. Es muß zu Spannungen zwischen dem Ruf der Freiheit und der Fähigkeit kommen, ihm zu folgen. Wer durch Triebunterdrükkung geschädigt ist, kann nicht frei und unbefangen lieben: der Garten der Liebe wird geöffnet, aber er kann nicht eintreten, weil er gelähmt ist. Dies scheint mir der Schlüssel zu sein für die vielen erotischen Verkrampfungen der Gegenwart. Wohl nirgends sonst ist die Kluft zwischen dem Glanz der Fassade und dem Elend dahinter so breit wie hier.«[42]
Schon 1971 hatte G. Schmidt vorhergesagt, im Zuge der Liberalisierung der Sexualität werde die Sexualerziehung »wahrscheinlich zunehmend vor dem Problem der Instrumentalisierung der Sexualität stehen«[43]. Das ist eingetreten. Instrumentalisierung, das ist nach Schmidt die »In-Dienststellung der Sexualität für nicht-sexuelle Motive und Normen wie Status und Prestige, Leistung und Konkurrenz, Macht, Aggression, Konsum«[44]; oder, nach Scarbath »das verfügende In-Dienst-Nehmen meiner eigenen Sexualität oder der anderer im Rahmen einer heimlichen oder offenen technologischen Zweck-Mittel-Relation«[45].
Da ist zunächst die In-Dienst-Nahme der Sexualität durch den Betroffenen selbst. Erst jetzt, wo sexuelle Praxis (fast) überall, jederzeit und in jeder Form möglich und erlaubt scheint, kann der

[41] *Walczak,* in: *Schlaegel* (Anm. 4) 324.
[42] *H. Ostermeyer,* Die Revolution der Vernunft, Frankfurt a. M. 1977, 168.
[43] *Schmidt* (Anm. 3) 72.
[44] *Schmidt* (Anm. 3) 53.
[45] *H. Scarbath,* Sexualität in unserer Gesellschaft – Analyse und pädagogische Problemstellung: *M. Furian* (Hrsg.), Sexualerziehung kontrovers, Fellbach 1978, 30.

Mensch sie uneingeschränkt zum Knüppel seiner (destruktiven) Aggression mißbrauchen. Auch übrigens des Selbsttrostes. »Die Lust muß es bringen; sie ist alles, was uns geblieben ist.«[46] Das führt nun nicht automatisch zu intensiverem sexuellem Erleben. »Die Freizügigkeit der sexuellen Sitten und Gewohnheiten, ein vordergründiges, sich zumeist im Technischen erschöpfendes Aufgeklärtsein der jüngeren Generation hat nicht unbedingt zu einem Mehr an individuellem und gemeinsam erlebtem menschlichen Glück geführt.«[47]

Hinzu kommt die mögliche Unterwerfung der Sexualität unter den Zwang des Konsums. »An die Stelle des asketischen, produzierenden Knechts, des Sozialcharakters der kapitalistischen Industriegesellschaften des 18. Jahrhunderts, ist heute der flexible, unersättliche Konsument getreten.«[48] Doch wie der ehemals außerhalb des Fortpflanzungsaktes gebotene Verzicht auf die Freuden der Sexualität, so läßt heute das wohlfeile Vernaschen der Sexualität die Möglichkeiten verfehlen, die in der sexuellen Begegnung liegen. Wer Sex konsumiert, kann sexuelles Glück kaum erleben.

Die Liberalisierung der Sexualität führte schließlich dazu, die Sexualität zu kommerzialisieren. Sie wurde Gegenstand des Geschäfts. Wird die Sexualität nicht mehr mit einem Tabu belegt oder mit Normen eingeengt, wird sie leicht zur Ware deformiert. »Sexualität wird entlassen aus dem Korsett körperlicher Zwangsmoral und ... dem Markt ausgeliefert.«[49] Das meint zunächst die Produktion von und den Handel mit »schriftlichen, bildlichen und akustischen Darstellungen sexuellen oder sexuell aufreizenden Inhalts«[50]. Dann ist aber auch die Ware gemeint, die der Mensch

[46] *W. Köttgen/G. Schmidt,* in: *V. Sigusch* (Hrsg.), Die sexuelle Frage, Hamburg 1982, 243.

[47] *H.-C. Kirsch,* Sex ist (nicht) nur ein schmutziges Wort: *I. Brender* (Hrsg.), Die Sache mit dem Sex. Jugendliche und Partnerschaft, Weinheim und Basel 1977, 86.

[48] *P. Bornitzky/I. Kerscher,* in: *Gamm/Koch (Anm. 40) 122.*

[49] *Freyberg* (Anm. 40) 130.

[50] *A. Rottmann,* in: Brocher/Friedeburg (Anm. 36) 326.

selbst wird, wenn er sich aus kommerziellen Interessen sexuell prostituiert (Striptease, Peepshows, Sexfilm, Prostitution).
Und so ist auch der Traum ausgeträumt, (allein) durch die Befreiung von sexuellen Tabus und Normen die Befreiung von Herrschaftsstrukturen zu erwirken. Im Gegenteil: Die »überreichliche Zurschaustellung der Sexualität (ist vielfach) selbst zu einem Instrument geworden, mit dessen Hilfe gesellschaftliche Kräfte Einfluß üben.«[51]
Es gibt allerdings noch eine andere Form »unbefreiter« Sexualität: die mangelnde Freiheit nämlich zur sexuellen Erfahrung. Darauf hatte schon Ostermeyer hingewiesen[52]. Das Elend von sexuellem »Nicht-zum-Zug-Kommen« werde vertuscht und bagatellisiert, betonen E. Ringel und A. Kirchmayr. »Wir sprechen hier als Psychotherapeuten, die dieses Elend an vielen Patienten erlebt haben, besonders auch an jungen Menschen. Sie fühlen sich zutiefst als Versager und minderwertig. Sie geraten nicht selten in so tiefe Verzweiflung, daß sie Selbsttötungshandlungen als letzten Ausweg wählen. Das ist ein Notzustand, der durch die Störung in der sexuellen Kommunikationsfähigkeit wesentlich mitverursacht wird.«[53] Der Hinweis auf die instrumentalisierte, konsumierte und kommerzialisierte Sexualität darf darum nicht zum Vorwand genommen werden, an dieser Form der Knechtschaft durch neue Zucht- und Verzichtsappelle festzuhalten.

Die unverantwortete Sexualität

Allein mit dem Wissen um die Methoden der Empfängnisverhütung wird noch keine Verantwortung übernommen. Einmal abgesehen davon, daß ein ausreichendes Wissen um sichere Methoden bei vielen Jugendlichen nicht vorhanden ist, zum Teil nicht, weil es vorenthalten wird, zum Teil nicht, weil die Informations-

[51] *H. Kupfer,* Sexualerziehung: Blätter für Lehrerfortbildung 26 (1974) 168.
[52] *Ostermeyer* (Anm. 42) 168.
[53] *Ringel/Kirchmayr* (Anm. 15) 133.

quellen schwer zugänglich sind: das Wissen geht nicht unmittelbar in entsprechendes Wollen und Handeln über. Sexuell-genitale Praxis ist häufig Augenblickshandlung. Besonders der erste Geschlechtsverkehr geschieht zumeist ohne Vorbereitung. Er erfolgt plötzlich und spontan[54]. Das heißt, daß man sich der Verantwortung für den Partner und für ein mögliches Kind entledigt. Das Problem der Abtreibung hat damit zu tun.
Ein weiterer Gesichtspunkt: Nach H.-J. Gamm hat »die Sicherheit der Empfängnisverhütung durchaus nicht die Zärtlichkeit zwischen den Geschlechtern« gefördert. »Was früheren Generationen als höchste irdische Erfüllung galt, kann jetzt mit ausgeschaltetem Risiko beliebig genossen werden. Geschlechtliche Vereinigung erhält unter solchen Umständen sozusagen den Charakter einer kleinen billigen Süßspeise oder verkommt zur Fitneßaufgabe unter pharmazeutischer Nachhilfe. Das Geheimnis ist schal.«[55] Wo die Technik der Empfängnisverhütung beherrscht wird, geht die Verantwortung für die Zärtlichkeit in die Brüche. Wer weiß wie oft?

Die destruktiv-aggressive Sexualität

Viele Beobachter berichten, Sexualität komme in unserer Gesellschaft oft mit Gewalt zusammen. Auch und gerade im Erfahrungsfeld von Kindern und Jugendlichen. Kinder und Jugendliche, in aller Regel Mädchen, sind zunächst die Opfer. Nach Schätzungen kompetenter Beobachter gibt es in Familien der BRD jährlich etwa 300000 Verbrechen gegen die sexuelle Selbstbestimmung von Kindern bzw. Jugendlichen. »Der sexuelle Mißbrauch von Kindern durch Erwachsene ist eine Form von Gewalt, die erst jetzt zum Thema in der Öffentlichkeit wird. Bisher wurde allenfalls ab und zu durch Schlagzeilen über ›Fälle‹ berichtet, doch das tatsächliche Ausmaß dieses Kindesmiß-

[54] *Schmid-Tannwald/Urdze* (Anm. 21) 199–219.
[55] *H.-J. Gamm,* in: *Gamm/Koch* (Anm. 1) 15.

brauchs war ebenso unbekannt wie das Erleben und Empfinden der Mädchen, für die sexuelle Bedrängnis und Bedrohung zum Alltag gehören. An den physischen und psychischen Folgen für die betroffenen Kinder bestand kein Interesse, ja es wurde sogar behauptet, solche Folgen gäbe es überhaupt nicht, höchstens ganz ausnahmsweise. Hier ist umfassende Aufklärung dringend erforderlich. Die Mädchen, die oft jahrelang oder gar die gesamte Kindheit hindurch einsam und verzweifelt der sexuellen Gewalt ausgesetzt waren und sind, benötigen unsere Unterstützung lebensnotwendig.«[56]

Sexuellen Mißbrauch gibt es jedoch auch außerhalb der Familie. »Aus der Kriminalstatistik des Bundesgebiets und Westberlins ist zu entnehmen, daß im Jahre 1981 insgesamt 42284 Straftaten gegen die sexuelle Selbstbestimmung bei der Polizei bekannt wurden. Davon entfallen auf versuchte und vollendete Vergewaltigungen 6925, auf versuchte und vollendete Nötigung 3579 und auf den sexuellen Mißbrauch von Kindern 12146, auf exhibitionistische Handlungen 10888 Fälle.«[57] Das sind nur die angezeigten Straftaten. Kriminologen schätzen, daß in der Bundesrepublik jährlich zwischen 70000 und 140000 Frauen vergewaltigt werden[58]. Eine ähnlich hohe Dunkelziffer wird man bei den anderen angezeigten Straftaten vermuten dürfen. Über das typische Täterprofil ist viel geschrieben worden. In der Regel handelt es sich allemal um schüchterne, in ihrer Liebesfähigkeit behinderte Menschen.

Solche Gewalttätigkeit ist der Hintergrund dafür, daß viele

[56] *B. Kavemann/J. Lohstöter,* Väter als Täter. Sexuelle Gewalt gegen Mädchen, Reinbek b. Hamburg 1984, 7; vgl. *F. Rush,* Das bestgehütete Geheimnis: Sexueller Kindesmißbrauch, Berlin 1982; vgl. *K.-H. I. Kerscher,* Emanzipatorische Sexualpädagogik und Strafrecht, Neuwied – Berlin 1973, 28–47; *I. Kerscher,* Sexuelle Handlungen zwischen Kindern und Erwachsenen: *K,. Pacharzina/K. Albrecht-Désirat* (Hrsg.), Konfliktfeld Kindersexualität, Frankfurt a. M. 1978, 148–159.

[57] *Kavemann/Lohstöter* (Anm. 56) 28.

[58] *H.-D. Degler* (Hrsg.), Vergewaltigt. Frauen berichten, Reinbek b. Hamburg 1981, 7; vgl. *M. Brückner,* Die Liebe der Frauen. Über Weiblichkeit und Mißhandlung, Frankfurt a. M. 1983.

Kinder und Jugendliche – nun selber aktiv – ihre sexuellen Wünsche und Interessen auf eine ausgesprochen unzärtliche und rüde Weise zum Ausdruck bringen. Im Extremfall bis zur strafrechtlich relevanten Täterschaft[59]. Auch darin äußert sich Hilflosigkeit und seelische Verletzung.

4. Verletzungen: Katholische Biografien

Ich registriere schließlich die schmerzliche Tatsache, daß viele Menschen gerade durch religiöse Traditionen, die in den Kirchen weitergegeben wurden, in ihrer Sexualität verletzt wurden. Und sich noch heute verletzt fühlen.
Im folgenden werden keine systematisch erhobenen und methodisch gesicherten Erkenntnisse, sondern eher zufällig aufgetauchte Erfahrungen und beiläufig wahrgenommene Biografien ausgewertet. Es sind aber Einzelzeugnisse menschlicher Beschädigungen, die unsere Aufmerksamkeit verdienen. Menschen, in katholisch-kirchlicher Tradition aufgewachsen und erzogen, erzählen, was man ihnen, insofern sie sexuelle Wesen sind, Frauen und Männer mit sexuellen Bedürfnissen und Wünschen, angetan hat. Sie erzählen es offen und kritisch, ohne Rücksicht auf die Gefühle derer, die es »gut mit ihnen meinten«, als sie sie ängstigten oder verletzten. Ich erinnere daran nicht, um die zu beschimpfen, die in Angst versetzt und mit Verletzungen verwundet haben. Sie haben es nicht besser gewußt oder gekonnt – und haben in aller Regel für richtig gehalten, was sie taten, weil auch sie geängstigt und verletzt waren. Nicht Beschimpfung also

[59] Vgl. *K.-H. I. Kerscher* (Anm. 56) 48–58; *R. Lempp*, Jugendliche Mörder. Eine Darstellung an 80 vollendeten und versuchten Tötungsdelikten von Jugendlichen und Heranwachsenden, Bern – Stuttgart – Wien 1977, 27–65. Zum Thema »Aggressivierung der Sexualität« in den letzten beiden Jahrzehnten vgl. *E. Schorsch*, Sexualität und Gewalt: *C. Wulf* (Hrsg.), Lust und Liebe. Wandlungen der Sexualität, München – Zürich 1985, 91–111.

ist die Absicht. Es geht darum, zur Selbsterinnerung anzuregen, um der Möglichkeit willen, sich seiner eigenen Ängste und Verletzungen, sofern sie vorhanden sind, bewußt zu werden.

Kindheitserlebnisse

Maria Wimmer: 1944 geboren; in einem kleinen badischen Dorf aufgewachsen; Arbeiterkind; Mädchen; streng katholisch erzogen; Abitur und Studium; 6 Jahre Arbeit als Lehrerin; zusätzlich Psychologiestudium; verheiratet; Mutter einer Tochter. 1978 erinnert sie sich[60]: »Wir hatten Ziegen. ›Jetzt gibt's bald kleine Geißle, freust dich?‹ fragte meine Mutter. An den Abenden munkelten die Eltern miteinander. Wenn ich mich einmischte, kniff meine Mutter ein Auge zu und machte eine Kopfbewegung, die meinem Vater galt. Das bedeutete, er solle nicht weiterreden. Einmal sagte er: ›Warum soll sie's denn nicht wissen?‹ Eines Abends ging er los, um eine Frau vom Dorf zu holen. Ich mußte früh ins Bett. Am nächsten Morgen hatten wir kleine Ziegen« (23).

»An manchen Spätnachmittagen oder am frühen Abend, ich glaube, nie im Winter, sah ich einen Mann oder einen jungen Burschen, der an einem kurzen Strick eine Kuh durchs Dorf führte. In der anderen Hand hielt er einen kleinen Stock. Manchmal bockte das Tier oder wollte zu schnell gehen, er stemmte sich dann mit seinem Körpergewicht dagegen oder schlug ihm mit dem kleinen Stock auf die Nase und auf die Stirn. Meine Mutter sagte, die würden untersucht werden, mein Vater sagte: ›Die gehen in den Farrenstall, warum hältst du immer hinter dem Berg?‹ Ich wußte nicht, was dort mit den Tieren geschehen sollte, aber ich merkte, daß es sich nicht gehörte, nachzufragen« (30).

»Einmal fiel es mir besonders schwer zu beichten. Ich hatte gegen das sechste Gebot gesündigt, ich hatte Unkeusches angeschaut. Aber ich mußte es sagen, selbst wenn ich es kaum über

[60] *M. Wimmer,* Die Kindheit auf dem Lande, Reinbek b. Hamburg 1978.

die Lippen brachte, ich durfte nichts weglassen, sonst war alles ungültig. Im Religionsunterricht hatten wir gelernt, man kann Unkeusches tun, allein oder mit anderen; man kann Unkeusches anschauen, denken oder hören, auch lesen. Was Unkeusches war, wußten wir nicht genau, denn weder der Pfarrer noch die Nonne hatten es uns jemals gesagt. Wir wußten nur, daß es das war, worüber die Eltern nicht sprachen. Ich beichtete, daß ich Unkeusches angeschaut hatte. Er fragte nach und ich sagte ihm, daß ich dabei gestanden hätte, als meine Tante ihren Säugling wickelte. Der Geistliche sagte, wenn ich mir dabei nichts weiter gedacht hätte, sei es keine Sünde« (59).

»Einige Mädchen setzten sich nach der Sportstunde, nachdem sie das Turnzeug ausgezogen hatten, erst eine Weile auf die Holzbank im Umkleideraum. Sie setzten sich so, daß der Träger vom Unterhemd über die Schulter rutschte, während sie sich Luft zufächelten und miteinander schwätzten. Sie taten, als hätten sie nichts bemerkt. Mitunter drückten sie kurz das Kinn gegen den Hals und schlugen einen Moment die Augenlider nieder und warfen schnelle, flinke Blicke in die Runde, um zu kontrollieren, ob die anderen auch bemerkt hätten, was sie zu zeigen hatten. Ich drehte mich beim Umziehen der Wand zu, so daß ich den anderen den Rücken kehrte. Ich wollte nichts sehen und wollte auch ihren Blicken entgehen. Es gab außer mir noch ein paar Schamhafte. Wir fanden uns in derselben Ecke des Umkleideraums ein. Manchmal zog ich auch das Turnzeug morgens schon unter die Kleider an. Ein paarmal habe ich mich auch auf der Toilette umgezogen. Die Lehrerin klopfte und sagte, ich bräuchte mich doch nicht zu verstecken, wir seien doch unter uns« (87).

Sexuelle Aufklärung

»Ich drückte die übereinandergelegten Unterarme in den Bauch. Mit den Händen umfaßte ich fest die Ellenbogen, um den Krämpfen entgegenzuwirken. Der Vormittag in der Schule schleppte sich zäh dahin, und ich wußte nicht, wie ich den

Heimweg schaffen würde, die Mappe in der Hand. Noch nie zuvor hatte ich solche Schmerzen und ein derartiges Ziehen verspürt, wenn ich Bauchweh hatte, und seit einiger Zeit wiederholten sie sich immer regelmäßiger. Ich klagte zu Haus stark darüber, und an manchen Nachmittagen lag ich zusammengekrümmt auf dem Bett. Meine Mutter sagte, das käme in dem Alter schon mal vor. Dabei hatte sie wieder jenen unruhigen Blick. Ich wußte, daß man nicht weiter darüber zu sprechen hatte, ich würde schon selbst dahinterkommen.

Manche Mädchen gaben vor dem Sportunterricht der Lehrerin einen Brief ab, während der Stunde saßen sie auf der Bank, die an der Wand aufgestellt war. Sie sagten uns nicht, weshalb sie nicht mitturnten, doch untereinander warfen sie sich Blicke gegenseitigen Einverständnisses zu, sie waren uns in etwas voraus.

Ich versteckte meine Unterwäsche unter dem Berg in der Waschküche, ich wusch sie vorher aus, aber es blieben noch dunkle Stellen. Ich befürchtete, daß mit mir etwas nicht ganz normal sei, und dann vermutete ich wieder, daß es bestimmt das wäre, worüber man nicht spricht.

Eines Nachmittags bemerkte ich, während ich über den Schulaufgaben saß, wie sich meine Mutter in der Küche herumdrückte und so tat, als sei sie beschäftigt. Obwohl wir nicht miteinander redeten, übertrug sich ihre Unruhe und Gespanntheit auf mich. Schließlich setzte sie sich an den Tisch, zupfte wieder mit der einen Hand am Ärmel ihrer Strickjacke. Sie müsse mit mir etwas besprechen, sagte sie, es sei ja im Grunde, wenn man's recht nimmt, ganz natürlich, daß man darüber spreche, obwohl ihre Eltern früher nicht so offen mit ihr gesprochen hätten. Sie tat, als müsse sie mich auf eine selbstverständliche Sache vorbereiten, ich spürte dabei ihre Anstrengung, sich selber Mut zu machen. Ich schaute hoch und hoffte, daß die Situation für uns beide bald überstanden sei. Ich wäre ja kein kleines Kind mehr, fuhr sie fort – und ich wußte auf der Stelle, worüber sie zu sprechen versuchte, sie hatte meine Wäsche entdeckt –, und in dem Alter würde das unreine Blut aus dem Körper fortgehen. Ich nahm an, daß in der Phase, bevor man erwachsen wird, der Körper sich umorganisiert und die Blutung eine vorübergehende Folge hiervon sei und fragte sie, wann es fertig wäre, ich fände es ekelhaft und lästig. Also darüber müßte ich dann einmal einen Doktor fragen, jede Frau habe so Tage, an denen ihr nicht gut sei. Ich fragte nicht weiter, ich hätte sie dadurch nur unsicher gemacht, und es wäre noch peinlicher für uns beide geworden. Ich bemerkte ihren bemühten guten Willen, aber sie wußte nicht richtig Bescheid oder konnte mir nicht alles sagen. Da tat sie mir leid, sie machte sich alles so schwer und mir auch.

›Und dann‹, sie machte noch einmal einen Anlauf, ›überhaupt darf man den Männern nicht zu nahe kommen. Weißt, man liest ja in der Zeitung so allerhand, was alles vorkommt, ich muß dir das sagen, denn ich will nicht, daß dir so was zustößt. Die versprechen und versprechen und wenn's dann endlich so weit ist, dann sind sie über alle Berge, und so ein armes, dummes Ding hockt dann einfach da im Elend. Die Frau zieht immer den kürzeren. Bei uns ist ja früher über so etwas nicht gesprochen worden, aber ich muß dir das sagen, eigentlich ist's ja ganz natürlich, und ich mein's doch nur gut!‹

Es war eine einzige Ungereimtheit, was sie sagte, aber hinter ihrer Unbeholfenheit zeigte sich die große Angst und Sorge um mich. Ich verstand sie schon« (96.97).

Widerstand gegen die erste Liebe

»Ich kam eines Mittags von der Schule heim und meine Eltern schrien: ›Jetzt ist's aus, deine Bücher kannst gleich ins Eck stellen, nächsten Ersten geht's ins Schaffen, du brauchst nicht mehr in d'Schul zu gehn.‹

Ich verstand nichts.

Wenn man solche Possen im Kopf habe, sei's aus mit dem Lernen, dafür hätten sie sich nicht abgerackert, daß ich rumschlumple. Noch immer begriff ich nicht, worauf sie anspielten; ich merkte, wie mir einzelne Schweißtropfen den Rücken hinunterflossen. Ich solle ihnen sofort die Adresse aufschreiben, das

würden sie unterbinden, dem würden sie einen Riegel vorschieben (s. S. 231 f.). Ich fragte: ›Welche Adresse?‹, und sie sagten: ›Von dem Kerl.‹ Ich solle bloß nicht so scheinheilig tun, als wüßte ich von nichts. Ob ich denn nicht mit ihm am Rheindamm gewesen sei, ihnen könne ich nichts mehr vormachen, sie kämen hinter alles. Jetzt wußte ich, daß sie mein Tagebuch gelesen hatten. Ich hatte einen Freund zwei Klassen über mir. Wir waren zusammen mit dem Fahrrad aus der Stadt hinausgefahren und hatten Spaziergänge gemacht. Manchmal waren wir auch bei ihm zu Haus gewesen. Wir hatten uns noch nicht getraut, Hand in Hand zu gehen, aber ich war das erste Mal verliebt und liebte ihn sehr. Wenn ich ihnen nicht auf der Stelle die Adresse geben würde, gingen sie in die Schule, sie würden es schon rauskriegen, seinen Namen und die Klasse wüßten sie. In der einen Hand die Schultasche und an der anderen einen Schlawiner, das ginge nicht, das würden sie seinen Eltern schon sagen, daß das in unserem Haus nicht geduldet wird.
Ich wußte nicht, was beschämender wäre und demütigender für mich – wenn sie in die Schule gingen, die sie sonst nie betreten hatten, oder zu den Eltern meines Freundes, um ihnen, dümmlich und aufgebracht, die Leviten zu lesen. Ich genierte mich für sie und mich.
Ich kannte seine Eltern, sie hatten mich immer freundlich aufgenommen und uns nie wie unmündige Kinder behandelt. Zwischen ihnen und meinen Eltern schien mir ein unüberwindlicher Abstand zu sein. Ich strengte mich an, ihnen verständlich zu machen, daß mich seine Eltern bereits kannten und es nur peinlich wäre, wenn sie hingingen. Ich sagte ihnen, daß zwischen ihm und mir doch gar nichts wäre, sie bräuchten sich nicht so aufzuregen. Aber das erschien ihnen noch fataler, daß man mit einem Kerl rumzöge, ohne ernste Absichten, und das sollten seine Eltern wissen. Was das überhaupt für Leute sein müßten, die so was noch unterstützten.
Meine Mutter fuhr hin und kam unverrichteter Dinge wieder. Die Mutter meines Freundes hatte ihr gesagt, daß sie mich wohl kenne und auch ihren Sohn, und sie nicht einsehen, weshalb sie

mich hinausschmeißen sollte, wenn ich zu ihnen käme, es gäbe für sie keinen Grund, ihrem Sohn den Umgang mir mir zu verbieten. Zu meinem Vater sagte meine Mutter, die Leut hätten völlig andere Ansichten und zu solchen Leuten könnten wir uns nicht zählen, die seien schon ganz anders eingerichtet; da kämen wir nicht mit. Aber was die mit ihren Kindern machten, sei ihr egal, das würden die schon später selbst mal erleben. Sie verboten mir, den Jungen wiederzusehen, sie würden's schon erfahren, da könnt ich Gift drauf nehmen« (117–119).

Maria Wimmer steht für viele. Mary McCarthy[61] und Marie Cardinal[62] sind andere. Dagmar Scherf präsentiert weitere Dokumente[63]. Überall zeigen sich verletzte katholische Menschen, die ihre Verletzungen nicht mehr einfach hinnehmen wollen[64]. Sie sind nur die Spitze des Eisberges. Zur Veranschaulichung noch ein Beispiel.

Schamhaftigkeit

Anette Dröge: 1950 geboren, »aufgewachsen während des kalten Krieges unter christlich-demokratischer Herrschaft« wie sie selbst sagt; aufgewacht und befreit durch die Studentenbewegung[65]. Sie findet 1985 dies in sich vor: »Ich habe einen guten Trick gefunden: Wenn ich meine Unterhose ausziehe, während ich meinen Rock noch anhabe und dann die Schlafanzughose anziehe und danach erst den Rock aus, dann brauche ich ›da unten‹ nicht hinzusehen (s. S. 70.76.152f.). ›Da oben‹ habe ich

[61] *M. McCarthy,* Eine katholische Kindheit. Erinnerungen, München 1966.

[62] *M. Cardinal,* Schattenmund, Reinbek b. Hamburg 1979.

[63] *D. Scherf* (Hrsg.), Der liebe Gott sieht alles. Erfahrungen mit religiöser Erziehung, Frankfurt a. M. 1985.

[64] Vgl. auch *F. Leist,* Der sexuelle Notstand und die Kirchen. Eine aktuelle Dokumentation: Christen berichten über ihre Erfahrungen, Freiburg dann Gütersloh 1972. *I. Hülsemann,* Berührungen. Gespräche über Sexualität und Lebensgeschichte, Darmstadt – Neuwied 1984.

[65] *A. Dröge,* Zum Teufel mit der Kirche – Stationen einer Gehirnwäsche: *Scherf* (Anm. 63) 65–71.

glücklicherweise noch nichts. Will auch nicht. Noch so komisches Zeug am Körper, was aus irgendeinem Grunde äußerst schlecht und unanständig ist?
Morgens gleich die ›Popohändchen‹ waschen. Popo ist übrigens gerade noch erlaubt. Verboten ist ›Hintern‹, und ›Arsch‹ ist das allerletzte Tabuwort. Nun hat der Popo aber die unglückliche Eigenschaft, daß es ihn trotzdem gibt, trotz der zwei verbotenen Namen, und obwohl da was rauskommt, was noch viel mehr verbotene Namen hat. Scheiße zu sagen, ist bereits eine läßliche Sünde (für Unkundige: eine läßliche Sünde begeht, wer ein Gebot Gottes in einer geringeren Sache freiwillig übertritt). Kacken? Auch nicht gut. Pissen und pinkeln! auch verboten. ›Ich muß mal klein, ich muß mal groß‹: richtig für zu Hause. Bei fremden Leuten darf man höchstens noch ›mal austreten‹ oder ›zur Toilette‹ (sag doch bitte nicht Klo!).
Im Alter von 16 Jahren weiß ich zwar, daß ›da unten‹ bei den Jungen anders ist als bei Mädchen, aber wie das genau aussieht, ist mir ein Rätsel. Vater und Bruder kenne ich nicht mal in Unterhosen. In irgendwelchen Büchern stehen eigenartige Bleistiftzeichnungen (und Pornos gibt es in den goldenen 50ern nicht!)« (69f.).

Tabu Sexualität

»Im Dunkeln werden mit der Schulkameradin Informationen ausgetauscht: Ich begreife nichts. Anläßlich eines Films, er heißt, glaube ich, ›Die Tätowierung‹, kriege ich dann mit, daß Männer auch Schamhaare haben, was ich bis dahin noch nicht wußte. Schließlich steht sowas nicht im katholischen Katechismus. Sexualität ist eine Sache, die mir unheimlich ist. Die christliche Lehre, daß das sowieso erst in der Ehe stattfinden darf, gefällt mir. Dann brauch ich ›damit‹ noch nichts zu tun haben.
Meine Familie, die mich doch katholisch erzogen hat, lacht mich inzwischen aus. Das verwirrt mich maßlos: Die gehen doch auch

in die Kirche und beichten. Haben die mir nicht beigebracht, daß es Unrecht ist, sich oder andere nackt anzusehen? Ich weiß es besser als sie: Sexualität ist wie ein großes, unheimliches, schlafendes Tier, das man nicht wecken darf. Den Trieb, sagen die Priester, muß man beherrschen, sonst macht er einen kaputt wie ein tollwütiger Hund, der aus dem Zwinger gelassen wird. Der Körper ist ein Feind, den man besiegen muß. Ich lese viele katholische Traktate und Traktätchen. Da gab es Heilige, die hatten eine ungeheure Selbstbeherrschung. Wenn sie durstig waren, zwangen sie sich, nichts zu trinken und opferten das den armen Seelen. Süßigkeiten und so was gab es eh nicht. Und das waren die besten Heiligen. Die haben das getan, was einem Menschen nur eben möglich ist an Entsagung. Mich quält der Gedanke, daß Gott sowas auch von mir verlangen könnte. ›Sie ist ja so schwierig‹, sagt meine Mutter. Meine Klassenkameradinnen lächeln über mich. Das gehört dazu: Wer den richtigen Glauben hat, muß eben leiden« (70).

Kommentar überflüssig

Man mag diesen Texten dadurch zu entkommen suchen, daß man sie für literarische Zuspitzungen erklärt oder für Einzelfälle hält. Ich kann zwar beides nicht akzeptieren, doch selbst wenn es so wäre, müßten wir zur Kenntnis nehmen, daß die betroffenen Erzähler immerhin der Auffassung sind, sie hätten etwas Mitteilenswertes von sich für alle vorgebracht. Tatsächlich: sie halten einen Spiegel vor – und es täte gut, in dem Spiegel sich selbst zu entdecken. Das mag auch weh tun, doch nur dann ist es heilsam und wird es heilen. Vielleicht sind katholische Kindheiten heute so nicht mehr möglich. Aber ähnliche Kindheiten sind heute auch nicht unmöglich. Was man manchmal aus dem Erstbeichtunterricht noch (oder wieder?) zu hören bekommt, erschreckt. Und was Kinder- und Jugendlichen-Psychotherapeuten aus ihrer Praxis zu berichten haben – nicht allein aus dem Bereich des katholischen Christentums, auch aus der pietistischen und der bürgerlichen Welt überhaupt – macht betroffen. Jedenfalls ist es nicht angetan, die biografischen Einzelstücke, die in den Texten vorliegen, als Fantastereien zu diskreditieren. Die Nachwirkungen einer langen sexualpädagogischen Tradition, wie sie im folgenden Kapitel nachgezeichnet wird, sind allerorts greifbar. Wo jemand nichts davon in sich oder seiner Umgebung aufspürt, soll er sich glücklich schätzen.

Geschichtliche Ideen katholischer Sexualpädagogik

Die Ideen katholischer Sexualpädagogik, wie sie in der Geschichte geäußert wurden, sind nicht mit der Praxis katholischer Sexualpädagogik ineins zu setzen. Jedenfalls darf man nicht unmittelbar von ihnen auf die erzieherische Praxis schließen, obwohl zu vermuten ist, daß sich in Ideen auch Praktiken spiegeln. Mag also die ideengeschichtliche Betrachtungsweise begrenzt sein, mag sie durch sozialhistorische Untersuchungen ergänzt werden müssen – gänzlich ohne Bedeutung ist sie nicht. In einer von oben nach unten strukturierten Gesellschaft, wie es die katholische Kirche ist, verwandeln sich Ideen leicht in Forderungen und Vorschriften, die zumal deswegen wirksam sind, weil eine autoritäre Gesellschaft auch die psychischen Möglichkeiten ihrer Angehörigen autoritätshörig strukturieren kann. Man wird darum die Ideen ernst nehmen, und damit rechnen, daß sie Einfluß genommen und bekommen haben. Manchmal kommt es mir zudem so vor, als sei der geschichtliche Rückblick auf sie gar kein Rückblick, sondern doch eher ein Einblick in Gedanken und Verhaltensweisen, die eine erschrekkende – wenn auch oft heimliche – Gegenwärtigkeit haben.
Der Sinn der Erinnerung ist nicht Anklage oder Beschimpfung. Zum einen standen ja die, die sich geäußert und (auch) verletzende Wirkungen hervorgerufen haben, selbst unter dem Zwang der Geschichte, so daß ihnen ihr Versagen, wenn man ihr Handeln denn so begreifen will, nicht uneingeschränkt zugerechnet werden darf. Zum andern helfen Anklage oder Beschimpfung nicht weiter. Sie rufen eher Widerstand denn Veränderungsbereitschaft hervor. Die Erinnerung will also Aufklärung, intellektuelle und emotionale. Sie will bewußt machen, was war und möglicherweise noch in uns steckt. Und sie will zur Trauerarbeit anregen. Verpaßte oder verlorene Möglichkeiten gewinnt man nur so zurück.

1. Die Anfänge der sexualpädagogischen Auseinandersetzung

Die sexualpädagogische Auseinandersetzung kam im letzten Drittel des 18. Jahrhunderts auf einen ersten Höhepunkt. Sie wurde hauptsächlich von den Philanthropen geführt[1]. Mir scheint nicht ganz richtig, was gleichwohl allgemeine Überzeugung ist, daß diese Auseinandersetzungen damals überhaupt erst begonnen hätten[2]. Denn beispielsweise schon bei Johannes Chrysostomus (344/354–407)[3], breiter noch bei Erasmus von Rotterdam

[1] Die wichtigsten sexualpädagogischen Werke der Philanthropen sind: *C. G. Salzmann,* Ist's recht, über die heimlichen Sünden der Jugend öffentlich zu schreiben? Schnepfenthal 1785; *ders.,* Über die heimlichen Sünden der Jugend, Schnepfenthal 1799; *K. G. Bauer,* Über die Mittel, dem Geschlechtstrieb eine unschädliche Richtung zu geben. Eine durch die Erziehungsanstalt zu Schnepfenthal gekrönte Preisschrift, Leipzig 1791; *J. H. Campe,* Allgemeine Revision des gesamten Schul- und Erziehungswesens von einer Gesellschaft praktischer Erzieher. Bände VI und VII, Wolfenbüttel 1787; *J. F. Oest,* Versuch einer Beantwortung der pädagogischen Frage: wie man Kinder und junge Leute vor dem Leib und Seele verwüstenden Laster der Unzucht überhaupt, und der Selbstschwächung insonderheit verwahren, oder, wofern sie schon davon angesteckt waren, wie man sie davon heilen könne?: *Campe* (1787) VI, 1–506; *M. A. von Winterfeld,* Über die heimlichen Sünden der Jugend: *Campe* (1787) VI, 507–609; *P. Villaume,* Über die Unzuchtsünden in der Jugend: *Campe* (1787) VII, 1–308; *Anonymus,* Über Kinderunzucht und Selbstbefleckung. Ein Buch bloß für Eltern, Erzieher und Jugendfreunde, von einem Schulmanne, Züllichau und Freystadt 1787; *J. Zimmermann,* Briefe für Knaben. Von einer kleinen Sittenakademie, Solothurn 1772; *ders.,* Warnung an Eltern, Erzieher und Kinderfreunde wegen der Selbstbefleckung, Leipzig 1779. Die Buchtitel zeigen das gemeinsame Anliegen, in dessen Verfolgung sich die Philanthropen allerdings nicht unbeträchtlich voneinander unterscheiden. Darauf kann hier nicht eingegangen werden. Vgl. *H. Hentze,* Sexualität in der Pädagogik des späten 18. Jahrhunderts, Frankfurt a. M. – Bern – Las Vegas 1979.

[2] *F. X. Thalhofer,* Die sexuelle Pädagogik bei den Philanthropen, Kempten und München 1907, 7.

[3] *Johannes Chrysostomus,* Über Hoffart und Kindererziehung (378), Paderborn 1968.

(1469–1536)[4] werden sexualpädagogische Fragen behandelt. Es ließen sich als Belege vermutlich auch noch andere frühchristliche (Hieronymus, Klemens von Alexandrien, Cyprian), mittelalterliche (Beichtbücher, Predigten, Gerson) und neuzeitliche (Fénelon) Autoren angeben, ganz abgesehen von den Katechismen[5] und der »Ratio atque Institutio Studiorum« von 1599, des »bis heute gültigen Lehrplans der Jesuitenschulen in aller Welt«[6]. Richtig ist allerdings, daß es erst im 18. Jahrhundert zu einer differenzierten und systematisch geführten sexualpädagogischen Auseinandersetzung zwischen vielen Autoren kam. So wird es verständlich, daß der Beginn der Sexualpädagogik mit diesem Zeitpunkt angesetzt wird.

Die heimliche Sünde der Jugend – Sexuelle Aufklärung. Rousseau und die Philanthropen

Das zentrale Thema dieser Auseinandersetzung war die Selbstbefriedigung (die »heimliche Sünde der Jugend« oder »Selbstschwächung«). Es ging um ihre Verwerflichkeit und ihre Ursachen, um die Möglichkeiten der Bewahrung vor ihr und der Heilung von ihr. Diskutiert wurde, ob die sexuelle Aufklärung ein Hilfsmittel gegen sie sei, und, wo das bejaht wurde, um welche Inhalte es zu gehen habe und in welchem Alter und welcher Form sie gegeben werden solle. In diesen Erörterungen spielte die Frage der Schamhaftigkeit eine unterschiedliche Rolle.

Die philanthropische Sexualpädagogik stellte sich in den Dienst

4 *Erasmus v. Rotterdam,* Colloquia familiaria. Vertraute Gespräche (1522), Darmstadt 1967; *ders.,* De civilitate morum puerilium. Über die Umgangserziehung der Kinder (1529): Ausgewählte Schriften, Paderborn 1963, 89–106.

5 Vgl. dazu *W. Braun,* Geschlechtliche Erziehung im katholischen Religionsunterricht, Trier 1970, 17–46.

6 *J. Dolch,* Lehrplan des Abendlandes (1971), Darmstadt 1982, 238.

der bürgerlichen Gesellschaft[7] und beschränkte sich auf die Kinder der bürgerlichen Mittelschicht. Es entsprach der Zeit, daß man sich von sexueller Aufklärung alles versprach. Sie galt als die bevorzugte sexualpädagogische Methode. Sie fungierte jedoch nicht als Medium der Information, sondern als Instrument der Repression. Die gezielte und ausgewählte Belehrung sollte anderer Kenntnisgewinnung (der durch die Gasse) zuvorkommen und sie von vornherein neutralisieren. Aufklärung sollte abschrecken und Abscheu erregen. Nicht von der reizenden Seite, sondern von der abstoßenden sollten Kinder das Sexuelle kennenlernen[8]. Als die Bürger nach der ersten industriellen Revolution im 19. Jahrhundert an Ansehen gewannen, wurde ihr Lebensstil das Vorbild für die gesamte Gesellschaft – auch und gerade für die Arbeiterschaft[9].

Das Thema Selbstbefriedigung war den philanthropischen Pädagogen von den Medizinern zugewachsen. Nach dem Vorspiel von Bekker[10], den G. Sarganek in Auswahl zitiert[11] – »der erste Schulmann, der über die geheimen Jugendsünden deutsch zu schreiben wagte und Anatomie und Physiologie ebenso benutzte als Religion und Moral, um vor ihnen zu warnen«[12] – meldete sich 1760 der berühmte und berüchtigte Arzt S.-A. Tissot

[7] *Hentze* (Anm. 1) 99–102.

[8] Vgl. *F. Walter,* Die sexuelle Aufklärung der Jugend, Donauwörth (1907) 1908, 44; *J. van Ussel,* Sexualunterdrückung (1970), Gießen 1977, 164–189.

[9] Vgl. *B. Beuys,* Familienleben in Deutschland, Reinbek b. Hamburg 1980.

[10] *Bekker,* Onania, oder die verruchte Sünde der Selbstbefleckung und all ihre furchtbaren Folgen bei beiden Geschlechtern, mit geistlichen und körperlichen Ratschlägen auf solche Rücksicht nehmend, die sich bereits geschädigt haben durch diese abscheuliche Angewohnheit, welch allem ein Brief beigefügt ist von einer Dame an den Autor über den Gebrauch und Mißbrauch des Ehebetts und des Autors Antwort, London 1710 (hier die deutsche Übersetzung: Leipzig 1736).

[11] *G. Sarganek,* Überzeugende und bewegliche Warnung vor allen Sünden der Unreinigkeit und heimlicher Unzucht, Züllichau 1740.

[12] *Thalhofer* (Anm. 2) 5; vgl. *A. H. Niemeyer,* Grundsätze der Erziehung und des Unterrichts für Eltern, Hauslehrer und Erzieher (1796), Paderborn 1970, 98.

(1727–1797) mit der französischen Ausgabe seiner ursprünglich (1758) lateinisch verfaßten und bald schon (1767) in die deutsche Sprache übersetzten Buches zu Wort[13]. Ihn finden wir seither, bis in die Gegenwart, fast überall erwähnt, wo es um sexualpädagogische Fragen geht. Die einen zitieren ihn breit[14]; die anderen erinnern an ihn[15]; die dritten kritisieren ihn[16]. Tissot zeichnete, was die Selbstbefriedigung betrifft, ein wahres Horrorgemälde. Er führte alle medizinischen Übel seiner Zeit auf sie zurück. Er hat seiner Zeitgenossenschaft die Augen geöffnet, sie in Schrekken versetzt und zu schlimmen Formen der Bekämpfung der Selbstbefriedigung angeregt[17].

Gleichzeitig, in manchem gleichsinnig, wenn auch anders motiviert, hatte sich J. J. Rousseau (1712–1778) mit der Sexualität von jungen Menschen beschäftigt. Sein Blick auf das Kind und dessen Entwicklung hatten ihn auch wahrnehmungsfähig gemacht für dessen sexuelle Bedürfnisse und Erfahrungen[18].

Rousseau wandte sich energisch gegen die Selbstbefriedigung. Er wolle seinen Emile lieber in den Armen einer Frau als in den Fängen der Selbstbefriedigung sehen. Denn der Frau könne er ihn

[13] *S.-A. Tissot,* L'onanisme ou dissertation physique sur les maladies produites par la Masturbation. Vom Autor selbst besorgte Übersetzung aus dem Lateinischen, Lausanne 1760.

[14] Fast alle Philanthropen.

[15] Z. B. *Thalhofer* (Anm. 2) 4–6.

[16] *W. Karsch,* Selbstbefleckung: Handbuch des Seelsorgers für Amt und Leben II/2. Neue, erweiterte Ausgabe von *Jais* 1817 (Anm. 24); Paderborn 1872, 144; *T. G. Kornig,* Die Hygiene der Keuschheit (1890), Berlin 1900, 66; *V. Sigusch,* Medizin und Sexualität: *W. Fischer* u. a. Normenprobleme der Sexualpädagogik. Sexualpädagogik I, Heidelberg 1971, 135. 138; *V. E. Pilgrim* Der selbstbefriedigte Mensch, München 1975; *E. Shorter,* Die Geburt der modernen Familie, Reinbek b. Hamburg 1977, 120. 139; *E. J. Haeberle,* Die Sexualität des Menschen. Handbuch und Atlas (1978), Berlin – New York 1983, 171.

[17] *J. Solé,* Liebe in der westlichen Kultur (1976), Frankfurt a. M. – Berlin – Wien 1979, 114ff.; *Ussel* (Anm. 8) 143–163; *E. Bornemann,* Lexikon der Liebe III, Frankfurt a. M. – Berlin – Wien 1978, 940–941.

[18] *J. J. Rousseau,* Emile oder über die Erziehung (1762), Stuttgart 1976.

entreißen, der Selbstbefriedigung nicht[19]. Erziehung zur Schamhaftigkeit lehnte Rousseau dagegen ab. Sich schämen setze den Verlust der Unschuld voraus. Scham sei nur möglich, wo Schuldbewußtsein vorhanden sei. Das wolle er seinem Emile aber nicht vermitteln. Er wolle ihm die Unschuld erhalten. Nur wenn diese nicht bis zur Ehe bewahrt werden könne, solle das Kind unterrichtet werden, solange es noch ein unerwachtes Kind sei. Das ist Aufklärung zur Abwehr sexueller Sinnlichkeit. Rousseaus Einstellung bringt den damaligen Zeitgeist zum Ausdruck. »Das neue Leitbild war der ›reine‹ asexuelle, idealistische Jüngling, der ›seine Kräfte bewahrte‹, um den schweren Aufgaben des Erwachsenenlebens gewachsen zu sein«[20].

Katholische sexualpädagogische Anfänge: Aegidius Jais

Die Auseinandersetzung um die Selbstbefriedigung im 18. Jahrhundert fand hauptsächlich im (protestantischen) Norden statt. Warum erreichte sie kaum Aufmerksamkeit im (katholischen) Süden? Fanden die katholischen Theologen, die ja allesamt auch Beichtväter waren, die Sache nicht so aufregend, weil sie sie aus der Beichte längst kannten? Waren sie deswegen nur schwer für die pädagogische Abhilfe zu motivieren, weil sie im Beichtstuhl die Möglichkeit einer pastoralen Beratung hatten[21]?

Der einzige katholische Gesprächspartner Rousseaus und der Philanthropen, der ausfindig zu machen ist, war Aegidius Jais (1750–1822). Jais, Benediktiner in Benediktbeuern, Lehrer in Salzburg, Landpfarrer in der Jachenau, Novizenmeister in Rott/Inn, Professor und Rektor der Universität Salzburg, Hauslehrer in Würzburg und Florenz, Landseelsorger in Oberbayern[22], war, selbst in einem oberbayerischen Dorf geboren und gestorben,

[19] *Rousseau* (Anm. 18) 679.

[20] *Haeberle* (Anm. 16) 171; *Braun* (Anm. 5) 47–75.

[21] *Thalhofer* (Anm. 2) 36. Dieses Urteil übernahm: *Walter* (Anm. 8) 31.

[22] *E. Müller*, Aegidius Jais (1750–1822). Sein Leben und sein Beitrag zur

Zeit seines Lebens mit seinem Herzen bei den Landkindern geblieben, obwohl es ihn lange unter die Bürgersöhne verschlagen hatte. So wurde der Gegensatz von Stadt und Land, reich und arm, verdorben und sittsam, für sein Denken bestimmend. 1797 setzte er der zweiten Auflage seiner zwölf Jahre vorher anonym erschienenen Schrift »Das Wichtigste für Eltern, Schullehrer und Aufseher der Jugend, also auch, und besonders für Seelsorger« seinen Namen hinzu, wegen seiner großen Betroffenheit von der Not der Jugend und weil ihm die Sache die »Wichtigste« war und »große Wahrheiten« errang: »Groß ist das Elend, erschrecklich das Übel, welches den Leib und die Seele der Jugend in furchtbarer Stille verwüstet. Von der Zeit an, da ich mit der Jugend näher bekannt geworden bin, hatte ich keinen ruhigen Augenblick – oft war ich ganz betrübt und niedergeschlagen. Lang' verbarg ich meine Schmerzen; Jetzt kann ich nicht mehr! – die Stimme meines Gewissens ruft laut und deutlich; Was nützen erstickte Seufzer, wenn die verwahrloste Unschuld um Rettung – die verführte um Rache schreit? . . . Ich will schreien! Möchten doch manche Eltern und Erzieher die Augen öffnen! Möchte mich doch die ganze Welt hören!«[23]
Was Jais zu diesem Aufschrei veranlaßte, war die Selbstbefriedigung; in ihrer Schädlichkeit, weniger in ihrer Schändlichkeit. Obwohl Seelsorger und Theologe, beanspruchte er für ihre Ablehnung nie das 6. Gebot, betonte auch nie deren Sündhaftigkeit. Jais argumentierte vernünftig. Es ist ihm zuzutrauen, daß er solche Art der Argumentation bewußt pflegte. An anderer Stelle nämlich, in seinen »Bemerkungen über die Seelsorge« (1817), kann er im Blick auf die Predigt schreiben: »Daß man beinahe alles aus der Vernunft, wenig oder gar nichts aus der Offenbarung beweise, ist ein großer Fehler, den sich viele Prediger . . . zu

Katechetik, Freiburg 1979, 3–130; Auch: Lebensbild des P. Aegidius Jais: *Jais* (Anm. 32) IX–XXXII.

23 *A. Jais,* Das Wichtigste für Eltern, Schullehrer und Aufseher der Jugend, also auch, und besonders für Seelsorger (1785), München 1797, Einleitung.

Schulden kommen lassen.«[24] Die Selbstbefriedigung war auch ihm Generalursache für alle Übel der Zeit.
Die Aspekte, an denen Jais arbeitete, sind der (traditionellen) Gliederung seines Werkes zu entnehmen: nachdem er die Schrecklichkeit der Selbstbefriedigung an ihren schädigenden Folgen aufgewiesen hat, diskutiert er deren Ursachen, fragt dann nach den Mitteln der Bewahrung vor ihr und schließlich nach der Möglichkeit der Heilung von ihr. Jais folgte – auch im Detail – den Auffassungen Rousseaus[25]. Sexualerziehung war ihm Warnung, Abschreckung und Unterdrückung. Das spiegelt seine Sensibilität im und seine Angst vor dem Sexuellen. Sie sind groß, wohl überzogen. Die Sexualität war ihm das »Tierische« im Menschen, das »Heftigste«, was er im Menschen fand[26]. Er wollte es nicht im Menschen siegen lassen. Darum glaubte er es ausrotten zu sollen.
Nach Ansicht von F. X. Eggersdorfer[27] und solcher, die von ihm abgeschrieben haben, »bot Jais in ›Das Wichtigste für Eltern, Lehrer und Seelsorger‹ die beste Sexualpädagogik der Aufklärungszeit«[28]. Doch so ist das Urteil sicher falsch. Denn im Vergleich zu den philanthropischen Beiträgen zur Sexualpädagogik blieb Jais ein Epigone. Auch K. Baumgartner stimmt Eggersdorfers Urteil zu, will es allerdings gemessen wissen »an den Ideen der Philanthropen, welche in der Abschreckung vor dem Geschlechtlichen oder in dessen Tabuisierung ihr Erziehungsziel sahen«[29]. Doch will Jais die Sexualität ebenso tabuisieren und vor ihr abschrecken. Eher gilt, was Baumgartner hinzufügt: »In der

[24] *A. Jais,* Bemerkungen über die Seelsorge, besonders auf dem Lande, Salzburg 1817, 96.
[25] Vgl. *Jais* (Anm. 23) 59f. 61; *Thalhofer* (Anm. 2) 59.
[26] *Jais* (Anm. 23) 14. 15. 28. 45.
[27] *F. X. Eggersdorfer,* Art. »Jais Ägidius«: LThK V, Freiburg 1960, 858.
[28] *B. Stasiewski,* Kirchliche Wissenschaft im 18. Jahrhundert – Aufklärungstheologie und Pietismus: HKG V, Freiburg – Basel – Wien 1970, 579. Man beachte, daß selbst der Titel falsch wiedergegeben wird.
[29] *K. Baumgartner,* Die Seelsorge im Bistum Passau zwischen barocker Tradition, Aufklärung und Restauration, St. Ottilien 1975, 283, Anm. 44.

Auswirkung auf die katholische Sexualpädagogik des 19. Jahrhunderts muß allerdings die Orientierung an Jais als problematisch beurteilt werden, besonders in Bezug auf die Internatserziehung.«[30]

Das sexualpädagogische Werk von Aegidius Jais erlebte zwischen 1785 und 1894 acht Ausgaben[31]. Hinzu kommt eine Neubearbeitung, die in die 1870 neu aufgelegten »Bemerkungen über die Seelsorge« von 1817 mit dem Titel »Handbuch des Seelsorgers für Amt und Leben« aufgenommen wurde[32]. Damit ist belegt, daß die Sexualpädagogik von Aegidius Jais eine über hundertjährige Wirkungsgeschichte hatte.

2. *Katholische Sexualpädagogik im 19. Jahrhundert*

Für Sittsamkeit und Schamhaftigkeit: Nikolaus Haas und Bernhard Overberg

War Jais' Thema (fast) ausschließlich die Selbstbefriedigung, so galten die sexualpädagogischen Bemühungen von N. Haas (1779–1855) allgemeiner dem Laster der Unzucht, deren Gegenteil er »Sittsamkeit« nennt[33]. Er reflektiert auf die Sexualbelehrung von Kindern unter dem Aspekt des schulischen Katechisierens, das, weil es in der Öffentlichkeit erfolge, der Belehrung von vornherein enge Grenzen setze. Haas spricht sich jedoch für eine

[30] *Baumgartner* (Anm. 29) ebd.

[31] Vgl. *Müller* (Anm. 22) 481. *Langer* (Anm. 78) 17. 393, kennt über Müller hinaus noch eine aus dem Jahr 1894.

[32] *A. Jais,* Das Wichtigste für Erzieher und Aufseher der Jugend: *ders.*, Handbuch des Seelsorgers für Amt und Leben I. Neue, erweiterte Ausgabe von Jais 1817 (Anm. 24), Paderborn 1870, 239–328. Diese Ausgabe erwähnt Müller (Anm. 22) nicht.

[33] *N. Haas,* Wie soll der Religionslehrer über das Laster der Unzucht überhaupt öffentlich katechisieren?, Bamberg und Würzburg 1812, 11. 17. 58.

öffentliche Kinderbelehrung aus, sofern sie nur innerhalb der Grenzen des Anstandes bleibe. Er beschränkt sie deshalb auf das Thema »Ehrbarkeit«. »Was Zeugungs-Lehre heißt oder unmittelbar sie berührt, z. B. Verschiedenheit im Bau der Geschlechtsteile«, das will Haas nicht in der Schule verhandelt wissen[34]. Man hat dem aus Ängstlichkeit wenig deutlich werdenden Haas nicht nur den Vorwurf der Vagheit gemacht, auf den er in der zweiten Auflage seines Buches mit Zusätzen reagierte[35]. Man hat auch seinen Begriff der »Ehrbarkeit« kritisiert, weil er diesen an die Einschätzung der Umwelt und nicht an die Stimme des Gewissens gebunden hatte[36]. »Merket die Regel«, so Haas: »Alles, weswegen ihr euch schämen müßt; alles was ihr euch nicht getraut vor anderen, vor Eltern, Lehrern und allen Menschen hören oder sehen zu lassen: das ist unehrbar, es ist Sünde, vielleicht große Sünde.«[37] Die Kritik: »Mit der gewöhnlichen Katechismusphrase, welche die Kinder in diesem Punkte unterweisen soll, ›sie dürften nichts tun, worüber sie erröten würden, wenn Eltern oder Lehrer es sähen‹, ist nichts geleistet; denn es kommen im Kinderleben gar vielerlei Dinge vor, die keineswegs gerade unerlaubt sind, wobei sie sich aber doch durch Eltern und Lehrer gestört fühlen, zumal wenn diese ein strenges Regiment führen. Das Erröten und das Sich-Schämen ist überhaupt nichts weniger als ein sicheres Zeichen, daß es mit einer Handlung oder mit einer Seele schlimm steht.«[38] Haas machte sich die Sache zu

34 *Haas* (Anm. 33) 7.

35 *N. Haas,* Wie soll der Religionslehrer über das Laster der Unzucht überhaupt öffentlich katechisieren? Zweite vermehrte Auflage. Bamberg und Würzburg 1816, V–VIII. 66–71.

36 *Braun* (Anm. 5) 110f. interpretiert Haas fälschlicherweise anders: »Es wird zum ersten Male seit dem Mittelalter aufgezeigt, daß die Schamhaftigkeit in Beziehung zur Bildung des Gewissens steht.«

37 *Haas* (Anm.33) 29.

38 *J. Jungmann,* Theorie der geistlichen Beredsamkeit II, Freiburg 1878, 832f.; auch *M. Gatterer/F. Krus,* Die Erziehung zur Keuschheit. Gedanken über sexuelle Belehrung und Erziehung, den Seelsorgern und anderen Erziehern vorgelegt, Innsbruck 1910, 43f. So kritisch schon: *J. B. von Hirscher,* Katechetik, Tübingen 1831, 256; *Stolz* 1873 (Anm. 58)

einfach, weil er sich scheute, jene »Handlungen« beim Namen zu nennen. Da war Jais offener gewesen. Über Jais hinaus aber suchte Haas den religiösen Zusammenhang. Ihm ging es – das zeigt seine Erwachsenenbelehrung – neben der Schädlichkeit der Unzucht auch um deren Sündhaftigkeit[39].

Für die Zeit des beginnenden 19. Jahrhunderts ist auch Bernhard Overberg (1754–1826) zu erinnern. Sein Thema ist die Schamhaftigkeit. Er wertet sie – abweichend von Thomas von Aquin und in der Wirkung äußerst fragwürdig – zu einer Tugend und gar zu einer religiösen Tugend auf. In seinen »Anweisungen zum zweckmäßigen Schulunterricht« von 1793 bezeichnet Overberg zum erstenmal in der Geschichte katholischer Sexualpädagogik die Geschlechtsteile als »unehrbare Teile«. Er befiehlt, sie zu bedecken, nicht anzuschauen, sich nicht vorzustellen, nicht zu berühren. Sie sind ihm »garstig und schmutzig«[40]. Darum hält er es auch mit der körperlichen Reinlichkeit, die nicht nur, wie er meint, die Gesundheit erhalte und den Wohlstand befördere, sondern vor allem zur Reinheit des Herzens beitrage. Dem gleichen Muster folgt er, wenn er in seinem »Katechismus der christkatholischen Lehre« von 1804 – unter dem 6. Gebot – die (geschlechtliche) Zucht mit der Mäßigkeit im Essen und Trinken zusammenbringt. Nach W. Braun ist darin der Versuch zu sehen, die Sexualerziehung in die Gesamterziehung zu integrieren[41]. In Wirklichkeit bedeutet dies jedoch den Beginn einer Ausweitung sexualpädagogischer Fragestellungen bis zur Unkenntlichkeit und deren Flucht auf Gebiete, die mit der Sexualität des Menschen wenig zu tun haben; zugleich die Besetzung von Nicht-Sexuellem mit sexuellem Symbolgehalt und dessen Unterwerfung unter die rigorose Normierung der Sexualität. Die Aufforde-

109f.; vgl. auch *A. Weißsteiner*, Unterricht über das 6. Gebot: Katechetische Blätter 6 (1880) 5.

[39] *Haas* (Anm. 33) 15.

[40] *B. Overberg*, Anweisung zum zweckmäßigen Schulunterricht für die Schullehrer im Fürstbistum Münster (1793), Paderborn 1957, 50. 51; vgl. *Braun* (Anm. 5) 84. 89.

[41] *Braun* (Anm. 5) 114–118.

rung, Regionen des eigenen Körpers aus der Selbstwahrnehmung auszuschließen und die Geschlechtsteile für schmutzig zu halten, mußte die Beziehung des Menschen zu sich selbst und zu seiner Sexualität erschüttern[42].

Überraschende Akzente: Johann Baptist von Hirscher

Unter manchem Aspekt eine Ausnahmeerscheinung sind, soweit ich das beurteilen kann, die sexualpädagogischen Überlegungen von J. B. von Hirscher (1788–1865). Obwohl Kind seiner Zeit und ohne die Ambivalenz der Sexualität zu leugnen, die eine rohe, tierische Seite kenne[43], beschreibt er, anders als damals üblich, auch den positiven Sinngehalt der Sexualität: er begreift sie schon als Lust- und Beziehungssexualität. Überzeugt von einem möglichen »durch das Geschlechtliche vermittelten höheren Lebensmut«[44] – »Auch die sinnliche Natur gehört zur Ganzheit des Menschenwesens. Darum gehören auch sinnliche Genüsse zum vollen seligen Dasein der Guten ... In der Tat, ist denn nicht auch die sinnliche Natur mit ihrer Empfänglichkeit für Freude von Gott?«[45] – erkennt er die Sexualität als eine Kraft, die junge Menschen zusammenführen will: »Wenn ... die Jahre, wo der Geschlechtstrieb erwacht, gekommen sind, macht sich derselbe eben geltend. Wenn er vordem Knaben und Mädchen getrennt hatte, so nähert er sie jetzt einander. Der Jüngling und die Jungfrau interessieren sich umeinander; sie fühlen sich angenehm im gegenseitigen Umgange, mögen einander gerne begegnen, reden mit ihren Gespielen voneinander, und die Gedanken

[42] *B. Overberg,* Katechismus der christkatholischen Lehre (1804), Münster 1828, 185. 186.

[43] *J. B. von Hirscher,* Die christliche Moral als Lehre von der Verwirklichung des göttlichen Reiches in der Menschheit II (1835), Tübingen 1851, 67.

[44] *Hirscher* (Anm. 43) 67.

[45] *J. B. von Hirscher,* Die christliche Moral als Lehre von der Verwirklichung des göttlichen Reiches in der Menschheit III (1836), Tübingen 1851, 430. Vgl. 431. 435.

wenden sich einander in der Entfernung gerne gegenseitig zu; ja nach und nach nehmen all diese Dinge im Herzen einen großen, vielleicht schon den größten, wohl selbst allen Platz ein.«[46] Hirscher belegt darin sein erstaunliches psychologisches Einfühlungsvermögen. Er versteht es, den Gang einer richtigen bzw. falschen Sexualerziehung detailliert zu beschreiben[47]. Hirscher bejaht die sexuelle Aufklärung[48]. Er reserviert zwar die Belehrung »über das Materielle der Geschlechts-Eigenschaften« den Eltern[49]. Alle anderen sexualpädagogischen Themen aber weist er der Belehrung durch den Katecheten zu. Diese soll ernsthaft und offen sein[50]. Die Themen will er – auch darin zeigt sich der Einfluß der Psychologie – geordnet wissen nach dem Gang der kindlichen Entwicklung[51]. Weil »die Schamhaftigkeit ... verwahrlosen ... der Unzucht schon ihre Stelle bereiten (heißt), ehe noch der Geschlechtstrieb erwacht ist«[52], soll mit der Erziehung zur Schamhaftigkeit begonnen werden. Hirscher beschreibt deren Verhaltensweisen und gibt ihre Motive an. Er hat von ihr einen theologischen Begriff: »Was sich in der geschlechtlichen Schamhaftigkeit gegen Entwürdigung wehrt, ist das in der Seele lebende Ebenbild Gottes; ist der in die Seele ausgegossene und in ihr wohnende Heilige Geist; ist die dem Menschenwesen zukommende göttliche Natur und Bestimmung.«[53] Danach soll sich die Belehrung auf die Eigenart von Jungen und Mädchen beziehen, dann auf die Formen und Phasen, in welchen beide in Beziehung zueinander treten[54]. Ihr wichtigstes Thema ist endlich die

[46] *Hirscher* (Anm. 43) 375f. 67; vgl. *ders.* (Anm. 38) 89; *ders.* (Anm. 45) 489.

[47] *Hirscher* (Anm. 43) 374ff.

[48] *Hirscher* (Anm. 38) 359; *ders.*, Das Leben der seligsten Jungfrau und Gottesmutter Maria. Zu Lehr und Erbauung für Frauen und Jungfrauen, Freiburg 1853, V.

[49] *Hirscher* (Anm. 38) 259.

[50] *Hirscher* (Anm. 38) 256.

[51] *Hirscher* Anm. 38) 89.

[52] *Hirscher* (Anm. 43) 46.

[53] *Hirscher* (Anm. 43) 66; vgl. *ders.* (Anm. 45) 337.

[54] Die Formen sind: Ergänzung, wechselseitige Achtung, Verbindung,

Keuschheit. »Die Keuschheit ist nicht gleich einer der übrigen Tugenden, sie ist vielmehr der Mittelpunkt der jugendlichen Tugendhaftigkeit überhaupt. Der Katechet muß daher seine ganz besondere Aufmerksamkeit auf diesen Kardinalpunkt wenden, vornehmlich in einer Zeit wie die unsrige, wo die Klagen über zunehmende diesfällige Ausschweifungen sehr allgemein sind. Woher soll da Hilfe kommen, wenn es nicht eine reinere Generation nachzuziehen gelingt? Und woher (in einem leichtfertigen Zeitalter) diese Generation, wenn nicht aus der Pflege des Katecheten und Seelsorgers? – Wahrlich, wenn man die geringe Kraft, die einzelne Geistliche dem Strome entgegensetzen, betrachtet, so sollte man glauben, entweder es sei nichts mehr zu ändern und aufzuhalten, oder es werde sich einmal alles von selbst geben.«[55]

Hirschers Sexualerziehung richtet sich auf den Sinn und den Wandel der Moral[56], auf die Kultur des Denkens (einschließlich der Fantasie) und des Handelns. Er begnügt sich nicht mit ethischen Appellen. Er beschreibt sorgfältig und genau die inneren Motive und äußeren Situationen, die zu Verfehlungen der Sexualität führen können, und sieht in deren Veränderung sexualpädagogische Möglichkeiten. Das Gottesreich soll im Menschen wirksam werden, auch in Entfaltung und Formung seiner Sexualität. Selbstverständlich ist Hirscher vom Denken seiner Zeit geprägt, so wenig er sich ihm gänzlich unterwirft. Wo nötig, verurteilt er, ganz im Sinne seiner Zeit, markant, was er für Verführung ansieht. Er fordert sogar den Einsatz der »Polizey«, wo ihm Sitte und Ordnung gefährdet scheinen. Hirscher ist also durchaus kein »Moderner«.

gemeinsame Fruchtbarkeit. Die Phasen sind: unbestimmter Zug nacheinander, Liebe zueinander, Verbindung miteinander: *Hirscher* (Anm. 43) 67. 375.

[55] *J. B. von Hirscher,* Katechetik (1831), Tübingen ^{3}1834, 713, zitiert bei: *Gatterer/Krus* (Anm. 38) 17f.; *ders.,* Besorgnisse hinsichtlich der Zweckmäßigkeit unseres Religionsunterrichts, der gesamten Geistlichkeit mitgetheilt, Freiburg 1863, 82.

[56] *Hirscher* (Anm. 43) 66.

Im späten 19. Jahrhundert

Ein Vergleich von Jais und Haas, dazu Overberg und Hirscher, zeigt: das 19. Jahrhundert weitete die sexualpädagogischen Fragestellungen mehr und mehr aus. Die katholische Sexualpädagogik blieb weder bei der Selbstbefriedigung, dem alle beschäftigenden Thema, noch beschränkte sie ihr Interesse auf die sexuelle Aufklärung, die ihr im ganzen strittig blieb, noch auf die Schamhaftigkeit, die ihr immer wichtiger wurde. Der Kampf gegen die Unkeuschheit war schließlich ihr eigentliches und zentrales Thema. Dazu bedurfte es des Schutzes durch die Schamhaftigkeit. Man war dabei ausgesprochen defensiv ausgerichtet. Man wollte gegen die vermeintliche Schamlosigkeit und Unsittlichkeit erziehen; diese sah man sich zunehmend ausbreiten und dabei fürchtete man, sie könnten die Gesellschaft verderben. Für solche Positionen stehen die Namen Adolf von Doß (1825–1886) und Alban Stolz (1808–1883), die R. Bleistein unter die antisexuellen Propagandisten zählt[57]. Ihre Angst sitzt noch in heutigen Ängsten, ihre Abwehr in heutiger Abwehr, ihre Vorstellung in heutigen Vorstellungen, ohne daß wir uns das recht bewußt machen können.

Sündenangst und Weltverachtung: Alban Stolz

Für Alban Stolz ist »die Keuschheit die unerläßliche Vorbedingung alles sittlichen Lebens . . ., weshalb auch das Kind vor keinem Übel sorgfältiger gehütet werden muß als vor diesem

[57] *R. Bleistein,* Sexualerziehung zwischen Tabu und Ideologie, Würzburg 1971, 22; vgl. *A. von Doß,* Gedanken und Ratschläge, gebildeten Jünglingen zur Beherzigung (1861), Freiburg 1897; *ders.*, Die Perle der Tugenden, Mainz 1888. Zur Biografie: *O. Pfülf,* Der Verfasser der »Gedanken und Ratschläge« P. Adolf von Doß als Freund der Jugend geschildert. Zweite vermehrte Auflage, Freiburg 1900. Zur Kritik: *Adam* 1932 (Anm. 136) 108. 141f.; *Gatterer/Krus* (Anm. 38) empfehlen sowohl Doß (50) als auch Stolz (3) zur Lektüre.

wahrhaft ärgsten aller Übel, nämlich vor Sünden gegen das sechste Gebot und allem, was zu dieser Sünde führen kann«[58]. Stolz beschreibt im Detail, wodurch »diese Sünde« hervorgerufen wird. Er geißelt die sozialen Lebensumstände und die bürgerlichen und bäuerlichen Lebensgewohnheiten, durch die Kinder zu »dieser Sünde« gedrängt oder verführt werden oder sich gegenseitig verführen. Mit »dieser Sünde« meint Stolz in erster Linie, was er die »Selbstbefleckung« nennt. Doch er beschränkt sich nicht darauf. Ihm wird fast alles zur Sünde, was mit dem Leib zu tun hat: »So viel kann man ... unbedenklich den Kindern sagen, es gebe sehr schwere Sünden am Leib. Der Leib sei nämlich durch die Taufe hochgeweiht, wie eine Kirche oder ein Altar; wenn man nun am Leib solche Teile, die immer zugedeckt sein sollen, selbst beim Baden, mutwillig, ohne Notwendigkeit an sich oder anderen aufdeckt, anschaut oder berührt, so ist dies eine Sünde gegen das sechste Gebot. Und diese Sünde ist so schwer, daß es schon eine schwere Sünde ist, wenn man freiwillig und mit Wohlgefallen an solche verbotene Dinge nur denkt ...«[59] Aber auch das ist ihm noch nicht genug. Er steigert die Sündenangst durch den Hinweis, Sünden gegen das sechste Gebot könnten nicht gänzlich vergeben werden. So rät Stolz, etwas reiferen Kindern zu sagen: »Jede andere Sünde kann vollständig verziehen werden, wenn der Mensch sie ernstlich bereut und beichtet; wer aber gegen das sechste Gebot eine Sünde durch die Tat ausübt, der tilgt an seiner Person eine Eigenschaft aus, welche dem heiligen Gott an den Menschen ganz besonders wohlgefällt, nämlich die Unschuld oder Jungfräulichkeit«[60]. So

[58] *A. Stolz,* Erziehungskunst (1873), Freiburg 1921, 104f.; vgl. auch: *ders.*, Das Menschengewächs. Oder: Wie der Mensch sich und Andere erziehen soll. Kalender für Zeit und Ewigkeit (1844), Freiburg 1913. Zur Biografie: *J. Mayer,* Alban Stolz, Freiburg 1921. Zu Stolz auch: *E. Mackscheidt,* Erziehung für das Heil der Seele. Kritische Lektüre des katholischen Pädagogen Alban Stolz, Mainz 1982. Ein zeitgenössisches Urteil über Stolz: ein Werk, »dem man nur die weiteste Verbreitung wünschen kann«: *J. Jungmann,* Theorie der geistlichen Beredsamkeit II, Freiburg 1878, 835.

[59] *Stolz* 1873 (Anm. 58) 115.

[60] *Stolz* 1873 (Anm. 58) 110. Dagegen *Jungmann* (Anm. 58) 225f.

ist klar, wogegen sich sein Kampf richtet: er geht gegen die Unkeuschheit und Unschamhaftigkeit. Damit sind die Gegner festgelegt, die die katholische Sexualpädagogik bis in die jüngste Vergangenheit mobilisiert haben.
Die Schamhaftigkeit müsse, so Stolz, »vom Erzieher ihrer Bestimmung entsprechend geweckt und geleitet werden, daß sie gleichsam schütze und abwehre gegen Verletzungen der Keuschheit. Daher soll das Kind in frühester Zeit schon gewöhnt werden, sich nie entblößt zu zeigen, nicht mit Kindern des anderen Geschlechts in genaueren Verkehr und Spiele sich einzulassen. Insbesondere läßt das viele Küssen und geküßt werden, wie es in Städten gewöhnlich ist, keine feinere Schamhaftigkeit aufkommen«[61]. Peinlich genaue Beachtung der Schamhaftigkeit ist darum sein Rat. Kinder sollen weder mit einer Person desselben Geschlechts in einem Bette, noch mit einer Person des anderen Geschlechts im gleichen Raum schlafen, und wären sie auch erst vier Jahre alt. Sie sollen sich beim An- und Auskleiden nicht entblößen oder nackt sehen lassen. Sie müssen immer bekleidet schlafen. Beim Stillen und Reinigen eines Säuglings solle man sie nicht zusehen lassen. Erst recht habe man sie vor »unreiner Anschauung« von Tieren zu schützen, damit nicht »Thierlust« in ihnen hervorgerufen werde. Im Haus achte man darauf, daß »keine Bilder, Scherze, Gespräche vorkommen«[62], die die Fantasie oder das Grübeln der Kinder anregen.
Gegen die Selbstbefriedigung hat Stolz ein spezielles Programm. Wichtig ist ihm, daß sie möglichst früh entdeckt werde. So trägt er die Anzeichen zusammen, die Verdacht wecken müssen: »Bleiches Gesicht, schneller Wechsel der Gesichtsfarbe, häufige Blätterchen im Gesicht, blaue Ringe um die Augen, abgestandene Haut und tiefliegende Augen, stierer Blick, übelriechender Atem, verdächtige Haltung des Leibes und der Hände, zum Beispiel oft die Hände unter der Schulbank haben, eigentümlich sitzen«[63]. Bei kindlichen Unzuchtssünden zeige sich ferner auf-

[61] *Stolz* 1873 (Anm. 58) 118f.
[62] *Stolz* 1873 (Anm. 58) 112.
[63] *Stolz* 1873 (Anm. 58) 119.

fallende Zerstreutheit, leichtes Erschrecken, trübe Laune, Düsterheit, Teilnahmslosigkeit an den Spielen der Gefährten. Und wo Heranwachsende während der Zeit ihres Wachstums jahrelang der Selbstbefriedigung ergeben seien, stelle sich, so Stolz, eine »auffallende Gesichtsähnlichkeit mit Affen ein, selbst wenn sie als jüngere Kinder ganz hübsche Gesichtsbildung hatten, wie ihre unverdorbenen Geschwister jetzt noch haben mögen«[64]. Im Falle einer Verdächtigung sollen »das Bett und die abgelegten Hemden des Kindes ohne sein Wissen untersucht werden, ob keine Spuren der Sünde darin zu finden sind«[65]. Ist der Verdacht begründet, was auch ohne diese äußeren Zeichen der Fall sein könne, sei das Kind zum Geständnis zu bringen. Stolz empfiehlt den Eltern eine Inquisition, wie sie eigentlich für die Beichte reserviert war, aber auch dort als verletzend hätte erlebt werden müssen: »Hierauf frage man in ruhigem, gelassenem Ton, ob Berührungen aus sündhafter Lust stattgefunden haben; ist dieses zugestanden, ob allein oder mit anderen, wie lange schon, ob jede Woche, jeden Tag, an welchen Orten gewöhnlich, ob es schon gebeichtet worden sei«[66]. Um vom Laster abzuschrecken, will Stolz dem Kind Angst und Abscheu erwecken. Auf natürliche und übernatürliche Weise. Die Eltern sollen die Folgen schildern, welche die Selbstbefriedigung hat, wenn sie längere Zeit geübt wird. Es sind – Stolz folgt dem, was man zu seiner Zeit glaubte: »Auszehrung, Nervenfieber, Veitstanz, fallende Sucht, Rückenmarkschwindsucht, Zittern, unwillkürlicher Samenfluß, übler Geruch, Impotenz, Abnahme des Gehörs und Gesichts, affenähnliche Gesichtszüge, Schwächung des Gedächtnisses, des Verstandes und der Fähigkeit, aufmerksam zu sein, Trübsinn, Mutlosigkeit, Trostlosigkeit, leibliche und geistige Erschlaffung, Verrücktheit, Selbstmord«[67]. Stolz will, daß Kindern die Folgen vor Augen gehalten werden, die sie am meisten ängstigen. Auch solle man jungen Sündern »in aller Wahrheit zeigen, daß die

[64] *Stolz* 1873 (Anm. 58) 121.
[65] *Stolz* 1873 (Anm. 58) 120.
[66] *Stolz* 1873 (Anm. 58) 121.
[67] *Stolz* 1873 (Anm. 58) 121f.

Selbstbefleckung ein langsamer, ruchloser Selbstmord sei, verübt durch eine große Menge wiederholter Todsünden, daß in der Gegenwart des Heiligen Geistes nichts Abscheulicheres geschehen könne; nicht einmal ein Tier verübe solches, außer der geile Affe. Wer in dieser Sünde sterbe, ohne sie schmerzlich bereut zu haben, werde in ewiger Verdammung für die kurze schändliche Lust gequält. Christus verabscheue diese Sünde in dem Grade, daß er sich noch einmal geißeln und kreuzigen ließe, wenn ein Mensch dadurch abgehalten würde, sie zu tun«[68]. Stolz ist sich klar, daß seine massive Abschreckung ihr Gegenteil hervorrufen kann, nämlich Erschrecken und Mutlosigkeit. Darum will er, daß neben der Abschreckung zugleich Aufmunterung und Selbsttröstung stattfinde.

Als geistliche Gegenmittel gegen die Sünden empfiehlt Stolz, neben der wöchentlichen Beichte, eine intensive religiöse Praxis. »Sehr wirksam erweist sich auch besonders die Lehre von der Allwissenheit und Gegenwart Gottes; es hat mir selbst schon ein junger Mensch gesagt, daß unter allen Mitteln, die er gegen sein hartnäckiges Übel angewandt, keines so wirksam sich erwiesen habe, als die Erinnerung an die Gegenwart Gottes. Sonst wirkt erfahrungsgemäß auch sehr heilsam, wenn das betreffende Kind angeleitet wird, die Muttergottes oder den heiligen Aloysius täglich anzurufen, täglich das Versprechen abzulegen, ihnen zu Ehren die Sünde heute nicht zu tun; den Rosenkranz mit in das Bett zu nehmen, betend einzuschlafen, beim Aufwachen wieder zu beten, das Kreuz am Rosenkranz zu küssen. Ferner ist gegen die Üppigkeit der Sinnlichkeit besonders heilsam die öftere lebendige Vorstellung des Todes oder des Gerichtes; inwieweit es sich tun läßt, soll der Sinnlichkeit geradezu Sinnliches dieser Art vorgehalten werden, zum Beispiel Kirchhofbesuch, ein Bild im Zimmer, das an den Tod erinnert.«[69]

Die Auswirkungen solchen abwehrenden Umgangs mit der Sexualität lassen sich bis in die Gegenwart hinein verfolgen. Stolz

[68] *Stolz* 1873 (Anm. 58) 122f.

[69] *Stolz* 1873 (Anm. 58) 127.

steht damit für mehr als hundert Jahre katholischer Sexualpädagogik. Er offenbart deren Enge und Ängstlichkeit. Sexualität wird ausschließlich unter dem Aspekt des Sündhaften thematisiert. Die Basis ist ein Menschen- und Weltverständnis, das erschreckt. Ganz deutlich ist der Einfluß platonischen Denkens[70]. Der Leib, nicht wie die Seele Ebenbild Gottes, erscheint Stolz lächerlich und tierisch. Statt »Leib und Seele« kann er auch »Tier und Geist« sagen. Der Leib steht also für Tier; leibliche Lust ist ihm tierische Lust. Im erbsündlich geschädigten Menschen rebellieren der Leib und seine Lust (s. S. 267 f.). Sie suchen den Geist zu verführen und herabzuziehen. »Durch die Erbsünde ist an uns alles in Unordnung gekommen. Insbesondere ist die Sinnlichkeit viel heftiger, unfolgsamer und unbotmäßiger geworden; so namentlich auch der Trieb gegen das sechste Gebot.«[71] Darum ist Mißtrauen gegen den Menschen angebracht; schon gegen das Kind. Stolz befiehlt, »alles leichtsinnige, bequeme Vertrauen auf die Unschuld der anvertrauten Kinder abzulegen, hingegen von der Voraussetzung auszugehen, daß Gefahr und Möglichkeit der Sünde vorhanden sein könnte, wenn das Kind noch so unschuldige Augen zu haben scheint«[72]. Stolz will die Seele aus diesen schrecklichen Zwängen befreit wissen. Das sei aber erst möglich, wenn der Körper, das Futteral der Seele, im Tod abgefallen ist.

So verschiebt Stolz des Menschen Glück ausschließlich ins Jenseits. »Die volle Befriedigung der Seele in irgendeinem Lebensgenuß, ... z. B. ein glücklicher Familienvater sein, erfüllt mich mit Widerwillen und erweckt in mir Verachtung gegen einen Menschen. Es liegt darin eine Vertierung und Degradation in die Erbärmlichkeiten des Erdenlebens ...«[73] Das ist ein Menschen- und Weltverständnis, das Mensch und Welt verachtet und die Sexualität des Menschen zerstört. Der Grund liegt in einem Autor, der, wie er selbst von sich sagt, nie ein Verhältnis zu sich

[70] Vgl. *Stolz* 1844 (Anm. 58) 22 f.; auch *Mackscheidt* (Anm. 58) 77.

[71] *A. Stolz,* Das Bilderbuch Gottes. Kalender für Zeit und Ewigkeit (1859), Freiburg 1913, 79.

[72] *Stolz* 1873 (Anm. 58) 110.

[73] *A. Stolz,* Wilder Honig (1870), Freiburg 1872, 139.

und zu Frauen gefunden hat, der wohl auch in der Bekämpfung der Sexualität anderer seine eigenen Probleme niederhält[74]. Der Hintergrund ist eine Zeit, der – auch wegen ihrer wirtschaftlichen und sozialen Verhältnisse – die Selbstkontrolle wichtig war und die der Unberechenbarkeit des Triebhaften und Gefühlshaften hilflos gegenüberstand. Pädagogik ist darin kein »Erziehungs-« sondern ein »Zuchtkonzept«. So ist nach Stolz die Verhütung der Sünde notwendig, nicht die Entfaltung des Menschen.

Das Ende des 19. Jahrhunderts kennzeichnet eine weitgehende Selbstbehinderung der katholischen Sexualpädagogik. Das seit Ende des Mittelalters, verstärkt durch Puritanismus und Bürgerkultur, zunehmende Peinlichkeitsgefühl gegenüber allem, was mit der Körperlichkeit des Menschen zu tun hat[75], wurde zur Aussperrung des Sexuellen als der alles bestimmenden Aufgabe und zum Lob der Keuschheit als der eigentlichen Sittlichkeit mißbraucht[76]. Und da man die Schamhaftigkeit von der Keuschheit nicht zu unterscheiden wußte, verhinderte gerade das, was als höchste Tugend zu vermitteln war, die offene Befassung mit der Sexualität. Man glaubte zwar, nicht schweigen zu dürfen – schließlich sollten die Jugendlichen wenigstens in der Beichte reden –, doch fürchtete man gleichzeitig die verführerische, die Schamhaftigkeit verletztende Macht des Redens, wenn man um der Keuschheit willen das Schweigen brechen mußte. Die Tabuisierung des Sexuellen kommt um die Wende zum 20. Jahrhundert auf ihren Höhepunkt. Der sexualreformerische Ausbruch und der sexualpädagogische Aufbruch nach dessen Beginn mußte etwas von einer zwangsläufigen Reaktion bekommen.

[74] Vgl. *Mackscheidt* (Anm. 58) 95–98.

[75] Vgl. *Erasmus* 1522 (Anm. 4); *N. Elias,* Über den Prozeß der Zivilisation I und II (1936), Frankfurt 1976; *Ussel* (Anm. 8).

[76] *A. Adam,* der viele Texte zitierte, setzte sich mit der vermeintlichen Zentralität der Keuschheit energisch und kritisch auseinander; vgl. *Adam* 1931. 1932 (Anm. 136). 1942 (Anm. 96).

3. *Katholische Sexualpädagogik als Diskurs: Anfang des 20. Jahrhunderts*

Trotz der Beiträge des 18. und 19. Jahrhunderts beginnt der Diskurs katholischer Sexualpädagogik Anfang unseres Jahrhunderts. Ausgelöst wurde er durch die sogenannte »Sexualreform«[77], auf die man reagieren zu müssen glaubte. Diese war ihrerseits Widerspiegelung der industriellen Entwicklung im Deutschen Reich nach 1870 und der daraus hervorgehenden gesellschaftlichen Veränderungen. »Das sexuelle Problem wird in der breiten Öffentlichkeit, in der wissenschaftlichen und schöngeistigen Literatur, in Dramen und in den Feuilletons der Tagesblätter, überhaupt in fast allen Zweigen der Kunst, auf öffentlichen Kongressen, in schier zahllosen Publikationen oft in einer Breite behandelt, die ernste Bedenken wachrufen muß«, so ein Beobachter, Moraltheologe und Sexualpädagoge[78]. Will man

[77] 1906 gründete Karl Vanselow in Berlin eine »Vereinigung für Sexualreform«. Die Sexualreformer wollten die sexuelle Gleichberechtigung der Frau, das Recht auf befriedigende sexuelle Beziehungen für Unverheiratete, das Recht auf uneheliche Mutterschaft ohne Diskriminierung. Sie propagierten den vorehelichen Geschlechtsverkehr, die Nutzung empfängnisverhütender Mittel und eine Neubesinnung zu den Fragen der Homosexualität und der Nacktheit (Freikörperkultur). Sie bestritten, ohne die Ehe generell in Frage zu stellen, den absoluten Anspruch auf lebenslange Einehe. Sie wollten die »Zwangsehe« durch die »Gewissensehe« ersetzen, eine freie Partnerschaft ohne Gebot lebenslanger Treue. Wichtige »Sexualreformer« bzw. deren Zeitgenossen waren: *E. Key,* Das Jahrhundert des Kindes (1900), Berlin 1905; *C. von Ehrenfels,* Sexualethik, Wiesbaden 1908; *A. Forel,* Die sexuelle Frage, München 1905; *F. Paulsen,* Moderne Erziehung und geschlechtliche Sittlichkeit, Berlin 1908; auch *S. Freud,* Drei Abhandlungen zur Sexualtheorie (1905). Studienausgabe V, Frankfurt 1972, 37–145. Mit der »Sexualreform«, die zugleich »Frauenbewegung« war, setzten sich auseinander: *Foerster* 1907; *ders.* 1952 (Anm. 87) 27–278; *S. Behn,* über »Sexualreform«: *Schröteler* (Anm. 113) 77–89.

[78] *F. Walter,* Die sexuelle Aufklärung der Jugend, Donauwörth 1908, 11. Zum ganzen vgl. auch: *M. Langer,* Katholische Sexualpädagogik im 20. Jahrhundert. Zur Geschichte eines religionspädagogischen Problems, München 1986.

verstehen, muß man sich der gesellschaftlichen, speziell der ökonomischen und kulturellen, aber auch der politischen Hintergründe erinnern. Die Sexualpädagogik ist ja, wie jede Pädagogik, vernetzt mit der Zeitsituation. Diese war geprägt von Industrialisierung, Verstädterung und Proletarisierung, welche die Menschen von sich selbst und einander entfremdeten, ihre Beziehungen belasteten und ihre Familien zerrütteten. Das schlug sich in den sexuellen Verhältnissen nieder. Je nach Witterung begriff man sie als »sexuelle Frage« (Forel), »sexuelles Problem« (Walter) oder »sexuelle Gefahr« (Foerster). Von der überhandnehmenden öffentlichen Unsittlichkeit wurde damals allenthalben gesprochen. Den Kampf gegen sie, das spezielle Ziel vieler sexualpädagogischer Erörterungen, führte nicht nur die katholische »Bewegung gegen die öffentliche Unsittlichkeit«[79]. In ihm war man sich sogar einig mit der sexualreformerischen Bewegung. Doch die Unsittlichkeit, die die einen als Abfall von der christlich-bürgerlichen Moral beklagten, war für die anderen gerade durch sie hervorgebracht. Die einen wünschten das orientierende und sichernde Ethos (aus der Vergangenheit) zurück, die anderen verwünschten dessen starre, sexuelle Ausbrüche provozierende Normen. So wurde man sich wechselseitig zu Gegnern.

[79] Vgl. *Gatterer/Krus* (Anm. 38), 27. Es gab damals auch ein katholisches »Jugend-Kreuzzugs-Komitee« und einen protestantischen »Weiß-Kreuz-Verein«, die gegen die »öffentliche Unsittlichkeit« kämpften. Vgl. die Artikelserie »Kriegsrüstzeug für den Kampf gegen die Unsittlichkeit«: Korrespondenzblatt für die Präsides der katholischen Jugend-Vereinigungen 14 (1909) 2–3. 11–12. 17–18; auch den Hirtenbrief der deutschen katholischen Bischöfe »Zum Kampf gegen die Unsittlichkeit« aus dem Jahr 1908. Die Probleme fanden auch außerhalb der Kirchen Aufmerksamkeit: 1904 ein »Internationaler hygienischer Kongreß« in Nürnberg; 1906 ein »Kongreß zur Bekämpfung der Geschlechtskrankheiten« in München; 1907 ein »Kongreß über Sexualpädagogik« in Mannheim. Das Buch von Foerster 1907 (Anm. 87) ist aus einem in Mannheim gehaltenen Referat hervorgegangen. Über Mannheim berichtet: *Marcuse* (Anm. 93).

Auseinandersetzung mit den Philanthropen: Franz Xaver Thalhofer

Die katholische Sexualpädagogik hütete sich zunächst davor, der Tagesaktualität zu verfallen. So begann sie mit der Erforschung der Sexualpädagogik der Philanthropen. F. X. Thalhofer (1867–1925) arbeitete 1907 die »Sexuelle Pädagogik bei den Philanthropen« kritisch auf, die hundert Jahre lang fast gänzlich in Vergessenheit geraten war, und gewann dadurch erste Kriterien für einen eigenen sexualpädagogischen Beitrag[80]. Thalhofer stellt die Einseitigkeit (Überbetonung der Belehrung) und die Versäumnisse (Mangel an religiös-ethischen Motiven) der Philanthropen heraus, findet ihre sexualpädagogischen Überlegungen und Vorschläge aber doch durchaus erwägenswert und wichtig. Er hat »die Hoffnung, daß die heute wieder aufgerollten Fragen der sexuellen Pädagogik durch Verwendung der bereits erfolgten Denkbarkeit einer erfolgreichen Lösung entgegengeführt werden«[81], obwohl er die Lösungen nicht schon bei den Philanthropen selbst zu finden meinte[82]. Darin wird dann auch seine eigene Position deutlich: die eines Menschen, dem die über hundert Jahre, die zwischen ihm und den Philanthropen liegen, eine größere Zurückhaltung gegenüber dem Sexuellen zugespielt haben; und die des katholischen Pädagogen, der die religiös-ethische Dimension der Sexualpädagogik bedacht wissen will, ohne freilich auf fromme Garnitur zu pochen. Der Sexualerziehung stellt er die Aufgabe, »die grundlegende körperliche Entwicklung auf gesunden Bahnen zu erhalten; das Gefühlsleben,

[80] *F. X. Thalhofer,* Die sexuelle Pädagogik bei den Philanthropen, Kempten und München 1907; *ders.,* Reine Gedanken! Belehrungen und Unterredungen für die Jugend über Mutterschaft, Vaterschaft und Keuschheit. Eltern und Erziehern vorgelegt: *F. Weigl* (Hrsg.), Pädagogische Zeitfragen. Bd. V, 4. Heft 28, München 1909, 1–35. J. Marcuse nannte Thalhofers Schrift von 1907 »vortrefflich« (71), »das beste, was programmatisch geschrieben wurde« (72): *Marcuse* (Anm. 96).

[81] *Thalhofer* 1907 (Anm. 80) VI.

[82] *Thalhofer* 1907 (Anm. 80) 124.

besonders die Pflege des Schamgefühls zu regulieren; die aufhellenden, klärenden Erkenntnisse beizubringen; den Willen, zunächst durch fremde Einwirkung, dann durch steigernde Erkenntnis in der Richtung auf natürlich und sozial geordnetes Geschlechtsleben zu festigen«[83]. Es geht ihm also um den Körper, das Gefühl, die Erkenntnis und den Willen; um eine ganzheitliche Sexualpädagogik. Sie interessiert sich allerdings allein für die Sexualität des Individuums, für deren Selbstgestaltung, nicht für die Kultur der Sexualität als Medium der Beziehung zwischen Menschen.

Den Diskurs mit den Philanthropen hatte Thalhofer eröffnet. Andere setzten ihn fort, waren jedoch stärker ablehnend. »Ein Versuch von Pädagogen, den sogenannten Philanthropen, Ende des 18. Jahrhunderts, die Kinder über sexuelle Dinge aufzuklären, verirrte sich derart ins Extreme und fiel so derb aus, daß man fast hundert Jahre brauchte, um sich von diesem Mißgriff zu erholen.«[84] »Die im 18. Jahrhundert, dem Zeitalter der Aufklärung, entstandene pädagogische Richtung der Philanthropen, ... hat angesichts der bedrohlichen Zunahme der geheimen Jugendsünden die Frage der sexuellen Belehrung zur Untersuchung gestellt. Erzieherischer Ernst und redlicher Wille vermischt sich hier oftmals mit Einfällen, die uns heute wunderlich, ja geradezu abstoßend erscheinen. Ihre Auffassung vom Schamgefühl und seiner Pflege waren höchst mangelhaft und psychologisch unhaltbar, sie entsprangen ihrer durchaus auf bloße Nützlichkeitsrücksichten gegründeten Moral. Die religiösen Motive, die für die Pflege des Schamgefühls im Kinde zu verwerten sind, haben die Philanthropen ... nicht voll gewürdigt ... Was die Sexualpädagogik dieser Richtung kennzeichnet, ist zu viel Rationalismus, zu wenig Berücksichtigung des Gefühls- und Trieblebens, zu einseitiger Intellektualismus.«[85] Zwei Stimmen von vielen,

[83] *Thalhofer* 1907 (Anm. 80) 53.

[84] *T. Wilhelm,* Das sexuelle Leben und seine Bewertung in der Erziehung der Kinder, Donauwörth 1906, 18.

[85] *Walter* (Anm. 78) 91–93.

die sich damals zu Wort gemeldet haben[86], und die in ihrer Vorsicht gegenüber den Philanthropen nicht nur eine andere Position verraten, sondern auch den veränderten Geist, in dem der sexualpädagogische Diskurs jetzt läuft.

Der umstrittene Beitrag Friedrich Wilhelm Foersters

Obwohl selbst nicht katholisch, stellte F. W. Foerster (1869–1966) seine Pädagogik ausdrücklich auf katholische Grundlagen und griff auf Institutionen, Vorbilder und Lehren der katholischen Kirche zurück[87]. Foerster, von Haus aus Ethiker, war damals einflußreich wie kein anderer und wird in fast allen Werken katholischer Sexualpädagogik seit der Jahrhundertwende beachtet. Dabei ist seine Sexualpädagogik, obwohl sprachlich eingängig, was viele offensichtlich beeindrucken konnte, sachlich äußerst fragwürdig.
Für Foerster, dessen »Sexualethik und Sexualpädagogik« 1907 zum ersten Mal erschien und 1952 zum sechsten und letzten Mal

[86] Vgl. dazu *E. Ernst,* Elternpflicht. Beiträge zur Frage der Jugend zur Sittenreinheit. Zweite erweiterte Auflage, Kevelaer 1905; *L. Auer,* Die Einführung in ein richtiges Geschlechtsleben, Donauwörth 1907; *F. Walter,* Die Frage der sexuellen Aufklärung der Jugend: Hochland 3 (1906) 660–680; *ders.,* Der Leib und sein Recht im Christentum. Eine Untersuchung des Verhältnisses moderner Körperkultur zur christlichen Ethik und Askese, Donauwörth 1910; *Gatterer/Krus* (Anm. 38). Bei *Langer* (Anm. 78) 47–55, findet sich eine Darstellung der sexualpädagogischen Diskussion, wie sie in den Katechetischen Blättern zwischen 1905 und 1910 geführt wurde.

[87] *F. W. Foerster,* Sexualethik und Sexualpädagogik. Eine Auseinandersetzung mit den Modernen, Kempten und München 1907, 14f.; *ders.,* Sexualethik und Sexualpädagogik. Eine neue Begründung alter Wahrheiten, Recklinghausen 1952, 14f. Vgl. *F. Pöggeler,* Die Pädagogik Friedrich Wilhelm Foersters. Eine systematische Darstellung, Freiburg 1957. Zu Foersters moralpädagogischer und religionspädagogischer Bedeutung: *H. Schilling,* Grundlagen der Religionspädagogik, Düsseldorf 1970, 65ff. Zu seiner Bedeutung als Religionspsychologe: *B. Lang,* Friedrich Wilhelm Foerster als Religionspsychologe: Archiv für Religionspsychologie 13 (1977) 290–295.

aufgelegt wurde, ist Sexualpädagogik in ihrem tiefsten Wesen »Erziehung der Natur durch den Geist«[88]. Das sei nur möglich, wenn der Geist der Natur »mit ganz präzisen und festen Ansprüchen gegenübertritt«[89]. Darum sei nicht moderne ethische Verschwommenheit am Platze, sondern eine »reine und erhabene Sexualethik«[90]. Die sei an sich schon eine erzieherische Kraft. Foerster läßt daher nur eine indirekte Sexualerziehung zu: nur eine Charakterbildung durch Willensgymnastik. Seine Sexualpädagogik sieht er auf Realismus und Idealismus gegründet: auf einer realistischen Sicht des Menschen, wie sie in der katholischen Erbsündenlehre zum Ausdruck komme (s. S. 269f.), und auf dem idealen Entwurf des Menschen, der im Erlösungsglauben stecke[91]. Foerster will also möglichst wenig sexuelle Aufklärung und überhaupt keine spezielle sexualpädagogische Prävention. Sie errege nur die Neugierde oder die Sinnlichkeit und wäre zugleich deren illegitime Befriedigung und ein Verstoß gegen die Schamhaftigkeit. Keine Überschätzung des Wissens also: der Schutz der Jugend vor der »sexuellen Gefahr« sei eher eine Kraftfrage als eine Wissensfrage; nur eine allgemeine Willensschulung – auf den Übungsfeldern, die der Alltag und die Schule tagtäglich reichlich bieten – und eine Erziehung zu sittlichem Charakter. Leiten soll dabei das asketische Prinzip. »Ohne dessen erzieherische Hilfe . . . hat der Mensch keine zuverlässige und gereifte Kraft zur Eindämmung seines Trieblebens und kann auch keinen rechten Sinn in den großen Opfern sehen, die er sich in dieser Hinsicht abzwingen soll.«[92] Solche indirekte Sexualerziehung ist direkte Sexualverdrängung, wobei die empfohlene Zurückhal-

[88] *Foerster* 1952 (Anm. 87) 14.

[89] *Foerster* 1952 (Anm. 87) 14.

[90] Vgl. *Foerster* 1907 (Anm. 87) 39f. Auch: *ders.*, Sexualethik und Sexualpädagogik: Hochland 4 (1907) 519.

[91] *Foerster* 1952 (Anm. 87) 14. Vgl. *W. Bartholomäus*, Erbsündliche Schädigung und katholische Sexualpädagogik. Materialien zum Gespräch zwischen theologischer Anthropologie und Religionspädagogik: *K. Baumgartner* u. a. (Hrsg.), Glauben lernen – leben lernen, München 1985, 81–107.

[92] *Foerster* 1907 (Anm. 87) 18.

tung im Reden ein Schweigen hervorbringt, das die Sexualität einer gestaltenden Bearbeitung entzieht.

Das alles gelingt nach Foerster allein aus der Kraft der Religion. Sie ist für ihn »die größte sexualpädagogische Kraft«[93]. Sie relativiere, indem sie das irdische Leben zum Jenseits öffne, die Sinnenwelt und die Sinnlichkeit; sie erhebe die Seele zum Himmel und befreie sie von den Trieben; denn sie lenke die Seele von ihnen ab. »Die Religion allein weiß gerade denjenigen Seelenkräften, die am leichtesten von den Reizen des erotischen Lebens gefangen werden, der Phantasie, der Hingebung und der Sehnsucht, die den Menschen über sich selbst und über die Prosa des Lebens hinaustreibt, ein höheres Ausleben zu eröffnen, indem sie die Seele in eine Welt des Ideals emporleitet, in der alles Wirklichkeit ist, was auf Erden nur Traum und dunkle Regung bleibt und wo die Seele ihre eigenen tiefsten Regungen in vollendeter Gestalt und Klarheit schaut ... Solche Ablenkung und Befreiung ... kann eine bloße Moral nie geben.«[94] Die Position Foersters macht uns verständlich, inwiefern die sexualpädagogische Aufgabe zu einem religionspädagogischen Thema wurde, und sie initiierte die theologische Profilierung katholischer Sexualpädagogik, die sich zwischen den beiden Weltkriegen abzeichnet (s. S. 95. 270).

Foersters Sexualethik und Sexualpädagogik sind ausgesprochen manichäisch-spiritualistisch und elitär-aristokratisch. Sie wollen

[93] *Foerster* 1907 (Anm. 87) 86. 93; vgl. 49. Foerster, ursprünglich eingetreten für eine religionslose Moralbegründung und -erziehung, vertrat seit 1903/04 immer entschiedener das genaue Gegenteil. In seiner »Jugendlehre« (Berlin 1904) bekannte er sich unmißverständlich zur »unvergänglichen ethischen und pädagogischen Bedeutung der Religion« (Vorwort). In der Ausgabe von 1907 sprach er noch prononcierter von der »unerreichbaren pädagogischen Kraft der christlichen Religion« (Vorwort): *Schilling* (Anm. 87) 66. Vgl. auch die Auseinandersetzung um Macht und Ohnmacht der Religion als hemmende Instanz gegenüber dem »Sexualismus« zwischen *J. Marcuse*, Sexuelle Pädagogik: Süddeutsche Monatshefte 4 (1907) 378–385, und *F. W. Foerster,* Zur Kritik der modernen Sexualpädagogik: Süddeutsche Monatshefte 4(1907) 532–536.

[94] *Foerster* 1907 (Anm. 87) 90.

den niederen Leib – »Sitz« der Sexualität – entmachten und dem Geist seine Herrschaft zurückgeben. Dies erfordere einen beständigen Kampf. Er sei nur Eliten möglich, welche sich von den Schwächlingen absetzen, die es nötig haben, ihrer niederen Natur nachzugeben. »Sollen aber nun wirklich die Zurückgebliebenen unsere Gesetzgeber werden, soll unsere Ethik von jetzt an durch die Schwachen und Kranken bestimmt werden? Oder wollen wir nicht vielmehr daran festhalten, daß das Ideal immer von den Gesunden und Starken bestimmt werden soll, die sich darin zu ihrem eigenen höchsten Können gleichsam bekennen und die Willenlosen und die Schlechten mit sich reißen? Sind nicht solche hohen Ideale und Gesetzgebungen die eigentliche Hilfe des Starken für den Schwachen?«[95]

Was A. Adam später als krypto-manichäische Sittlichkeit brandmarkt, trifft Foerster so genau, als wäre es bewußt auf ihn bezogen worden. Adam kritisiert »den Fehler, dem zu allen Zeiten selbst edle und große Geister zum Opfer fielen, wenn sie in der guten Absicht, die materialistische Lustlehre zu bekämpfen, ins andere Extrem gerieten, indem sie den natürlichen Notwendigkeiten der leiblich-sinnlichen Lebenswirklichkeit nicht Rechnung trugen oder dieselben höchstens als menschenunwürdigen Kompromiß mit der leidigen Wirklichkeit gelten ließen. Ihr heimliches oder offen ausgesprochenes Ideal war immer ein rein vergeistigtes Leben, möglichst weit entfernt von aller sinnlichen Wirklichkeit; ein Schwelgen und Schwärmen in wolkenlosen Höhen des Daseins, das nichts weiß vom Schmutze der Materie, von Essen und Trinken oder gar von sinnlicher Liebe und geschlechtlicher Betätigung. Alles Sinnliche trägt ihnen den Stempel der Minderwertigkeit, wenn nicht des Dämonischen und Bösen. Es sind gewiß nicht die schlechtesten Geister, die solches

[95] *Foerster* 1952 (Anm. 87) 108; vgl. *ders*. 1907 (Anm. 87) 54: »Was wir brauchen, das ist der heroische Vormarsch wahrhafter Männer . . ., und was wir ebenso brauchen, das sind wahrhafte Frauen, die Männer verlangen und keine Männchen, und die den Mann in seiner Schlaffheit und Triebhaftigkeit nicht noch bestärken, sondern große Proben der Willensstärke fordern.«

Idol für ein Ideal halten und hielten; aber um so größer wird dadurch die Gefahr solcher Lehre, weil sie auf wertvolle, sittlich hochstehende Menschen ihre Zauberkraft ausüben und sie der Wahrheit entfremden kann.«[96]

4. Zwischen den beiden Weltkriegen

In der Zeit nach dem Ersten Weltkrieg hat die Zunahme der Geschlechtskrankheiten viel öffentliche Aufmerksamkeit gefunden. Davon sei die sexualpädagogische Auseinandersetzung in der Weimarer Republik bestimmt gewesen, meint Barkow[97]. Das läßt sich in dieser Allgemeinheit von der katholischen Sexualpädagogik nicht sagen. Ihre Feinde sind Legion, wie die deutschen Bischöfe 1920 feststellen: »Wer wollte es leugnen, daß wirklich die öffentliche Unsittlichkeit jetzt einen Grad erreicht hat wie noch nie ... Am kühnsten erhob das Laster seine Stirne seit der Revolution ... Nun entfaltete es frecher als je seine schmachbedeckte Fahne, führte schamloser als je in der schlechten Presse das große Wort, begeiferte auf dem Theater und im Kino die reine Sitte, die Heiligkeit der Ehe und das Heiligtum der Familie mit seinem geilen Spott und Hohn und machte in Stadt und Land für sich Reklame durch immer verwegenere und zuchtlosere Auswüchse leichtsinniger Mode ... Und nun ist es schon so weit gekommen, daß man öffentlich und ungestüm Straffreiheit verlangt für Verbrechen gegen das keimende Leben im Mutter-

[96] *A. Adam,* Das sechste Gebot. Gedanken und Vorschläge für die Behandlung der sexuellen Fragen in Erziehung und Unterricht (1942), Paderborn 1948, 8f. Mit Foersters Sexualpädagogik setzten sich auch kritisch auseinander: *J. Marcuse,* Die sexuelle Frage und das Christentum. Ein Waffengang mit F. W. Foerster, Leipzig 1908; *F. Koch,* Die politische Sexualerziehung Friedrich Wilhelm Foersters: *W. Fischer* u. a., Inhaltsprobleme der Sexualpädagogik. Sexualpädagogik II, Heidelberg 1973, 9–44.

[97] *R. Barkow,* Die Sexualpädagogik von 1918–1945. Dissertation, Münster 1980, 12.88.

schoß ...«[98] Auf diesem Zeithintergrund ist die katholische Sexualpädagogik zu verstehen, auch wenn sie oft zeitfern zu sein scheint[99].

Der einflußreiche Hardy Schilgen

Ebenso einflußreich wie Foerster war in dieser Zeit – auf der Praxisebene – Hardy Schilgen (1876–1941). Der Jesuit und Exerzitienmeister, nach Auskunft von Zeitgenossen bekannt und häufig gelesen, ein Mann mit großer Wirkung, verfaßte zwischen 1920 und 1928 fünf einschlägige Bücher, zunächst für Jungmannen[100], dann für Braut- und Eheleute[101], dann nocheinmal für Jungmänner[102], dann für Eltern, Seelsorger und Erzieher[103], zu-

[98] Hirtenschreiben des deutschen Episkopats zur Unsittlichkeit: *Corsten* (Anm. 153) 630–634.

[99] Außer den nachstehend knapp skizzierten Autoren sind zu nennen: *E. von Düring,* Über die Behandlung der Aufklärungs-Frage: Sexualethik 1 (1925) Nr. 3, 11–13; *ders.*, Sexualpädagogik, Zürich – Leipzig 1930, *S. Engelmann,* Einführung in die Sexualpädagogik, Berlin 1921; *H. Enzinger,* Ehe und Jungfräulichkeit. Ein Beitrag zur Sexualerziehung der Jungmädchenwelt, Augsburg 1917; *L. Hänsel,* Die Jugend und die leibliche Liebe. Sexualpädagogische Betrachtungen, Innsbruck – Wien – München 1938; *P. Hemmerle,* Streifzüge durch die sexualpädagogischen Bestrebungen der Gegenwart und Vergangenheit, Haberschwerdt 1920; *J. Könn,* Auf dem Wege zur Ehe, Freiburg 1920; *J. Ries,* Kirche und Keuschheit. Die geschlechtliche Reinheit und die Verdienste der Kirche um dieselbe, Paderborn 1922; *R. Ritter,* Das geschlechtliche Problem in der Erziehung, München 1928; *F. Schneider,* Das geschlechtliche Reifen als Fortschritt und Hemmung, Erfurt 1927.

[100] *H. Schilgen,* Junge Helden. Ein Aufruf an Jungmannen zu edlem Streben und reinem Leben, Kevelaer 1920. Der Untertitel wurde später hinzugefügt. Zur Biografie: *W. Joist,* P. Hardy Schilgen: Mitteilungen aus den deutschen Provinzen. Bd. XVI (1947) Nr. 111, 220–222.

[101] *H. Schilgen,* Im Dienst des Schöpfers. Ein Buch über die Ehe für katholische Braut- und Eheleute, Kevelaer 1922.

[102] *H. Schilgen,* Du und sie. Des Jungmanns Stellung zum Mädchen, Düsseldorf 1924.

[103] *H. Schilgen,* Um die Reinheit der Jugend. Ein Buch über die Erziehung zur Keuschheit für Eltern, Seelsorger und Erzieher, Düsseldorf 1927.

letzt für Mädchen[104]. Wer seine katholische Jugend damals verbrachte, mußte auf Schilgen stoßen, und er tat es vermutlich gern, denn die Bücher sind klar in der Gedankenführung, bestimmt in der Sprache, kurz: einfach, eingängig, gekonnt.
In der Sache freilich sind sie darauf bedacht, die Sexualität ausschließlich dem Gattungszweck unterzuordnen und sie in die Ehe zu verweisen, sie ansonsten aber auszusperren und zu unterdrücken (s. S. 228–232). Gott habe, so Schilgen, dafür sorgen müssen, daß der Mensch seine Fähigkeit zur Fortpflanzung auch gebrauche. Da Kinder nicht nur Freude brächten, sondern auch eine Last seien, mußte Gott Vorkehrungen treffen, daß der Mensch zur Ehe gezogen werde. Er habe darum Mann und Frau verschieden geschaffen, so daß sie aufeinander angewiesen sind. Dann habe er in den Menschen einen Drang gelegt, »der ihn hintreibt zu einer Person des anderen Geschlechts, damit er sich mit ihr . . . vereinige«, und Vater und Mutter werde; »es soll dem Kind das Dasein gegeben werden«[105]. Die Sexualität wird zur Verführerin zu Ehe und Kind im Gewand der Lust. Es sündigt, wer sie genießt, ohne die Last auf sich zu nehmen, zu der sie verführt. Gott hat es so gewollt und der Mensch muß ihm gehorchen[106]. Schlimm, wenn einer ihr zu früh verfällt. »Im Innern lockt die Leidenschaft und weiß mit einer wahren Zauberkunst ihre Genüsse dem jugendlichen Geist vorzuspiegeln.«[107] Anders als andere, die der Sexualität zu ihrer Abwehr Ekel und Abscheu assoziierten, will Schilgen die Sexualität »mit hohen,

[104] *H. Schilgen,* Du und Er. Des Mädchens Stellung zum Jungmann (1928) Düsseldorf 1930. Man beachte die unterschiedliche Schreibweise: in »Du und sie« (Anm. 102) wird »sie« klein, in »Du und Er« »Er« dagegen groß geschrieben.

[105] *Schilgen* (Anm. 103) 10. 14. Dieser Gedanke ist traditionell. Man findet ihn schon bei *Haas* (Anm. 33) 41; man findet ihn noch bei *Adam* 1932 (Anm. 136) 131; dazwischen etwa bei *Foerster* 1907 (Anm. 87) 25; *Gatterer/Krus* (Anm. 38) 104; *Schröteler* (Anm. 113) 143; *Mönnichs* (Anm. 111) 13. In ihm zeigt sich ein monovalenter, fortpflanzungszentrierter Sexualitätsbegriff.

[106] *Schilgen* (Anm. 101) 8; *ders.* (Anm. 103) 22. 38. 44.

[107] *Schilgen* (Anm. 103) 25.

heiligen Gedanken«[108] verknüpft wissen, um ihrer verzaubernden Versuchung zu entkommen. Sexuelle Aufklärung dient zur Verklärung der Sexualität.

Theologisches Profil und katechetische Form: Michael Gatterer und Theodor Mönnichs

Doch es gab auch Theoriearbeit. Michael Gatterer (1862–1944) hatte schon 1910 zusammen mit Franz Krus Gedanken über sexuelle Belehrung und Erziehung niedergeschrieben[109]. 1927 legte er eine Arbeit vor, von der er selbst behauptet, sie sei eine Überarbeitung seines früheren Werks[110]. Vielleicht sagte er dies nur aus Bescheidenheit; in der Sache nämlich täuscht er uns. »Die Erziehung zur Keuschheit« von 1910 nahm speziell zu dem Problem der sexuellen Aufklärung Stellung. »Im Glaubenslicht« von 1927 richtet sich auf die Sexualerziehung insgesamt und entwickelt sie bewußt aus einer theologischen Sicht der Geschlechtlichkeit und der Ehe. Von dem darin belegten Prozeß theologischer Profilierung wird noch die Rede sein müssen.

1922 erschien »Zur Katechese über das 6. (9.) Gebot« von Theodor Mönnichs (1866–1957). Mönnichs, bekannt als Bearbeiter des Einheitskatechismus von 1925, wollte, um der genauen ethischen Beurteilung sexueller Praxis willen, die Sprache klären, mit der die Katechese über die Sexualität spricht, und dadurch der Sache Eindeutigkeit geben. So entstand ein sexualpädagogischer Beitrag für den Religionsunterricht, der bei der Behandlung des 6. (9.) Gebotes von der Sexualität nicht schweigen konnte, obwohl er nicht als eigentlicher Ort der Sexualerziehung galt. Mönnichs Differenzierungen haben etwas Gequältes,

[108] *Schilgen* (Anm. 103) 107. Die Belegstellen sind Zufallsauswahlen. Was hier belegt wird, findet sich in allen Werken Schilgens in gleicher Weise.

[109] *Gatterer/Krus* (Anm. 38).

[110] *M. Gatterer,* Im Glaubenslicht. Christliche Gedanken über das Geschlechtsleben. Neubearbeitung der Schrift »Erziehung zur Keuschheit«, Innsbruck 1927.

sie lassen bedrückt fragen, wofür gescheite Leute Zeit und Fantasie hatten. Gleichwohl konnten sie (durch das damals verbreitete Bewußtsein, im Bereich der Sexualität sei eigentlich alles schwere Sünde) Gequälten hilfreich werden, weil sie auch zu entlasten vermochten. Mönnichs Fazit: »Alles, was direkt gegen das 6. (9.) Gebot ist, d. h. das Unkeusche und Unzüchtige im eigentlichen Sinne (dahin gehört auch, was in Absicht darauf geschieht) ist Todsünde ... Was nur mittelbar ›unkeusch‹ benannt wird, weil es zu Unkeuschem führen kann, ist schwer sündhaft, wenn die unnötige Gefahr in concreto groß ist; ist läßlich, wenn sie gering ist; ist gar nicht sündhaft, wenn ein der Größe der Gefahr entsprechender Grund vorliegt, sich dieser zu unterziehen, natürlich mit Ausschluß der Einwilligung« (in Freude, Wunsch, Geschlechtslust)[111]. In der zweiten Auflage von 1925 wird diese Position bereits weiter entwickelt, insofern das »für die Keuschheit irgendwie Gefährliche« nicht mehr als »in sich ›unkeusch‹« ausgegeben wird[112]. »Unnötig große Gefahr«, »geringe Gefahr«, »begründete Gefahr«, »das irgendwie Gefährliche« – auch kirchenamtliche Dokumente der Zeit verraten die Absicht, möglichst alle »Gefährdung« durch die Sexualität auszuschließen.

Der erste katholische Kongreß zur Sexualpädagogik: Josef Schröteler

Das »Deutsche Institut für wissenschaftliche Pädagogik« veranstaltete 1928 in Verbindung mit der »Katholischen Schulorganisation« in Düsseldorf eine sexualpädagogische Tagung. J. Schröteler (1886–1955) gab die Referate dieser Tagung heraus und nannte sie »einen ersten Anfang einer umfassenden katholischen

[111] *T. Mönnichs,* Zur Katechese über das 6. (9.) Gebot (1922), München 1928, 21; vgl. *Schröteler* (Anm. 113) 139. S. auch Anm. 148.

[112] *Mönnichs* (Anm. 111). Zweite Auflage, München 1925, 109. Vgl. *Mönnichs,* in: *Langer* (Anm. 78) 59.

Sexualpädagogik«[113]. Neben Schröteler referierten noch die bekannten Linus Bopp und Albert Schmidt. Doch den Hauptanteil bestritt Schröteler selbst. Die Sexualerziehung nimmt er in die Gesamterziehung zurück: »Daher ist alles, was das Menschenkind zum Entsagen, zur treuen Pflichterfüllung, zur Wahrhaftigkeit, zur Unterordnung unter die rechtmäßige Autorität anleitet, ein Stück, und zwar ein wesentliches Stück echter Sexualpädagogik«[114]. Aber anders als für Foerster, dessen (indirekte) Sexualerziehung sich in allgemeiner Charaktererziehung (fast) auflöst, bleibt Sexualerziehung für Schröteler ein eigenständiger Teil dieser Erziehung.

Schröteler sucht mit seiner Sexualpädagogik einer Situation zu begegnen, die der heutigen zum Verwechseln ähnlich sieht. Er kennzeichnet sie als Niedergang der allgemeinen Moral, als Sexualnot der Jugend, die sich in der Zunahme des vorehelichen Geschlechtsverkehrs zeige und in dem allgemeinen Abbau der Scham, und mit dem Hinweis auf den Geburtenrückgang wie auf die fortschreitende Zerrüttung der Familien[115]. Das Problem ist allerdings dies: eine Sexualerziehung wie die Schrötelers, die den Jugendlichen möglichst lange in einer von Sexualität freien Umwelt zu halten sucht (Prophylaxe), ihn gegen sexuelle Reize widerstandsfähig macht (Immunisierung), für den Kampf gegen die Sexualität stärkt (Diätetik) und bei Versagen einschreitet (Therapie)[116], erreicht, weil sie am Einzelnen orientiert bleibt, nicht die gesellschaftliche Ebene, auf der angesiedelt ist, was sie bekämpft. Ihr Individualismus und ihre gesellschaftliche Abstinenz werden ihr zum Verhängnis.

[113] *J. Schröteler,* Die geschlechtliche Erziehung. Beiträge zur Grundlegung einer gesunden Sexualpädagogik, Düsseldorf 1939, VI.

[114] *Schröteler* (Anm. 113) 93.

[115] *Schröteler* (Anm. 113) 1–21. Die Sexualnot der Jugend war durch das 1928 veröffentlichte Gutachten »Sittlichkeitsvergehen an höheren Schulen und ihre disziplinare Behandlung«, das der preußische Minister für Wissenschaft, Kunst und Volksbildung in Auftrag gegeben hatte, bewußt gemacht worden.

[116] *Schröteler* (Anm. 113) 92–128. Das übernimmt: *Hänsel* (Anm. 99) 68–78.

An Schröteler wird auch sichtbar, was für die katholische Sexualpädagogik dieser Zeit überhaupt charakteristisch ist: ihre deutliche theologische Profilierung (s. S. 87. 92. 270f.). Davon war wiederholt die Rede. Schröteler reflektiert ausdrücklich die theologisch-anthropologische Basis katholischer Sexualpädagogik (s. S. 268f.)[117] und breitet die übernatürlichen Mittel aus, die die Kirche gegen die Sexualität anbietet: die Dogmen nämlich als ideale Gedanken und die Heiligen als hinreißende Beispiele, das Gebet und die Sakramente als Gnadenmittel[118]. Damit vollzieht er in eins eine Abgrenzung gegen den pädagogischen Naturalismus, die notwendige theologische Dimensionierung und darin die Selbstisolierung katholischer Pädagogik. Ein sehr ambivalentes Phänomen. Schröteler liegt ganz auf der Linie von Gatterer: »Glaubenserkenntnis möchten ... die folgenden Zeilen vermitteln. Aufzeigen möchten sie, mit welchen Augen der gläubige Christ ... den Menschen (seine Sexualität und die entsprechenden Tugenden) ansehen soll ... Was die katholische Lehre über dieses wichtige Kapitel sagt, was der betrachtende gläubige Blick darin sieht, das möchte der Verfasser den Lesern ans Herz legen. Nicht ein Aufklärungsbuch, sondern ein Verklärungsbuch will er bieten«[119]. Das zeigt zudem die idealistische Prägung seiner Sexualpädagogik[120]. Sie orientiert sich nicht an den entwicklungspsychologisch erhobenen oder tiefenpsychologisch entdeckten Möglichkeiten der Jugend. Sie preist ihre aus Glaubenssätzen deduktiv gewonnenen Ideale. »Wir sahen, wie wichtig es ist, daß vor der Seele des jungen Menschen Ideale stehen, die ebenso lebensnahe und stark die Seele ergreifen, wie sie, weil sie in weiter Ferne sind, den Menschen emporheben über allem, was klein und schwach ist.«[121] Barkow will solche Konzeptionen gar nicht als »Pädagogik« gelten lassen[122].

117 *Schröteler* (Anm. 113) 130–141.
118 *Schröteler* (Anm. 113) 141–157.
119 *Gatterer* (Anm. 110) 1–3.
120 Vgl. *Barkow* (Anm. 97) 69.
121 *Schröteler* (Anm. 113) 149.
122 *Barkow* (Anm. 97) 28. 69.

Orientierung an der Tiefenpsychologie: Rudolf Allers

Bei der Bewertung der katholischen Sexualpädagogik dieser Zeit ist zu berücksichtigen, daß die Erkenntnisse sowohl der tiefenpsychologischen Theorie und Therapie wie der tiefenpsychologischen Pädagogik inzwischen bekannt geworden waren und die Sexualpädagogik zu beeinflussen begonnen hatten. Die Psychoanalyse in der Folge S. Freuds wandte sich, wo sie ihre pädagogischen Konsequenzen zog, fast ausschließlich sexualpädagogischen Fragestellungen zu[123]. Auch in der Schule der Individualpsychologie A. Adlers beschäftigte man sich mit sexualerzieherischen Problemen, obwohl Adler der Sexualität im psychischen Haushalt nicht die Bedeutung gegeben hatte, die Freud ihr zusprach (s. S. 158f.)[124]. Ein katholischer Sexualpädagoge, der die individualpsychologischen Grundannahmen verarbeitete, ist Rudolf Allers (1883–1963). Ganz im Sinne Adlers, der den Menschen als ungeteiltes In-Dividuum genommen und sich damit gegen die Freudsche Auffassung unterscheidbarer psychischer Instanzen gestellt hatte, versucht Allers eine »Ganzheitsbetrachtung« des Menschen und seiner Sexualität. So bemängelte er, daß in den meisten Darstellungen, die sich mit sexualpsychologischen und sexualpädagogischen Fragen befassen, die Neigung vorherrsche, »das Sexuale irgendwie als einen relativ

[123] Vgl. *Ferenczi,* Psychoanalyse und Pädagogik (1908): *ders.,* Bausteine zur Psychoanalyse III, Bern–Stuttgart 1964, 9–22; *E. Schneider,* Geltungsbereich der Psychoanalyse für die Pädagogik: Zeitschrift für psychoanalytische Pädagogik: (ZfpsP) 1 (1926/27) 2–6; *A. Freud,* Die Beziehungen zwischen Psychoanalyse und Pädagogik: ZfpsP 3 (1928/29) 445–454; *dies.,* Enführung in die Psychoanalyse für Pädagogen (1930), Bern – Stuttgart 1964; *H. Meng,* Psychoanalyse und Sexualerziehung: ZfpsP 5 (1931) 5–13; *M. Bonaparte,* Die Sexualität des Kindes: ZfpsP 5 (1931) 369–412; *R. Ekstein/R. L. Motto,* Psychoanalyse und Erziehung – Vergangenheit und Zukunft: Praxis der Kinderpsychologie und Kinderpsychiatrie 12 (1963) 213–224; *M. Springer-Kremser,* Psychoanalytische Pädagogik: Die Psychologie des 20. Jahrhunderts XI, Zürich 1980, 283–300.

[124] *A. Adler,* Zur Kritik der Freudschen Sexualtheorie des Seelenlebens (1911): *ders.,* Heilen und Bilden (1914), Frankfurt a. M. 1973, 94–113.

selbständigen ›Teil‹ des Menschen aufzufassen, fast als wären die in solchen Erlebnissen sich darbietenden Inhalte nicht mit der übrigen Person zu einem einheitlichen Ganzen verschmolzen«[125]. Folgerichtig ist ihm das Sexuelle nicht ausschließlich oder in erster Linie Erledigung libidinöser Bedürfnisse. Es ist ihm Ausdruck der Gesamtsituation des Menschen, seiner Interessen oder Probleme, die sich zu ihrer Lösung des Sexuellen bedienen, weil dieses sich dazu gut gebrauchen läßt (s. S. 41. 251 f.)[126]. Sexuelle »Verfehlungen«, z. B. die Selbstbefriedigung, sind ihm darum nicht vor allem orgastische Lusthandlungen, was sie selbstverständlich immer auch bleiben, sondern etwa Protest (des Feiglings) gegen Verbotenes, Äußerung der Mutlosigkeit, Schutz gegen ideale Forderungen, und darin der – möglicherweise gar nicht bewußte – Versuch, mit dem allgegenwärtigen Gefühl von Minderwertigkeit fertig zu werden.
Sexualpädagogisches Handeln soll sich deshalb auch nicht direkt gegen solche Verhaltensweisen wenden. Denn – was damals durchaus üblich war – Abschreckung mache nur noch mutloser und bewirke das Gegenteil von dem, was nötig sei. Überhaupt gehe es nicht um isolierte sexuelle Handlungen, weil »der ›ganze Mensch‹ dauernd im Blick gehalten werden müsse, wenn anders sich ein Verständnis oder eine Gestaltung seiner auch nur in einer Teilrichtung oder einem Teilaspekt soll verwirklichen lassen«[127]. Sexualerziehung hat also mit dem gesamten Menschen und seinem Charakter zu tun, so daß Allers sagen kann, ihr Problem zentriere sich auf das der Ermutigung und das der Führung zur richtigen Werterkenntnis[128] und zur Gemeinschaftsfähigkeit. »So gibt es schließlich im strengen Sinne ›Sexualpädagogik‹ über-

[125] *R. Allers,* Das Werden der sittlichen Person. Wesen und Erziehung des Charakters, Freiburg 1929, 246.

[126] *R. Allers,* Sexualpsychologie als Voraussetzung einer Sexualpädagogik: Vierteljahresschrift für wissenschaftliche Pädagogik. 6. Bd. (1930) 169–183; *ders.*, Sexualpädagogik, Grundlagen und Grundlinien, Salzburg – Leipzig 1934, 65–74. 67.

[127] *Allers* 1930 (Anm. 126) 353f.

[128] *Allers* 1929 (Anm. 125) 257; *ders.* 1934 (Anm. 126) 161–193.

haupt gar nicht, sondern nur Pädagogik schlechthin.«[129] Nur scheinbar allerdings reiht sich Allers damit in die Schar derer ein, die sich mit einem solchen oder ähnlichen Hinweis der sexualpädagogischen Aufgabe zu entziehen suchen. Das ist nicht seine Absicht. Im Gegenteil: obwohl in seinen Beiträgen sowohl die theologisch-ethische Tradition wie die Lehrposition der katholischen Kirche der dreißiger Jahre deutlich greifbar werden und Allers deren Rahmen nicht verläßt[130], belegt er – zum Schaden der meisten seiner sexualpädagogischen Zeitgenossen aus der Theologie –, zu welch offener und differenzierter Analyse und Theorie ein katholischer Sexualpädagoge fähig sein konnte, wenn er sich nur wissenschaftlich interdisziplinär orientierte und auf der Höhe seiner Zeit bewegte[131].

Es wäre falsch zu behaupten, die katholische Sexualpädagogik habe sich in ihrer Geschichte nicht verändert. Im Ganzen aber zeigt sie sich vom Anfang des 20. Jahrhunderts bis in seine Mitte relativ konstant. Erst danach kommt sie in Bewegung. Zaghaft beginnend und immer entschlossener bezieht sie neue Positionen: im Zweifel an selbstverständlich Geltendem, in der theologisch-anthropologischen Grundlegung, in der Verarbeitung sexualwissenschaftlicher Erkenntnisse, in der (nun nicht mehr deduktiv verfahrenden) religionspädagogischen Argumentation, in neuen Grundsätzen und Praxisformen. Hier wirken sich Anfänge aus, die in den dreißiger Jahren liegen.

[129] *Allers* 1930 (Anm. 126) 354.

[130] *Allers* 1934 (Anm. 126) 10.

[131] Als Sexualpädagogen, die die Erkenntnisse zeitgenössischer Psychologie zu verarbeiten suchten, sind auch zu nennen: *M. Lechner,* Die Religiosität und Sexualität des Kindes, Donauwörth 1929; *W. Classen,* Studien zur Sexualpsychologie und -pädagogik der Gegenwart, Langensalza 1928.

Kritisches Urteil und kreative Ideen: August Adam

Zu allen Zeiten hat es Theologen gegeben, die sich vor dem Grau des zeitgeschichtlichen Hintergrundes vorteilhaft abhoben. Im 19. Jahrhundert war es J. B. von Hirscher[132]; im 20. Jahrhundert – ich beziehe das nur auf den uns hier beschäftigenden Bereich – R. Geis[133], H. Doms[134], und E. Michel[135]; für die Sexualpädagogik besonders anregend und engagiert: A. Adam (1888–1965)[136]. Auf Adam berief sich Ludwig Wolker, von 1926 an Generalpräses der katholischen Jugend, der schon in den vierziger Jahren die Idee »Pastoraler Richtlinien« für die Sexualerziehung hatte und 1943, nachdem ein damals konzipierter Text von den Bischöfen verworfen worden war, in seinem »Pastorale Altenbergense« unter anderem auch einige Leitlinien zur Sexualerziehung formulierte[137]. Adam fand also ganz unmittelbar praktische Resonanz.

Adam wandte sich in zwei Schriften gegen den Primat der Keuschheit. Man habe ihr den Rang der wichtigsten Tugend zuerkannt, der ihr nicht zukomme[138]. Ihre Überschätzung habe dazu geführt, in der Bekämpfung sexueller Verfehlungen die wichtigste sexualpädagogische Aufgabe zu sehen[139]. Adam will die Sexualmoral, nachdem sie, speziell im 19. Jahrhundert, mit »Sittlichkeit« gänzlich ineins gesetzt wurde, wieder einem um-

132 Vgl. die Ausführungen zu Hirscher in diesem Kapitel.

133 *R. Geis,* Katholische Sexualethik, Paderborn 1929.

134 *H. Doms,* Vom Sinn und Zweck der Ehe, Breslau 1935.

135 *E. Michel,* Die moderne Ehe in Krisis und Erziehung, Mainz 1937.

136 *A. Adam,* Der Primat der Liebe. Eine Untersuchung über die Einordnung der Sexualmoral in das Sittengesetz. Straubing 1931. Diesen Aufsatz hat Adam dann erweitert: *ders.,* Der Primat der Liebe. Eine Untersuchung über die Einordnung der Sexualmoral in das Sittengesetz (1932), Kevelaer 1939; *ders.* (Anm. 96).

137 *L. Wolker,* Pastorale Altenbergense (1943). Manuskript im Archiv des Jugendhauses Düsseldorf. Vgl. *W. Bokler/H. Fleckenstein,* Die sexualpädagogischen Richtlinien in der Jugendpastoral, Mainz 1967, 22.

138 *Adam* 1931 (Anm. 136) 11–20; *Adam* 1932 (Anm. 136) 108–112.

139 *Adam* 1932 (Anm. 136) 115.

fassenderen Begriff von Sittlichkeit zuordnen. Diese Sittlichkeit setzt er unter den »Primat der Liebe«. »Im Neuen Bund ist das allein Entscheidende die Liebe – und diese Liebe zeigt sich nicht nur in der Kraft, mit welcher der Christ sich von den Gütern dieser Welt fern hält, sondern ebenso auch in der Energie, mit welcher er sie zu gebrauchen weiß.«[140]

So kommt er, kritisch gegenüber dem Krypto-Manichäismus der »traditionellen« katholischen Sexualpädagogik, zu eigenständigen sexualpädagogischen Ideen. »Es gehört zu den vorzüglichsten Aufgaben einer guten Erziehung, ... (das) Schamgefühl zu pflegen und zu verfestigen ... Es ist aber ein großer Irrtum mancher Erzieher, daß dieses Schamgefühl ein um so besserer Schutz sei, je mehr es alles Geschlechtliche verachte und geringschätze ... Schamhaftigkeit ist nicht Angst vor dem nackten Körper, sondern Ehrfurcht vor ihm.«[141] »Nicht der ist schamhaft, der das Geschlechtliche ignoriert, als ob er erhaben darüber wäre, sondern der es bewußt erkennt und mit heiligen Augen zu betrachten weiß.«[142] »Die beste Sexualpädagogik beruht nicht darin, den Zögling möglichst scharf und häufig vor den Gefahren der Unkeuschheit zu warnen, ja nicht einmal darin, ihm möglichst oft von der Wichtigkeit der Keuschheit vorzureden. ... Der kluge Erzieher wird die Jugend nicht durch die Keuschheit zur Liebe, sondern umgekehrt durch die Liebe zur Keuschheit führen.«[143] »Wir müssen hier wieder beim gläubigen Mittelalter in die Schule gehen, das aus den geschlechtlichen Dingen auch vor dem unmündigen Kinde kein so großes Geheimnis machte und bei aller Schamhaftigkeit doch in Gebeten und Bildern und Bräuchen die Jugend in allmählich steigernder Erkenntnis mit dem Wissen um die Geheimnisse des Lebens vertraut machte.«[144] »So wertvoll die Tugend der Enthaltsamkeit ist, so kann doch durch eine allzu starke Betonung ihres Wertes der entscheidende

[140] *Adam* (Anm. 96) 16; vgl. *ders.* 1932 (Anm. 136) 116–139.
[141] *Adam* 1923 (Anm. 136) 224. 225.
[142] *Adam* 1932 (Anm. 136) 226.
[143] *Adam* 1932 (Anm. 136) 230.
[144] *Adam* 1932 (Anm. 136) 230, vgl. 59.

Akzent in der Vollkommenheitsauffassung des Neuen Bundes bedenklich verschoben werden, wenn sie als die Haupttugend, als der entscheidende Erweis sittlicher Höchstleistung dargestellt wird. Abtötung ist gut, Liebe aber ist besser. Daher kann der Gebrauch der Weltgüter unter Umständen wertvoller sein als der Verzicht auf sie, wenn nämlich im Gebrauch sich eine größere Liebe betätigt als im Verzicht.«[145]

Josef Pieper: Das wahre Maß

A. Adam, konsequent an Thomas von Aquin orientiert, beruft sich 1942, in seinem zweiten Werk, auf Josef Pieper. Dieser hatte 1939 in »Zucht und Maß« auch sexualpädagogisch relevante Aspekte katholischen Sexualitätsverständnisses aufgegriffen[146]. Indem auch er das in Rückgriff auf den Aquinaten tat, dokumentiert er wie Adam, wie fruchtbar eine Besinnung auf vergessene Traditionen sein kann. »In den herkömmlichen Traktaten über Keuschheit und Unkeuschheit herrscht nicht immer eine erfrischende Atemluft. Dieser Sachverhalt mag vielerlei Wurzeln haben. Eine davon ist sicher diese: daß, im Widerspruch zur wahren Stufenordnung der Dinge, der Bereich des Geschlechtlichen, wiederum aus mancherlei Ursachen, für das sittliche Gemeinbewußtsein in den Mittelpunkt der Aufmerksamkeit gerückt ist. Dazu kommt, daß allen prinzipiellen Beteuerungen zum Trotz, ein unterirdisch schwelender Manichäismus alles, was mit der leiblichen Zeugung zusammenhängt, irgendwie als unrein, befleckend, unter der wahren Würde des Menschen gelegen verdächtigt. Eine andere Wurzel ist die Überwertung der Kasuistik, die gerade in diesem Bereich mit Vorliebe sich ansiedelt, wie wohl ihr sachlich gerade hier besonders wenig Recht und Boden zusteht.«[147]

[145] *Adam* (Anm. 96) 16.
[146] *J. Pieper,* Zucht und Maß (1939): Das Viergespann, München 1964, 199–284.
[147] *Pieper* (Anm. 146) 213f.

Von außerordentlicher Bedeutung für die Frage, ob alle sexuellen Verfehlungen schwer sündhaft seien – in der gängigen Pastoral der Zeit war und wurde diese Überzeugung weit verbreitet[148] –, und darum von Bedeutung für die Selbsterfahrung der Sexualität überhaupt, ist die Unterscheidung zweier Formen von Keuschheit und Unkeuschheit, die Pieper im Sinne des Aquinaten wieder einführt. Die »düstere Zeichnung von der zerstörerischen Gewalt der Unkeuschheit gilt in ihrer ganzen Strenge nur für die Unkeuschheit als intemperantia, nicht aber schon für die Unkeuschheit als incontinentia; wie auch das von der Keuschheit Gesagte voll nur auf die Keuschheit als temperantia zutrifft, nicht aber auch auf die Keuschheit als continentia«[149]. Unkeuschheit als intemperantia kommt aus einer zur eingewurzelten Grundhaltung des Menschen gewordenen Unzucht; Unkeuschheit als incontinentia stammt aus bloßer Unbeherrschtheit. So ist auch die Keuschheit hier Grundhaltung und anderswo augenblicksbezogene Selbstbeherrschung. Diese sei nun, so Pieper, nicht etwa »vollendete Tugend der Zucht und des Maßes, sondern angestrengte Beherrschtheit«[150]. Jene erst stelle ihre vollendete Verwirklichung dar. In ihr habe die Ordnungskraft der Vernunft das Wollen und das sinnliche Begehren durchformt. Das Ziel ist zwar hoch, doch wer es noch nicht erreicht hat, wird auch in der Verfehlung milder beurteilt.

Pieper wendet sich, wiederum mit Thomas von Aquin, auch ausdrücklich gegen die Verachtung der Sinnlichkeit und des Genießens. Sie seien ein hohes Gut, müssen allerdings von der

[148] Zur im 17. Jahrhundert entstandenen Überzeugung von der schweren Sündhaftigkeit jeder sexuellen Verfehlung, sofern sie nur mit vollem Wissen und Willen geschieht vgl. *J. Gründel,* Die eindimensionale Wertung der menschlichen Sexualität: *Böckle* (Anm. 264) 88–90. Diese Lehre hat lange nachgewirkt. Interessant, wie *Adam* 1932 (Anm. 136) 177–197. 207, vorsichtig gegen sie angeht, doch ohne sie grundsätzlich zu bestreiten. Er beklagt, daß der Grundsatz von Predigern und Katecheten fast ausnahmslos in seinem schärfsten Sinn erklärt werde. Erst Mitte des 20. Jahrhunderts begann die Moraltheologie sie aufzugeben.

[149] *Pieper* (Anm. 146) 226.

[150] *Pieper* (Anm. 146) 227.

Tugend der Zucht und des Maßes getragen bleiben. »Eine keusche Sinnlichkeit ... vermag die eigentlich menschliche Fähigkeit zu verwirklichen, sinnliche Schönheit, etwa die des menschlichen Leibes, als Schönheit zu bewahren und sie, unverwirrt und nicht befleckt von einem alles vernebelnden selbstischen Genußwillen, um ihrer selbst willen ... zu genießen.«[151]
Adam und Pieper waren, ebenso wie Geis, Doms und Michel, im besten Sinne an-stößig. Es brauchte allerdings lange Zeit, bis sie zur Wirkung kamen. In der Zeit des Zweiten Vatikanischen Konzils und im Konzil selbst wurden Ideen aufgenommen, die sie vorgedacht hatten. Wer sich heute an katholischer Sexualpädagogik interessiert zeigt, wird sie wegen ihrer Zeitgebundenheit nicht einfach kopieren, aber er sollte sie nicht unbeachtet lassen.

Eine römische Stimme zur Sexualerziehung: Pius XI.

Pius XI. hat in seinem Rundschreiben »Divini illius Magistri« über die christliche Erziehung der Jugend 1929 zur Sexualerziehung Stellung genommen. Auf der Basis einer theologischen Anthropologie, die gegen die optimistische These, der Mensch sei von Natur aus gut, die erbsündliche Gebrochenheit des Menschen herausstellt, und auf der Grundlage einer katholischen Pädagogik, die gegen den pädagogischen Naturalismus die erzieherische Notwendigkeit der übernatürlichen Wahrheiten und Gnadenmittel der Kirche betont, entwickelt er eine Sexualpädagogik, die alle Kräfte und Mittel des Glaubens gegen die rebellischen Begierden der Sexualität setzt. »Sehr verbreitet ist der Irrtum derer, die in gefährlichem Unterfangen und mit häßlichen Ausdrücken einer sogenannten sexuellen Erziehung das Wort reden, indem sie fälschlich meinen, sie könnten die jungen Leute gegen die Gefahren der Sinnlichkeit durch rein natürliche Mittel schützen, durch eine gefährliche und verfrühte Aufklärung für alle ohne Unterschied und sogar in der Öffentlich-

[151] *Pieper* (Anm. 146) 232.

keit, und was noch schlimmer ist, indem sie dieselben zeitweilig den Gelegenheiten aussetzen, um durch Gewöhnung, wie sie sagen, den Geist gegen die Gefahren abzuhärten. Sie täuschen sich schwer, da sie die angeborene Schwäche der menschlichen Natur und das Gesetz nicht anerkennen wollen, von dem der Apostel sagt, daß es dem Gesetze des Geistes widerstreitet, und da sie die Erfahrungstatsachen verkennen, die beweisen, daß gerade bei den Jugendlichen die Verfehlungen gegen die Sittenreinheit nicht so sehr Folge von Nichtwissen als vielmehr von Willensschwäche sind, wenn der junge Mensch den Gelegenheiten ausgesetzt und von den Gnadenmitteln nicht geschützt wird.«[152] Der Vorwurf der Überschätzung des Wissens, der schon gegen die Philanthropen gerichtet wurde und auch später immer wieder die Fragwürdigkeit sexueller Aufklärung belegen sollte, wird zur legitimatorischen Basis einer Willenspädagogik, die den Willen gegen die gefährliche Sexualität mobilisiert, dadurch daß sie ihn – auf nicht-sexuellem Gebiet – trainiert und mit Gnadenmitteln konsolidiert. Es scheint als hätten hier F. W. Foerster und J. Schröteler Pate gestanden.

Fragwürdige Weisungen aus Bischofsmund

In der Tendenz ähnlich äußerten sich damals die deutschen Bischöfe. Die »Katholischen Leitsätze und Weisungen zu verschiedenen modernen Sittlichkeitsfragen« aus dem Jahre 1925 verraten – neben viel Ängstlichkeit und zweifelhafter Fantasie – eine völlig sexualpessimistische Einstellung. Sie hat mit der Vorstellung zu tun, daß der sexuelle Leib durch die Sünde Adams zum Gegner der Seele wurde und nun in allen erbsündlich geschädigten Menschen gegen sie aufbegehrt: »Infolge des zerstörten Einklanges von Leib und Seele sucht der Leib mit seinen sinnlichen Trieben die Herrschaft über die Seele zu erringen. Daher sündigt der Mensch, wenn er sich oder andere ohne Not

[152] Divini illius Magistri. Rundschreiben *Papst Pius' XI*. über die christliche Erziehung der Jugend (1929). Autorisierte Ausgabe Freiburg o. J., 53f.

der Gefahr aussetzt, in diesem Kampf eine Niederlage der Seele zu erleiden. Solche seelische Gefährdung ist bei der gegenwärtig um sich greifenden heidnischen Überschätzung des Körpers in weitestem Maße gegeben.«[153] Mit detaillierten Weisungen wollen die Bischöfe die überall vermutete Verführung durch die »Glut der Begierde« möglichst ausschließen. Sie steckt ihnen im Sport, in Turnen und Baden, in Mode und Wandern, in Geselligkeit und Tanz, Literatur, Kino und Theater. Da soll es schamhaft zugehen, und was das heißt, wird mit einer fragwürdigen Genauigkeit und mit einem zweifelhaften Einfallsreichtum beschrieben, die betroffen machen. Die Leitsätze wurden vielfach zitiert und kommentiert[154]. Die Bischöfe selbst kamen 1927 in ihrer »Anweisung an den hochwürdigen Klerus über den Kampf gegen Schmutz und Schund« nocheinmal auf sie zurück[155].

Die bischöflichen Weisungen Mitte und Ende der zwanziger Jahre sind Höhepunkt eines lang andauernden »Kampfes gegen die Unsittlichkeit«, den die Bischöfe schon 1908 mit einem Hirtenwort eröffneten[156]. Ihm folgten 1913 die »Beschlüsse der Fuldaer Bischofskonferenz über die sexuelle Aufklärung« und ein Hirtenschreiben zum Ehemißbrauch[157]. Damals schon wurde – ein

[153] Katholische Leitsätze und Weisungen zu verschiedenen modernen Sittlichkeitsfragen (1925), hrsg. von den deutschen katholischen Bischöfen: *W. Corsten* (Hrsg.), Sammlung kirchlicher Erlasse, Verordnungen und Bekanntmachungen für die Erzdiözese Köln, Köln 1929, 635–638, 635. Die österreichischen Bischöfe haben sie 1926 für sich übernommen. Zur Verwendung des im Symbol der Erbsünde ausgedrückten Aspekts theologischer Anthropologie in der katholischen Sexualpädagogik vgl. *Bartholomäus* (Anm. 91).

[154] Es gibt einen offiziösen Kommentar: Um Sitte und Sittlichkeit, Düsseldorf 1926. Gatterer geht in seinem Schriftchen »Im Glaubenslicht« (Anm. 110) immer wieder auf die »Katholischen Leitsätze« ein.

[155] Anweisungen an den hochwürdigen Klerus über den Kampf gegen Schmutz und Schund (1927): Kirchliches Amts-Blatt für die Diözese Rottenburg. Bd. XII, Nr. 1 (12. 1. 1928) 184–188.

[156] Vgl. Anm. 79.

[157] Beschlüsse der Fuldaer Bischofskonferenz über die sexuelle Aufklärung: *Corsten* (Anm. 153) 629. Das Hirtenschreiben der deutschen Bischöfe vom Jahre 1913. Sonderdruck, Rottenburg 1913, 1–12.

heute vermeintlich neues Thema – der Geburtenrückgang beklagt, der dazu führen werde, daß in Deutschland mehr Särge als Wiegen stünden (s. S. 236f.)[158]. 1920 schließlich das Hirtenschreiben zur Unsittlichkeit[159], Reaktionen auf die Verhältnisse nach dem ersten Weltkrieg. Die Themen verraten den Geist der Zeit. Belege einer ernsten oder übertriebenen Sorge? Die Klage über die »unsittlichen Verhältnisse« ist alt: »Vor 1200 Jahren schrieb der heilige Bonifatius an König Ethibald die ernsten Worte: ›Wenn das Volk der Angelsachsen ein so ausschweifendes Leben führt, so wird aus solcher Zuchtlosigkeit ein entartetes, ehrloses, in wilder Lust hintaumelndes Geschlecht hervorgehen, und zuletzt wird das ganze Volk in Ehrlosigkeit und Sittenlosigkeit versinken, für den Erdenkrieg ebenso unbrauchbar wie für den christlichen Glaubenskampf, und es wird vor Gott und den Menschen zu Schanden werden.‹«[160] Die »Wahrnehmung« des je gegenwärtig besonders anfälligen Niedergangs hat wohl mehr mit mangelnder Erinnerung als mit genauer Realitätskenntnis zu tun. Es war und ist 1920, eintausendzweihundert Jahre vorher (720) und auch siebenundsechzig Jahre später (1987) offensichtlich immer das gleiche (s. S. 35f.).

[158] Hirtenschreiben 1913 (Anm. 157) 2: »Wenn es nicht gelingt, dem Übel (Geburtenrückgang) Einhalt zu gebieten, so wird auch bei uns die Zahl der Todesfälle die der Geburten übersteigen, und es wird auch für Deutschland das Wort gelten: mehr Särge als Wiegen.« Ähnlich 1926: »Das deutet offenkundig auf ein dem Tode geweihtes Volk. Dieses Zeichen tragen bereits bedeutende Teile der deutschen Nation«: Um Sitte und Sittlichkeit (Anm. 154) 1. So auch 1929: »Unser Volk ist infolge eines unerhörten Geburtensturzes ein sterbendes Volk, ein untergehendes Volk«: *H. Pütz,* Ehe und moderne Zeit, Breslau 1929, 10.

[159] Hirtenschreiben des deutschen Episkopats zur Unsittlichkeit: *Corsten* (Anm. 153) 630–634.

[160] Hirtenschreiben 1920 (Anm. 159) 634.

5. Katholische Sexualpädagogik nach 1945

Die Feststellung K. Tilmanns (1904–1985) markiert die Situation von 1957: »... die Allgemeinheit ist noch nicht erfaßt, eine grundsätzliche Durchführung geschlechtlicher Unterweisung für alle Kinder ist noch nicht erreicht, ja, nicht einmal geplant, weitgehend nicht einmal als verpflichtendes Ziel erkannt und anerkannt.«[161]

Neues und Altes: Klemens Tilmann und Leopold Prohaska

Tilmann war nach dem zweiten Weltkrieg der erste Theologe, der sich der sexualpädagogischen Aufgabe annahm. Er tat das, nachdem er schon 1939 mit einer kleinen Handreichung für den Gebrauch des Erziehers hervorgetreten war[162] und sich jahrelang mit der Ausformulierung der Lehrstücke zum 6. und 9. Gebot des 1955 erschienenen »Katholischen Katechismus für die Bistümer Deutschlands« (KKBD) beschäftigt hatte[163]. Tilmann war motiviert durch die schlimme Nachkriegssituation (»Sexualisierung der Öffentlichkeit und breiter Volksschichten«), der er die Jugend hilflos ausgesetzt sah, und durch die Fehler der traditionellen katholischen Sexualpädagogik, denen er kritisch begegnen wollte. Dabei wandte er sich offen gegen das, was er »moralische Abriegelung«[164] nannte: gegen die Abschottung von der Sexualität durch eine ängstlich enge Moral. Auch setzte er neben den

[161] *K. Tilmann,* Aufgaben und Wege geschlechtlicher Erziehung, Würzburg 1958, 104.

[162] *K. Tilmann,* Vor der Reife. Eine geschlechtliche Unterweisung der Jungen. Nur für den Gebrauch des Erziehers, Recklinghausen 1939. Über die Schwierigkeiten, die Tilmann damals bekam, berichtet: *Langer* (Anm. 78) 166–171.

[163] Vgl. *Langer* (Anm. 78) 142–166; auch: *A. Biesinger,* Die Begründung sittlicher Werte und Normen im Religionsunterrricht, Düsseldorf 1979, 65–109.

[164] *Tilmann* (Anm. 161) 15. 20.

moralischen Zugang zur Sexualpädagogik ausdrücklich den pädagogisch-therapeutischen Zugang. Freilich: In seinen theoretischen Ansätzen war er seinen praktischen Konsequenzen voraus. Die sexuelle Unterweisung, die er für notwendig hielt und für die er Offenheit forderte, sollte, wie sich das inzwischen eingebürgert hatte, die Sexualität nicht erklären, sondern verklären. Er charakterisierte die »Aufklärung« als »Einweihung in ein Lebensgeheimnis«[165]. Die Sprache, mit der er solche Unterweisung vorführte, geriet entsprechend blumig. Auch was die sexuelle Erziehung betrifft, blieb er vorsichtig zurückhaltend – obwohl er, das ist zuzugestehen, für die damalige Zeit mutige und neue Ideen vortrug.

Als »Schlüsselwerk der repressiven Sexualerziehung« bezeichnete H. Kentler L. Prohaskas (1905–1980) »Geschlechtsgeheimnis und Erziehung« von 1958[166]. Es versucht, so der Untertitel, eine Psychologie und Anthropologie der Geschlechter als Grundlage einer modernen Sexualpädagogik. Die im ersten Teil von Prohaska dargestellten »biologischen und psychologischen Gegebenheiten menschlicher Geschlechtlichkeit mit ihren metaphysischen Hintergründen« werden im zweiten Teil »vom theologischen Standpunkt überlegt und vom Glauben durchklärt«[167], unter biblischem, sakramentalem und trinitarischem Aspekt, und beim Versuch einer sexualpädagogischen Anwendung – im dritten Teil – in Praxisnähe gebracht. Die Elemente und das System seiner komplexen Anthropologie scheinen mir, weil hierarchisch-androzentrisch und gekünstelt-schematisch, äußerst fragwürdig. So sieht Prohaska, um ein Beispiel herauszugreifen, die Differenz von Mann und Frau – der Mann allein ist Gottes Ebenbild, die Frau seine Gehilfin[168] – in einer nebulösen Metaphysik der Geschlechter begründet. Er zitiert dazu zustimmend

[165] *Tilmann* (Anm. 161) 23. Vgl. 25. 30.

[166] *H. Kentler,* Sexualerziehung, Reinbek b. Hamburg 1970, 51.

[167] *L. Prohaska,* Geschlechtsgeheimnis und Erziehung, Freiburg 1958, 7f.

[168] *Prohaska* (Anm. 167) 7f.

aus einer Arbeit von T. A. Walter[169], welche J. Schröteler schon 1933 zur Ablehnung der Koedukation herangezogen hatte: »In der Frau ist stärker der ›Da‹-Aspekt (Existenz) ausgeprägt. Sie ist mehr Basis, Breite, das Prinzip der Ruhe, des Tragens, des Empfangens, aber auch des Dunkels und des umfassenden Wollens. Der Mann dagegen zeigt stärker den ›So‹-Aspekt (Essenz). Er ist mehr Apex, Höhe, Prinzip der Mannigfaltigkeit, der Helle (Erkennbarkeit), der Unruhe, der schöpferischen Dynamik des Intellekts.«[170] Diese Metaphysik wird zur Grundlage einer Aufgaben- und Rollendifferenzierung der Geschlechter, speziell von Vater und Mutter, die alles, was seinerzeit gesellschaftlich in Geltung war, seinsmäßig begründet und theologisch festschreibt.

Prohaska, der ganz heilspädagogisch denkt, den katholischen Pädagogen also »vom Heilswillen beseelt«[171] sieht und ihm die Aufgabe stellt, »die göttlichen Heilsquellen« zu erschließen, setzt dem sexualpädagogischen Handeln das Ziel, »die heranwachsende Generation bei der Entfaltung der menschlichen und christlichen Existenz zu reifer Geschlechtlichkeit zu führen«[172]. Was er damit im einzelnen meint, liegt – anders als bei Tilmann – in der Linie bisheriger katholischer Sexualpädagogik, nur daß es hier, durch die metaphysisch-mystische Sprache, einen unüberbietbaren Verklärungsgrad erreicht und mit einer sehr anspruchsvollen und gänzlich inakzeptablen Sicherheit daherkommt. Prohaska ist Repräsentant eines idealistischen Denkens, das sich um Realitäten nicht schert. Und das, obwohl er sich um die Verarbeitung tiefenpsychologischer Erkenntnisse bemüht und sich nicht, wie viele Sexualpädagogen katholischer Provenienz, vom Kampf gegen die Unsittlichkeit, sondern von der Absicht motiviert sieht, »vor kranker Liebe zu bewahren, sie wieder zur Gesundung zu

[169] *T. A. Walter,* Seinsrhythmik. Studie zur Begründung einer Metaphysik der Geschlechter, Freiburg 1932; vgl. *Prohaska* (Anm. 167) 43–50.

[170] *J. Schröteler,* Geschlechtertrennung und Geschlechtermischung. Beiträge zum Koedukationsproblem, Düsseldorf 1933, 11.

[171] *Prohaska* (Anm. 167) 9. 140.

[172] *Prohaska* (Anm. 167) 8. 9. 139.

bringen und die gesunde Liebe zu kräftigen«[173]. Auf weitere Einzelheiten ist hier nicht einzugehen. Die Charakterisierung Kentlers stimmt zwar, aber sie trifft nicht. Prohaskas Buch ist weniger eine Sexualpädagogik. Sie ist eher eine pädagogisch interessierte katholische Sexualtheologik.

Zugang zur Sinnlichkeit: Franz Xaver Arnold

Mit F. X. Arnold (1898–1973) meldete sich 1959 ein Pastoraltheologe zu Wort, dem als Mitglied der interdisziplinären »Deutschen Gesellschaft für Sexualforschung« ein entsprechender Horizont zuzutrauen war. Arnold beginnt mit dem Hinweis auf die gute Schöpfung des Menschen: »Beides hat Gott am Anfang aus dem Nichts geschaffen: Geist und Körper. Der Leib und seine Kräfte sind Geschöpf Gottes und daher gut . . .«[174] Doch ist diese gute Schöpfung beschädigt. Auch die Geschlechtlichkeit ist »wie alle anderen menschlichen Bezüge infolge der Störung durch Ursünde und Erbschuld der Unausgeglichenheit und Brüchigkeit menschlichen Seins ausgeliefert«[175]. Arnold kennt also den Zusammenhang von Sexualität und Sünde. Die Sexualität hat teil an der erbsündlichen Schädigung des menschlichen Seins und seiner Bezüge. Die Schädigung der Sexualität ist ihm also nicht allein ein Zerrissensein des Menschen in Geist und Leib, wie sie bis dahin fast durchgängig interpretiert wurde[176]. Was Arnold sexualpädagogisch will, ist darum auch nicht »Herrschaft des Geistes über den Trieb«. Es ist eine »Ganzheit von Sinnlichem und Geistigem«[177]. Im Versuch einer Überwindung des traditionellen anthropologischen Dualismus bleibt Arnold individualistisch, befangen von der Herstellung einer »individuellen Leib-Seele-

[173] *Prohaska* (Anm. 167) 222.
[174] *F. X. Arnold,* Sexualität und Menschenwürde, Donauwörth 1959, 10.
[175] *Arnold* (Anm. 174) 10.
[176] Vgl. *Bartholomäus* (Anm. 91).
[177] *Arnold* (Anm. 174) 11.

Geist-Ganzheit«[178]. Entsprechend richtet er die sexualpädagogischen Anteile seiner auf die Ehe bezogenen sexualethischen Erörterungen ein.

Katholische Kleinschriften und ihre Kritik

In den fünfziger Jahren war der Rat an die Eltern nichts Außergewöhnliches, ihren Kindern Kleinschriften in die Hand zu geben, und das nicht nur dann, wenn sie sich selbst zur sexuellen Information unfähig fühlten. Die dazu verfaßten Kleinschriften wurden später Gegenstand kritischer Analysen. Während Schwenger[179], Kentler[180] und Koch[181] an ihnen eher die Rückständigkeit kirchlicher Sexualpädagogik aufweisen wollten, untersuchte Rohde-Dachser sie unter der Fragestellung, auf welche Weise subkulturelle Moral ihr sie schwächendes öffentliches Legitimationsdefizit auffüllt, um ihre Inhalte »überzeugend« tradieren zu können[182].

[178] *Arnold* (Anm. 174) 11.

[179] *H. Schwenger,* Antisexuelle Propaganda. Sexualpolitik in der Kirche, Reinbek b. Hamburg 1969.

[180] *H. Kentler,* Repressive und nichtrepressive Sexualerziehung im Jugendalter: *H. Kentler* u. a., Für eine Revision der Sexualpädagogik, München (1967) 1971, 10–24.

[181] *F. Koch,* Negative und positive Sexualerziehung. Eine Analyse katholischer, evangelischer und überkonfessioneller Aufklärungsschriften, Heidelberg 1971.

[182] *C. Rohde-Dachser,* Struktur und Methode der katholischen Sexualerziehung, Stuttgart 1970. Die Autorin untersucht 33 Hefte für Mädchen und 15 für Jungen. Nach H. Schilgen traten als bekannteste Autoren mit Kleinschriften für die Hand der Eltern bzw. Jugendlichen hervor: *E. Kurz,* Christlich denken! Ein Hilfsbüchlein zur geschlechtlichen Erziehung, München 1925; *H.J. Lux,* Heiliges Wissen. Des Jungen Rüstzeug im Kampf um Reinheit, Nürnberg 1930; *Tilmann* (Anm. 162); *ders.,* Was du gern wissen möchtest, Recklinghausen [5]1962; *ders.,* Damit du Bescheid weißt, Recklinghausen [6]1962; *O. Moßhamer,* Leben – Gabe und Aufgabe, Freiburg 1941; *dies.,* Dem Leben entgegen. Eine geschlechtliche Unterweisung der Mädchen für die Hand der Mütter und

6. Leiden an der Kirche des Konzils

Die Bewegung, die während der sechziger Jahre in die katholische Sexualpädagogik kam, resultierte aus innerkirchlichen und innertheologischen Motiven, wenn diese auch nicht ohne die gesamtgesellschaftlichen Veränderungen dieser Jahre denkbar sind. Der Mut, sich offen gegen die bisherige sexualdefensive Tradition auszusprechen, entstammte dem Leiden an der Kirche und mußte mit Leiden bezahlt werden.

Der Inspirator: Josef Maria Reuß

J. M. Reuß (1906–1984) war schon 1961 mit seinem Werk »Geschlechtlichkeit und Liebe« hervorgetreten. Für die damalige Zeit ein offenes und beeindruckendes Werk[183]. Es wurde sowohl in Richtung Zweites Vatikanisches Konzil als auch in Richtung Jugendpastoral wirksam[184]. Reuß beginnt mit einem

Erzieher, Recklinghausen 1949; *dies.*, Irmgard und Marianne. Freiburg 1959. Hinzu kamen später C. Pereira, B. Benzing, P. Fank, J. Wisdorf.

183 *J. M. Reuß,* Geschlechtlichkeit und Liebe. Sexualpädagogische Richtlinien und Hinweise, Mainz (1961) 1962.

184 Ein Vergleich von *Reuß* 1961 (Anm. 183) mit den »Sexualpädagogischen Richtlinien für die Jugendseelsorge« von 1964 belegt Einflußnahme von Weihbischof Reuß. Vgl. *W. Bokler/H. Fleckenstein* (Hrsg.), Die Sexualpädagogischen Richtlinien in der Jugendpastoral, Mainz 1967, 27. In der Jugendpastoral hat man sich seither verschiedentlich mit der sexualpädagogischen Aufgabe befaßt. Ich bin darüber nicht ausreichend informiert. Vgl. aber beispielsweise: *H. Steinhaus,* Sexualität und Erziehung. Zur Revision der schulischen Sexualpädagogik, Düsseldorf 1971; *G. Bögle* u. a., Sexualität christlich verantwortet leben, hrsg. v. BDKJ-Diözesanvorstand München und KLJB-Landesvorstand Bayern, München 1977; *W. Krämer/M. Mohr,* Arbeitshilfe Sexualität für Verantwortliche in der Arbeit mit 13–16jährigen, hrsg. v. Jugendstufenteam der KJG in der Erzdiözese Köln, Köln 1979; *R. Hanswille,* Familie und Jugendarbeit, hrsg. v. Bundesstelle des BDKJ, Düsseldorf 1981. Recht überraschend haben sich die »Katholischen Pfadfinder Europas« eingestellt: *G. Wondrak,* Reinheit: Beiträge zur »Spur« Nr. 11 (1978) 1–24;

bemerkenswerten Versuch einer sexualpositiven Sicht des Menschen und seiner geschlechtlichen Liebe. Der »ganze Mensch, der nur als Mann oder Frau existiert, (ist) Gott ähnlich. Von dieser Ebenbildlichkeit kann man die Geschlechtlichkeit nicht ausschließen«[185]. Zwar ging den Menschen die absolute Herrschaft über das Triebleben und die völlige Unbefangenheit gegenüber ihrer Sexualität verloren. Das rechtfertige jedoch nicht deren Minderbewertung, sondern mahne zu Wachsamkeit und Zucht gegenüber der geschlechtlichen Triebhaftigkeit.

Die Reuß durchaus möglichen sexualerzieherischen Konsequenzen fanden ihre Grenze an dem herkömmlich verengten Begriff von Sexualität. Weil »geschlechtliches Tun« nur für genitale Sexualität stand, welche allein in der Ehe ihren Ort habe und ihren Sinn erfülle, blieben seine Anregungen ganz ehezentriert, angesiedelt in einer Pädagogik der Sinndeutung der Ehe, der Hinführung zur Ehe, der Ermöglichung des Verzichts auf sexuelle Praxis (Selbstbefriedigung, mit gewissen Einschränkungen auch Zärtlichkeiten) vor der Ehe und der Heilung verfehlter sexueller Praxis innerhalb und außerhalb der Ehe. Reuß kam, was man ihm nicht vorwerfen wird, weil es allgemein üblich war, von Ehezentrierung nicht los, obwohl er zu einer liebegeprägten Sexualität weisen wollte. Er hatte weder unbeschwerten Zugang zur Vielfalt der Formen sexueller Praxis noch zum Lustaspekt der Sexualität außerhalb der Fortpflanzung[186]. Gleichwohl haben wir in ihm einen der Wegbereiter jener die Sexualität in der Ehe betreffenden Veränderungen zu sehen, die damals, wenn auch mit Widerspruch, wirksam wurden.

Die Konzilsdebatten Ende 1964 um den Sinn der ehelichen Sexualität, die Weihbischof Reuß nachdrücklich inspirierte[187],

vgl. dazu: *R. Bleistein,* Gefährliche Pfade ins Ungewisse: Pastoralblatt 32 (1980) 80–86.

185 *Reuß* (Anm. 183) 12.

186 Vgl. vielleicht *Reuß* (Anm. 183) 98.

187 Die Debatten um das »Schema 13«, das die Pastoralkonstitution »Die Kirche in der Welt von heute« werden sollte, waren am 13. und 29. Oktober 1964 sehr heftig. Weihbischof Reuß sprach im Namen von 145

hatten – vielleicht übertriebene – Hoffnungen auf einen innerkirchlichen Aufbruch geweckt, die durch das in der Enzyklika »Humanae vitae« 1968 getroffene päpstliche Votum[188] enttäuscht wurden. Diese Enttäuschungen motivierten einige Autoren, Widerspruch anzumelden.

Enttäuschte Erwartungen: Friedrich E. Freiherr von Gagern

Schon 1967, angeregt durch das Konzil, aber noch bevor die Enzyklika »Humanae vitae« erschien, setzte sich F. E. Freiherr von Gagern für die Sinnvielfalt der Sexualität ein. »Gewiß bleibt generell die Ausrichtung auf den Dienst am Leben bestehen, wozu auch Zeugung und Empfängnis gehören, jedoch dürfte der innere Drang nach Ergänzung, nach Selbstverwirklichung und danach, die Einheit in der Liebe zum Ausdruck zu bringen, von noch größerer personaler Bedeutung sein.«[189] Er tat das auf dem Hintergrund einer ganzheitlichen Anthropologie[190]; im Widerspruch gegen ein sogenanntes »Dreischichtenmodell«, das am Menschen eine vegetative, eine animalische und eine geistige Dimension unterscheiden zu können glaubte und die Sexualität dem Animalisch-Tierischen im Menschen zuordnete[191]. So fand er auch zur Bejahung der Lust und des Leibes[192]. Seine damals noch bestehende Hoffnung, es könnte sich eine solche Sicht der

Bischöfen aus verschiedenen Ländern. Erstmals wurde der ehelichsexuellen Liebe ein eigenständiger Wert zugesprochen.

188 *Papst Paul VI.*, Humanae vitae. Enzyklika über die rechte Ordnung der Weitergabe menschlichen Lebens, Trier 1968.

189 *F. E. Freiherr von Gagern*, Geburtenregelung und Gewissensentscheid, München 1967, 19. *J. Duss-von Werdt* spricht von »Polyvalenz« der Sexualität: Concilium 10 (1974) 746–751.

190 *Gagern* (Anm. 189) 14.

191 *Gagern* (Anm. 189) 15. Zum Schichtenmodell des Menschen bei gleichzeitiger Behauptung der Leib-Seele-Einheit vgl. *M. Müller*, Grundlagen der katholischen Sexualethik, Regensburg 1966, 38f. 99ff. 133.

192 *Gagern* (Anm. 189) 22. 23f.

Sexualität in der Kirche allgemein durchsetzen, fand er durch die Enzyklika enttäuscht. Seiner Enttäuschung entledigte er sich, als er 1969 heftig das »manichäische Syndrom« beklagte, wovon er die katholische Kirche noch weitgehend bestimmt sah: die Verneinung des Leibes, die Verdammung der Sexualität, die Abwertung des Weiblichen und die Ehefeindlichkeit[193]. Sexualerziehung war ihm neben der Abwehr sexueller Verfehlungen produktive Erziehungsaufgabe auf die Ehe hin, mit den besonderen Themen: »Entfaltung der Gemeinschafts- und Liebesfähigkeit, Integration der Geschlechtlichkeit, persönliche Reifung zur Entscheidung und Verantwortung sowie eine entsprechende Erkenntnis dessen, was Ehe ist.«[194] Die Aufklärung, die dazu nötig war, sollte nicht nur verklärende Worte finden. Trotz seines durch die aktuellen Vorkommnisse ausgelösten Protests war er sich im ganzen treu geblieben. Ein Rückblick in seine vorher erschienen Werke macht das deutlich[195]. Sie sind geprägt von der medizinischen und psychotherapeutischen Kompetenz ihres Verfassers.

Offener Widerspruch: Stephan H. Pfürtner

Am energischsten hat S. H. Pfürtner offenen Widerspruch eingelegt, wohl weil er dazu als Moraltheologe auch im Detail kompetent genug war. 1971 hielt er seinen anregenden und umstrittenen Berner Vortrag »Moral – was gilt heute noch?«[196] Pfürtner suchte

[193] *F. E. Freiherr von Gagern,* Dynamische Ehemoral gegen altes Gesetz. Der Mensch heute versteht sich anders, München 1969, 10.

[194] *Gagern* (Anm. 193) 225.

[195] Selbstbesinnung und Wandlung (1951), Frankfurt 1965; Glückliche Ehe (1951), Frankfurt 1966; Harmonie von Seele und Leib (1951), Frankfurt 1966; Die Zeit der geschlechtlichen Reife (1952), Frankfurt 1964; Eheliche Partnerschaft. Die Ehe als Lebens- und Geschlechtsgemeinschaft, München 1963; vgl. auch *F. E. Freiherr von Gagern/P. Klaus,* Mit offenen Augen, München 1969.

[196] *S. H. Pfürtner,* Moral – Was gilt heute noch? Erwägungen am Beispiel der Sexualmoral, Zürich 1971.

nicht mehr, wie das bisher fast ausnahmslos der Fall gewesen war, neue Begründungen für alte Überzeugungen, sondern er formulierte aus alten Gründen neue Überzeugungen. Sein ein Jahr später erschienenes Buch »Kirche und Sexualität« entfaltete die Sexualanthropologie und Sexualethik, die seinen Überlegungen zugrunde lag[197]. Pfürtner belegte das Syndrom der Sexualfeindschaft in der Kirche und wies dessen Herkunft und Entfaltung nach. Wer sich die daraus hervorgegangene Leidensgeschichte der Menschen in der Welt des Christentums und deren Nachwirkung bis heute vergegenwärtigen will, findet reichlich Material. Pfürtner setzte sich ein für eine »legitime Emanzipation der Sexualität«[198] und eine »Erziehung zur Sexualität«[199]. Er betonte die Sinnvielfalt der Sexualität; den Vorrang des Menschen vor Geboten und Institutionen; das Recht auf sexuelles Glück; die Selbstbestimmung des Menschen; die Möglichkeit von Spiel und Experiment; auch das Zusammenspiel von Lust und Verzicht, wenn dabei nur die Lust- und Genußfähigkeit des Menschen und seine Liebesfähigkeit nicht veröden[200]. Unmoralisch ist ihm jeder sexuelle Glücks- und Lustgewinn, der die Kosten dafür auf andere abwälzt.

Die Kritik an der Tradition und die in dieser Kritik liegende Sexualaffirmation sind zu verstehen als Realisierung verschiedener Impulse, die »aufklärerisch« zu nennen sind (s. S. 141–145): der Betonung der Geschichtlichkeit der Gesellschaft und ihrer Normen, deren Gestalt als geschichtlich relativ entdeckt und deren Gestaltung als Aufgabe des Menschen angenommen wurde; der Gewichtung der selbstbestimmten Person mit ihrer Vernunft, die solcher Entdeckung und Gestaltung für fähig erachtet wurde, und mit ihrem Recht auf Selbstverwirklichung (»Recht auf

197 *S. H. Pfürtner,* Kirche und Sexualität, Reinbek b. Hamburg 1972.

198 *Pfürtner* (Anm. 197) 7. 9. 25. 164. 263. 266. 272. 273. Man erkennt daran, daß Pfürtner auch im Diskurs mit den sexual-emanzipatorischen Ideen nach 1968 stand und von daher beeinflußt ist.

199 *Pfürtner* (Anm. 197) 281–286.

200 *Pfürtner* (Anm. 196) 23–25; vgl. *ders.* (Anm. 197) 281–286.

Lust«[201]); und des Dialogs mit der »Welt« und ihrer Erkenntnis aus Erfahrung und Wissenschaft statt des Widerspruchs zu ihr. Damals trat weniger die vorgegebene Überlieferung, als vielmehr die aufgegebene Zukunft in den Blick: die Zukunft geglückten Menschseins in einer freien und gerechten Gesellschaft. Unter diesem Kriterium mußten die traditionelle katholische Sexualmoral und die sie in der Praxis anwendende Sexualpädagogik fraglich werden. Das geschah zugleich unter Wiederentdeckung jener sexualpositiven Elemente der biblisch-christlichen Tradition, die das Neue schon vorformuliert hatten, es inspirierten und zuließen[202].

Pfürtners Anliegen verfiel der kirchenamtlichen Kritik. Nicht jedoch, weil er für Sexualethik und Sexualpädagogik überraschend neue Positionen bezogen hätte, sondern weil im Nachweis der geschichtlichen Veränderung kirchlicher Normen eine Kritik an der Unfehlbarkeit des Lehramtes eingeschlossen und in der Beanspruchung der Selbstbestimmung des Menschen in Sachen Sexualität eine Relativierung kirchlicher Autorität gelegen war. So entzog sich die Kirche der Herausforderung durch einen kreativen Kritiker[203].

201 *A. Grabner-Haider* (Hrsg.), Recht auf Lust, Wien–Freiburg–Basel 1970; vgl. *Pfürtner* (Anm. 197) 21. 233.

202 Vgl. *H. Doms,* Der Einbau der Sexualität in die menschliche Persönlichkeit, Köln 1959; *L. Weber,* Christliche Bejahung personaler Geschlechtlichkeit: *ders.,* Mysterium magnum. Zur innerkirchlichen Diskussion um Ehe, Geschlecht und Jungfräulichkeit, Freiburg–Basel–Wien 1964, 63–86; *F. Böckle,* Sexualität und sittliche Norm: Stimmen der Zeit 180 (1967) 249–267; vgl. jüngst: *H. Haag,* Du hast mich verzaubert, Zürich 1980; *ders./K. Elliger,* »Wenn er mich doch küßte«. Das Hohe Lied der Liebe, Tübingen 1983; *dies.,* »Stört nicht die Liebe«. Diskriminierung der Sexualität – ein Verrat an der Bibel, Olten 1986.

203 *Bernt* (Anm. 235), der sich mit der emanzipatorischen Sexualpädagogik äußerst kritisch auseinandersetzt, erwähnt Pfürtner nicht.

Das Elend der Menschen: Fritz Leist

Mit der Auseinandersetzung mit der leidvollen kirchlichen Sexualtradition und der Not der Geschlechter, die daraus hervorging, war seit langem auch F. Leist (1913–1974) befaßt. Er wollte die Kirche nicht anklagen, aber »einen Beitrag leisten für ein sachgemäßes, im Evangelium begründetes Verständnis der zwischenmenschlichen Beziehungen«[204]. So legte er Zeugnisse von Menschen vor, die – in der Wirkungsgeschichte der sexualdefensiven christlichen Vergangenheit mit ihrem beständigen Kampf gegen die Lust und die Frau – unter ihrer Sexualität bzw. an ihren Ängsten und Qualen, ihren Versagens- und Schuldgefühlen gelitten haben[205]. Vielleicht ist manches von dem, was in den sechziger Jahren noch erlebt wurde, heute so nicht mehr möglich. Doch wer vor ähnlich verletzenden Erfahrungen bewahren will, wird sich der Fernwirkung solcher Realitäten stellen müssen[206]. F. Leist hat das getan, mit starker Betonung einer Sexualität, die Zeichen persönlicher Liebe ist und die glücklich macht[207]. Diesem Anliegen fühlte sich auch Marielene Leist verbunden[208].

[204] *Leist* (Anm. 205) 7f.

[205] *F. Leist,* Der sexuelle Notstand und die Kirchen. Eine aktuelle Dokumentation. Christen berichten dem Psychologen über ihre Erfahrungen, Gütersloh 1972. Dies ist die 2. Auflage des Buches. Die Auslieferung der 1. Auflage stellte der Verlag Herder zwei Wochen nach Auslieferungsbeginn ein. Es waren damals etwa zwei Drittel der Auflage verkauft worden.

[206] Die empirische Sexualforschung, die sexuelle Einstellungen und Verhaltensweisen erhebt, müßte sich viel mehr, als das bisher üblich war, für die Ängste, Versagens- und Schuldgefühle der (jugendlichen) Menschen interessieren, auch für die, die, weil unbewußt, sich einer direkten Befragung nicht gleich zu erkennen geben. In solchen Gefühlen scheint die sexualdefensive Vergangenheit noch wirksam zu sein.

[207] *F. Leist,* Liebe und Geschlecht (1953), Stuttgart 1963; *ders.*, Liebe – Geschlecht – Ehe, München 1967; *ders.*, Utopie Ehe zwischen Pornographie und Prüderie, Tübingen 1973.

[208] *M. Leist,* Neue Wege der geschlechtlichen Erziehung, München 1968; *dies.*, Angst vor Sex? Aufklärung für junge Leute, München 1970.

Herausforderung durch Ernst Ell

Der sexualpädagogische Beitrag von E. Ell ist bestimmt von dem, was er die »polar-existentielle Einheit« der Person nennt[209]. »Die Person handelt immer als Ganzes in das Ganze ihres Wesens. Wenn es keinen ›Leib‹ gibt, sondern nur die ›Leiblichkeit der Person‹, dann auch keine bloß leiblichen Akte; wenn es keinen ›Geist‹ gibt, sondern nur die ›Geistigkeit der Person‹, dann gibt es auch keine bloß geistigen Akte; es gibt nur Akzentverschiebungen, indem in dem einen Akt das leibliche Moment und in einem anderen das geistige im Vordergrund steht; in Wirklichkeit ist in jedem geistigen Akt die Person auch mit ihrer Leiblichkeit und in jedem leiblichen Akt auch mit ihrer Geistigkeit wirksam.«[210] Die Sexualität gehört zu dieser so begriffenen Person: sie ist eine personale Wirklichkeit und wird von der Person (nicht von einer Institution: Staat, Kirche, Ehe) gestaltet. Neben der Sexualität zur Fortpflanzung und der Sexualität als Ausdruck der Liebe betont Ell, als dritte Sinndimension der Sexualität, ihren Eigengehalt, womit er die beglückenden und entspannenden, die ekstatischen und orgastischen Erfahrungen meint, die Menschen im Medium der Sexualität machen. Ell hat die Vorstellung, daß Menschen im Laufe ihrer Lebensgeschichte diese Sinngehalte lebensphasenspezifisch mit verschiedener Ge-

[209] *E. Ell*, Dynamische Sexualmoral. Psychologische Grundlagen – Moraltheologische Folgerungen – Praktische Auswirkungen, Zürich 1972, 29 f.; *ders.*, Flegelalter. Jungen und Mädchen in der leiblichen Pubertät, Tübingen 1973, 47. Dieses Buch ist eine Umarbeitung von: *E. Ell*, Junge und Mädchen in der leiblichen Pubertät (1961), Freiburg 1964. Am Vergleich beider Bücher erkennt man die Veränderungen von Ells sexualpädagogischen Auffassungen zwischen 1960 und 1975. Sie spiegeln die Erfahrungs- und Reflexionsgeschichte eines katholischen Zeitgenossen in einer Weise, die betroffen macht. Vgl. auch: *E. Ell*, Grundlagen der Erziehung zu Partnerschaft und Ehe, Limburg 1968; *ders.*, Sexualmoral, voreheliches Geschlechtsleben und Zölibat, Zürich 1970; *E. Ell/H. Klomps*, Jugend vor der Ehe. Was Eltern und Erzieher über Geschlechtserziehung, Partnerschaft und Sexualethik wissen müssen, Limburg 1967.

[210] *Ell* 1972 (Anm. 209) 30.

wichtung (im Nacheinander der Lebensphasen, in verschiedenen »Mischungsverhältnissen« in einer Lebensphase) realisieren (s. S. 242–246). Dies kann dazu führen, daß sexuelle Praxis nicht immer vollkommen gelingt. Er plädiert aber dafür, das Perfekte nicht zum Maßstab zu machen, sondern bei endlichen Menschen auch Imperfektes gelten zu lassen.

Ells Sexualpädagogik – man müßte eigentlich im Plural reden, weil sich Ells Positionen stark geändert haben – hat eine wechselvolle Geschichte, die hier nicht aufzuarbeiten ist. Am Ende orientiert sie sich stark an den »Bedürfnissen« des Menschen[211]. Dabei rechnet er offensichtlich mit der Triebtheorie der Sexualität. Sexuelle Bedürfnisse treten nach ihm auf wie Hunger und Durst, und sind wie Hunger und Durst zu stillen[212]. Es ist möglich, daß im beruflichen Erfahrungsfeld von Ell (Erziehungsberatungsstelle) sehr viele Menschen ihre Sexualität so erlebten. Doch ist zu vermuten, daß dieses Erleben Ergebnis von spezifischen sexualrepressiven Biografien ist, an denen möglicherweise auch die Kirche schuldig wurde. Darum darf diese Erfahrung nicht zu einer Motivationstheorie der Sexualität generalisiert werden[213]. Daß Ell sexuelle Bedürfnisbefriedigung für (par-

[211] Vgl. auch *E. Ell,* Erziehung zur Lustfähigkeit: *Grabner – Haider* (Anm. 201) 107–120.

[212] *Ell* 1972 (Anm. 209) 32. 33.

[213] Zu den Motivationstheorien sexuellen Verhaltens, der Frage also, aus welchen Motiven sexuelles Verhalten hervorgeht, vgl. die Auseinandersetzung zwischen G. Schmidt und V. Sigusch: *G. Schmidt,* Sexuelle Motivation und Kontrolle (1974): *E. Schorsch/G. Schmidt* (Hrsg.), Ergebnisse der Sexualforschung, Köln 1975, 30–37; *ders.,* Jenseits des Triebprinzips. Überlegungen zur sexuellen Motivation: *Scarbath/Tewes* (Anm. 219) 27–39; *ders.,* Motivationale Grundlagen sexuellen Verhaltens: *H. Thomae* (Hrsg.), Psychologie der Motive. Enzyklopädie der Psychologie II, Göttingen 1983, 70–101; *V. Sigusch,* Lob des Triebes: *M. Dannecker/V. Sigusch* (Hrsg.), Sexualtheorie und Sexualpolitik, Stuttgart 1984, 3–16; *G. Schmidt,* Kurze Entgegnung auf Volkmar Siguschs »Lob des Triebes«: *Dannecker/Sigusch* (Anm. 213) 17–19. Bei der Auseinandersetzung geht es um das Triebmodell der Sexualität, um das Mehr-Komponenten-Modell und das Modell nicht-sexueller Motivation. Zum Modell triebfreier Sexualität: *R. Fricker/J. Lerch,* Zur

tiell) sinnerfüllt halten kann, hat damit zu tun, daß er neben der Fortpflanzung und dem Ausdruck von Liebe den Eigengehalt der Sexualität kennt, und diesen selbst dann bejaht, wenn er unter Vernachlässigung der beiden anderen Sinngehalte gesucht wird. Ell gibt damit dem Lustaspekt der Sexualität ein volles, eigenständiges Recht[214]. Ells Überzeugungen und Vorschläge mögen anstößig sein. Man muß sie auch nicht in allem akzeptieren. Doch sollte die Sexualpädagogik die Herausforderungen Ells annehmen. Sie sind der Versuch, die sexuellen Realitäten unter Menschen ganz ernst zu nehmen (s. S. 240. 242).

7. *Der sexualaffirmative Einbruch und die katholische Reaktion*

Befreiung und Entfesselung der Sexualität

Die antiautoritäre Schüler- und Studentenbewegung brachte nach 1968 einen bis zur Anstößigkeit neuen sexualpädagogischen Impuls. Ich will nicht darum streiten, was Ursache und was Wirkung war. Bekannt ist, daß H. Kentler und andere sich schon 1967 für eine Revision der Sexualpädagogik ausgesprochen hatten[215]. Zum öffentlichen Durchbruch kamen diese Impulse mit den gewiß überzogenen, aber doch wohl nur so aufrüttelnden

Theorie der Sexualität und der Sexualerziehung, Weinheim und Basel 1976; vgl. auch *S. Fricke* u. a., Sexualerziehung in der Praxis, Köln 1980, 46–53.

214 So deutlich tat das bisher niemand. 1968 noch verstand Ell Sexualerziehung als »Geleit zu Liebe und Ehe«: *Ell* 1968 (Anm. 209) 12. Und er sah, anders als dann 1972, in der unauflöslichen Einehe den Ort von höchster Einheit und Sexualität. Vgl. auch *Ell* 1968 (Anm. 209) 97: »Lust ohne Liebe ist unmenschlich; Liebe ohne Lust ist ebenso unmenschlich«, mit *Ell* 1972 (Anm. 209) 53, wo er die Frage stellt: »Muß jeder Sexualakt ein Liebesakt sein?« Antwort: Nein! Er sei es womöglich im Idealfall.

215 *H. Kentler* u. a., Für eine Revision der Sexualpädagogik, München (1967) 1971.

Forderungen der Schüler und Studenten, unterlegt mit den sexualrevolutionären Ideen von A. Comfort und G. Amendt[216]. Das heißt: erst als sich sexualpädagogische Projekte zur Sexualkampagne mauserten und Ausdruck des politischen Kampfes wurden, gewannen sie Kraft und fanden Beachtung. Man versuchte, die ungehinderten Lustbedürfnisse des (auch jugendlichen) Menschen in ihr Recht zu setzen und gegen jede Behinderung, normative wie politische, durchzusetzen. Sexualpädagogik wurde Sexualpolitik. Dies kann ich hier nicht weiter verfolgen. Festzuhalten aber bleibt infolge dieser Herausforderungen, daß auch die katholische Sexualpädagogik politische Dimensionen bekommen muß[217]: sie braucht zu ihrer Grundlegung neben einer anthropologischen Theorie eine Gesellschaftstheorie; sie bedarf theoretischer Arbeit, die nicht nur Ideale verkündet, sondern sich den Realitäten stellt und mit dem Interesse an der Veränderung dieser Realitäten antritt.

Gegenwärtig entdecken viele die Ambivalenz der durch die affirmative Sexualpädagogik gewollten und (nur teilweise) realisierten Emanzipation der Sexualität (s. S. 43–46). Unter verschiedenen Aspekten läßt sich nämlich belegen, daß die sogenannte »sexuelle Liberalisierung«[218] (auch) eine verstärkte In-Dienst-Nahme der Sexualität zu neuer normativer Repression und altem ökonomischem Gewinn ermöglichte[219]. Man wird dies freilich nicht

[216] *A. Comfort,* Der aufgeklärte Eros. Plädoyer für eine menschenfreundliche Sexualmoral (1964), Reinbek b. Hamburg 1968; *G. Amendt,* Sexfront, Frankfurt a. M. 1970; *ders.,* Das Sex Buch, Dortmund 1979. Amendt schildert die Geschichte in: *G. Amendt,* Zur sexualpolitischen Entwicklung nach der antiautoritären Schüler- und Studentenbewegung: *H.-J. Gamm/F Koch* (Hrsg.), Bilanz der Sexualpädagogik, Frankfurt a. M.–New York 1977, 17–38.

[217] Vgl. *W. Bartholomäus* »...damit die Bäume nicht in den Himmel wachsen«. Die Metaphorik des Wachsens in der katholischen Sexualpädagogik: *H. Schweizer* (Hrsg.), »... Bäume braucht man doch!« Das Symbol des Baumes zwischen Hoffnung und Zerstörung, Sigmaringen 1986, 41–56. Vgl. *Pfürtner* (Anm. 197) 8f.

[218] *Fricke* u. a. (Anm. 213) 17–45.

[219] Vgl. schon *D.* und *T. Freyberg,* Zur Kritik der Sexualerziehung, Frankfurt a. M. 1971; *G. Schmidt,* Jugendsexualität und Sexualerzie-

überschätzen dürfen. Die sexuelle Liberalisierung hat in der breiten Öffentlichkeit nicht wirklich stattgefunden. Noch leben wir in einer Situation, in der das aus unterdrückter und tabuierter Sexualität stammende enge, strenge und starre Über-Ich in der großen Mehrzahl der (auch jugendlichen) Zeitgenossen weiterhin Sexualängste und Schuldgefühle hervorruft. Emanzipation steht also noch ins Haus. Man wird allerdings auch die Frage stellen müssen, ob die Utopie einer »herrschaftsfreien autonomen sexuellen Kommunikation«, die jeden Menschen glücklich macht, anthropologisch angemessen und gesellschaftlich realistisch ist[220]. Unsere Sexualität bleibt die des endlichen und unter den herrschenden gesellschaftlichen Bedingungen entfremdeten Menschen.

Es war zu erwarten, daß die katholische Sexualpädagogik auf diese Vorgänge reagieren würde. Sie tat das auf eine ganz unterschiedliche Art und Weise[221].

hung: *R. Haun* (Hrsg.), Geschlechtserziehung heute. Informationen – Kontroversen – Modelle, München 1971, 53; *H. Scarbath,* in: *H. Scarbath/B. Tewes* (Hrsg.), Sexualerziehung und Persönlichkeitsentfaltung, München–Wien–Baltimore 1982, 22; auch *Gamm/Koch* (Anm. 216).

220 Vgl. *R. Fröhlingsdorf,* Die Sexualität als Entwicklungsfaktor der Persönlichkeit in den kontroversen Konzeptionen der Gegenwart: *H. D. Knoop* (Hrsg.), Aspekte der Sexualpädagogik. Beiträge zu einer interdisziplinären Sexualerziehung, Gütersloh 1978, 14f.

221 Eine Zwischenbemerkung: Es ist unmöglich, allen Autoren nachzugehen, die sich kompetent zu Wort gemeldet haben und eine Wirkungsgeschichte hatten. Vermutlich kenne ich viele nicht. Neben denen, die noch angeführt werden, erwähne ich: *B. Strätling,* Sexualethik und Sexualerziehung, Donauwörth 1970; *ders.*, Von der Kameradschaft zur Liebe, Donauwörth 1972; *J. Gründel,* Zwölf Thesen zur Sexualethik und Sexualpädagogik: *ders.*, Aktuelle Themen der Moraltheologie, München 1971, 75–77. Gründels Thesen wurden aufgenommen in: *Bögle* (Anm. 184) 96–102; *R. Fischer-Wollpert,* Sex in der permissiven Gesellschaft, hrsg. v. Familienbund der Deutschen Katholiken, München 1973; *J. Pohlschneider,* Sittliche Normen christlicher Sexualerziehung in Schule und Elternhaus, Donauwörth 1976; *P. Neysters,* Erfahrung mit Liebe und Partnerschaft. Gespräche mit jungen Paaren, Würzburg 1977; *ders.*, Heiraten . . .? Junge Leute und die Ehe, Würzburg 1980; *S. Kripp,* Abschied von morgen. Aus dem Leben in einem Jugendzentrum, Düsseldorf (1973) 1974, 109–132; *ders.*, Und Gott lächelt, wenn sie

Konstruktive Kritik: Roman Bleistein

Sehr früh schon reagierte R. Bleistein. Von seinen sexualpädagogischen Arbeiten erwähne ich nur »Sexualerziehung zwischen Tabu und Ideologie« von 1971 und »Jugendmoral« von 1979[222]. Motiviert durch die Bereitschaft, die durch Erfahrung und wissenschaftliche Forschung belegte sexuelle Situation der Gegenwart realistisch zur Kenntnis zu nehmen[223], ausgezeichnet mit dem Mut, sich mit der Last und dem Verhängnis der Geschichte katholischer Sexualpädagogik auseinanderzusetzen[224], und herausgefordert durch die seines Erachtens falschen Ansätze affirmativ-emanzipatorischer Sexualpädagogik[225] kommt Bleistein zu Aussagen, die man erstaunlich sexualpositiv nennen kann.

spielen, Sexualität und persönliche Entfaltung – Kein Mensch ist zu jung für die Liebe: ZEIT Nr. 20 (1977) 44; *ders.*, Sexualität und persönliche Entfaltung: Diakonia 8 (1977) 337–343; *E. Wiesböck,* Geschlechtliche Erziehung in der Familie, Donauwörth 1980; *G. Ermecke,* Zur Sexualethik und Sexualerziehung heute. Was gilt von den Tugenden der Schamhaftigkeit und Keuschheit heute noch?: Münchner Theologische Zeitschrift 31 (1980) 49–61; *ders.*, Kein Abschied vom 6. Gebot Gottes!: Katholische Bildung 82 (1981) 411–416; *E. Hess,* Sexualität in der Gesamterziehung. Orientierungshilfen für Eltern und Lehrer, Olten und Freiburg 1982; *D. Mieth,* Die Kunst zärtlich zu sein. Wege zur Sensibilität, Freiburg–Basel–Wien 1982; *H. Beck/A. Rieber,* Anthropologie und Ethik der Sexualität. Zur ideologischen Auseinandersetzung um körperliche Liebe, München–Salzburg 1982; *R. Hanswille,* Liebe und Sexualität, München 1986.

222 *R. Bleistein,* Sexualerziehung zwischen Tabu und Ideologie, Würzburg 1971; *ders.*, Jugendmoral. Tatsachen – Deutungen – Hilfen, Würzburg 1979, 67–129. Die Kapitel dieser Bücher sind z. T. Neubearbeitungen schon früher geschriebener Aufsätze. Vgl. zusätzlich: *ders.*, Moraltheologische Aspekte der Sexualerziehung heute: Stimmen der Zeit 186 (1970) 32–43; *ders.*, Geschlechtserziehung in der Schule: Stimmen der Zeit 195 (1977) 433–434.

223 *Bleistein* 1971 (Anm. 222) 9–20; *ders.* 1979 (Anm. 222) 67–71.

224 *Bleistein* 1971 (Anm. 222) 21–31; vgl. *ders.* 1970 (Anm. 222) 32–35. Er beschränkt sich allerdings auf die alte katholische Sexualpädagogik. Mit Kritik an der gegenwärtigen Kirche ist er äußerst behutsam.

225 *Bleistein* 1971 (Anm. 222) 47–75. 106–117; *ders.* 1979 (Anm. 222) 96–109. 118–129.

Leider setzt er jedoch hinter fast jedes »Ja« ein »Aber« und hinter fast jedes »Nein« ein »Aber vielleicht doch«, so daß seine Aussagen im Konkreten unentschlossen wirken[226]. Man spürt den Willen, mit der kirchlichen Autorität, die die traditionellen sexualdefensiven Positionen verbürgt, nicht zu stark ins Gericht zu gehen[227]. Auch gerät ihm die Widerlegung entgegenstehender affirmativer Ansätze unter der Hand manchmal fast zu einer Apologie des gegenwärtigen gesellschaftlichen und kirchengesellschaftlichen status quo.

Ziel einer christlichen Sexualerziehung ist für Bleistein »partnerschaftliche Liebesfähigkeit«[228]. Liebe genüge weder als sexualethisches Kriterium noch für eine sexualpädagogische Zielformulierung[229]. Doch nicht, weil sie, wie D. Bernt meint, zu wenig auf die in ihr notwendig angelegte Institutionalisierung (in der Ehe) verweist[230], sondern weil sie zu emotional und zu bindungslos sei, was er durch die Hinzufügung des Begriffs »Partnerschaft« ausgeschlossen wissen will. Obwohl mir in Bleisteins Zielformulierung die Sexualität als Medium der Liebe zu kurz kommt – partnerschaftlich lieben kann man auch asexuell –, sehe ich in ihr einen großen Fortschritt gegenüber jeder Sexualerziehung, die vor der Sexualität nur warnen und bewahren oder sie nur »in die Gesamtpersönlichkeit integrieren« will[231]. Das Ziel wird begründet und in seinen Aspekten entfaltet. Heraus kommt

[226] Vgl. *Bleistein* 1971 (Anm. 222) 97–104. 168; besonders *ders*. 1979 (Anm. 222) 78. 87f.

[227] *Bleistein* 1979 (Anm. 222) 103f.

[228] *Bleistein* 1971 (Anm. 222) 37–47. 87f. 125. 127. 167; *ders*. 1979 (Anm. 222) 121.

[229] *Bleistein* 1971 (Anm. 222) 80. 163ff. Bleistein ist hier allerdings nicht konsequent. Denn S. 85f. spricht er unter Berufung auf A. Adam vom »Primat der Liebe«. Vgl. *Adam* 1931. 1932 (Anm. 136); auch *Bleistein* 1970 (Anm. 222) 35f.

[230] *Bernt* (Anm. 235) 149.

[231] Eine ähnliche Formel kennt Bleistein zwar auch: *Bleistein* 1971 (Anm. 222) 83. Da er dieses Ziel jedoch dem übergreifenden Ziel der partnerschaftlichen Liebesfähigkeit einordnet, kann er es zugleich als individualistisch kritisieren: *Bleistein* 1971 (Anm. 222) 44.

ein konstruktives Konzept katholischer Sexualerziehung in Familie, Schule und Jugendarbeit. Primärer Ort sexualpädagogischen Handelns ist die Familie, der die Schule (nur) subsidiär zur Seite steht[232]. Ich allerdings bin der Auffassung, daß die Schule auch komplementär tätig wird: sie hat einen eigenständigen sexualpädagogischen Bildungsauftrag, der die Aufgabe der Eltern aus öffentlichem Interesse ergänzt[233].
Bleistein legt seinen Erörterungen einen weiten Sexualitätsbegriff zugrunde. Sexualität ist nicht allein Genitalität[234]. Mit dem Hinweis auf die »Polyphonie der Zärtlichkeiten« bekennt er sich zu einer Vielform sexueller Möglichkeiten und Ausdrucksweisen (auch schon Jugendlicher), was seine Sexualpädagogik öffnet und nicht auf die Auseinandersetzung mit genitaler Praxis (z. B. Masturbation, Petting, Koitus) einschränkt. Die sexualpädagogischen Überlegungen in »Jugendmoral« von 1979 scheinen mir gegenüber den 1971 geäußerten wieder etwas vorsichtiger zu sein. Sie übersetzen aber die Grundsätze in einer Weise, die die Sexualität als Sprache der Liebe vielfältig anregen können.

232 *Bleistein* 1971 (Anm. 222) 137. 150. 157. 200; vgl. *Bleistein* 1977 (Anm. 222) 433. Das gleiche betont auch *Bernt* (Anm. 235) 15. 171.

233 Zur Sexualerziehung in Schule und Religionsunterricht vgl. *E. Wiesböck* (Hrsg.), Geschlechtliche Erziehung in der Schule, München 1969; *B. Strätling,* Geschlechtserziehung als Aufgabe der Schule, Donauwörth 1970; *Braun* (Anm. 5); *H. Steinhaus,* Sexualität und Erziehung. Zur Revision der schulischen Sexualpädagogik, Düsseldorf 1971; *K. Breuning,* Der Beitrag des Religionsunterrichts zur Sexualpädagogik; *H. Janssen* (Hrsg.), Sexualerziehung an Gymnasien. Hannover 1972, 196–221; *F. Beffart* (Hrsg.), Geschlechtserziehung interdisziplinär, Düsseldorf 1975; *Bernt* (Anm. 235); vgl. *M. Strasser,* Ziele der Sexualerziehung im Religionsunterricht. Dissertation, Innsbruck 1978.

234 *Bleistein* 1979 (Anm. 222) 75. 124. 126.

Energischer Protest: Dietmar Bernt

Zugegeben: Ich habe von D. Bernt »Konfliktfeld Sexualerziehung in der Schule« auch gelernt[235]. Nicht nur Toleranz gegenüber Auffassungen und Argumenten, die ich selbst nicht teilen oder führen könnte. Nicht nur Gelassenheit gegenüber seiner Art, Gegner (die »emanzipatorische« Sexualpädagogik) so zurechtzurücken, daß es leicht fällt, ihnen den Garaus zu machen. Nein, durchaus auch anderes: bemerkenswert scheint mir seine methodologische Entlarvung der modernen Sexualforschung[236]; beachtenswert sein Rückgriff auf Wissenschaften, die dem Theologen Wichtiges über Sexualität, Sexualverhalten und Sexualnormen mitteilen können[237]; hilfreich seine (heute allerdings schon wieder anzupassende) Zusammenstellung aller geltenden Gesetze und Richtlinien zur schulischen Geschlechtserziehung[238]. Bernt macht Front gegen die Sexualaffirmativen. Er tut es interessant und ärgerlich, gekonnt und polemisch zugleich. Allerdings meinte schon A. Adam: »Die Polemik ist immer eine schlechte Beraterin gewesen und hat schon manchen allzu eifrigen Gottesstreiter verführt, in der Hitze des Gefechtes den Überblick über das Ganze zu verlieren, namentlich auch den Kern von Wahrheit, der in der Anschauung des »Gegners« lag – und in welchem Irrtum wäre keine Wahrheit enthalten?, – zu bestreiten.«[239] Bernts (pädagogisches) Gegenrezept ist einfach: Christen müssen nur wieder Flagge zeigen, dann wird alles gut. Ich will daran nicht kritisieren, daß Bernt eindeutig Position bezieht. Tatsächlich braucht unsere Gesellschaft und braucht das pädagogische Verhältnis Menschen, die wissen, was sie denken und wollen, und die den Mut haben, das auch dann nicht zurückzuhalten,

[235] *D. Bernt*, Konfliktfeld Sexualerziehung in der Schule, Frankfurt a. M. 1983.

[236] *Bernt* (Anm. 235) 87–96.

[237] *Bernt* (Anm. 235) z. B. 82–85. 115–119.

[238] *Bernt* (Anm. 235) 34–55; vgl. *N. Kluge*, Sexualerziehung als Unterrichtsprinzip, Darmstadt 1976.

[239] *Adam* 1932 (Anm. 136) 28.

wenn sie nicht auf allgemeine Zustimmung hoffen dürfen. Doch sollte sich dahinein die Annahme mischen, was andere denken und wollen, könnte, auch wenn sie anderes denken und wollen, Gründe für sich haben, die für die eigene Auffassung vielleicht noch unbedacht sind. Dieser theoretischen und praktischen »Weichheit« macht Bernt sich nicht schuldig. Er weiß hinter sich die christliche Tradition, das Lehramt der Kirche und damit Gott selbst. Und an der eigenen Position irre werden, hieße dann, an Gott irre werden.

Die kritische Sonde wendet Bernt einseitig. Er wendet sie sehr engagiert gegen die Lustversprechungen affirmativer Sexualtheorien[240]. Die Lustunterdrückung der eigenen Tradition läßt er dagegen völlig ungeschoren. Zumeist erneuert er sogar deren Verdächtigung, wenn er von Lust durchgängig im Kontext von Egoismus redet[241]. An den katholischen Autoren, die einer Sexualaffirmation auch Positives abgewinnen konnten, geht er vorbei[242]. Bernt setzt auf eine eindeutige Gebote- und Institutionenethik[243], will für die Praxis klare Weisungen und braucht das Argumentieren (in der Schule) nur zur Normvermittlung, damit die vorweg feststehenden Normen aus Einsicht übernommen werden können. Sein Anliegen ist aber nicht gemeinsame Normfindung[244]. Das hat wohl damit zu tun, daß er die Möglichkeiten Jugendlicher durchgängig unterschätzt[245]. Seine Sexualpädago-

240 *Bernt* (Anm. 235) 101–121.

241 *Bernt* (Anm. 235) 137. 151. 211. 224f. 241.

242 Die Namen Ell, Leist und Pfürtner tauchen in seiner Zitations- und Literaturliste nicht auf.

243 *Bernt* (Anm. 235) 28. 56. 57. 60. 136f. Für das Argumentieren auf der Ebene der Wissenschaft läßt er die teleologische Normbegründung gelten. Für den Umgang mit jugendlichen Schülern lehnt er sie ab: *Bernt* (Anm. 235) 236.

244 *Bernt* (Anm. 235) z. B. 136. 183. 216. 219. 238.

245 *Bernt* (Anm. 235) 23. 58. 59f. 136. 183. 190. 205. 234. 236. 237. Wir leben in einer Kultur, in der das Zutrauen zu den Kompetenzen von Kindern und Jugendlichen unterentwickelt ist. Man spricht von einer »Verkindlichung« des Menschen in der bürgerlichen Kultur. Darum sind wir erschrocken, wenn Kinder und Jugendliche ihre Selbstbestimmung wagen.

gik ist zudem streng ehe- und familienorientiert[246]. Ein anregender und zugleich anstößiger Beitrag: Einseitigkeit wird zur Eindeutigkeit. In allem steckt der Traum, es könnte der Wertepluralismus unserer säkularen Gesellschaft eines Tages doch wieder in der einen christlichen Idee vom Menschen, der für Bernt allein gültigen, überwunden werden.

Gelassene Antworten: Anton Janzing, Gusti Gebhardt, Eugen J. Cooper

Sehr viel gelassener als Bernt hat A. Janzing reagiert. Seine Büchlein »Ganzheitliche Geschlechtserziehung« (1977) und »Glücklich werden zu zweit« (1981) sind umsichtig, offen, realistisch, zwar nicht einschränkungslos zustimmungsfähig aber doch zu empfehlen, speziell denen, die sich im Alltag ihrer Familie, Schule oder Jugendarbeit, auch im Kindergarten, mit sexualpädagogischen Problemen konfrontiert sehen. Auf der Basis einer – nun schon fast selbstverständlich gewordenen – ganzheitlichen Anthropologie, in der die Sexualität nicht mehr das gierige Tier sein kann, steht er ein für die »Multifunktionalität« der Sexualität[247], sieht allerdings den Sinnaspekt Lust allein im Dienste des Sinnaspekts Ausdruck von Liebe[248]. Immerhin: Die Lust erhält einen Wert, ohne mit dem grundsätzlichen Verdacht des Egoismus belegt zu werden[249]. Ansonsten gibt Janzing gut gedachte Ratschläge für das sexualpädagogische

[246] *Bernt* (Anm. 235) 28. 141–174. Sie ist eher eine indirekte und direkte Ehevorbereitung. Selbstverständlich wird jede vernünftige Sexualerziehung die Möglichkeit zu Ehe und Familie eröffnen. Ob sie sich aber von dieser langfristigen Perspektive gänzlich dominieren lassen darf, steht – für mich – in Frage.

[247] *A. Janzing,* Ganzheitliche Geschlechtserziehung, Mainz (1977) 1979, 15; *ders.,* Glücklich werden zu zweit. Gedanken über Freundschaft, Liebe und Sexualität – für Jugendliche und deren Eltern, Mainz 1981, 64.

[248] *Janzing* 1977 (Anm. 247) 14; *ders.* 1981 (Anm. 247) 65.

[249] *Janzing* 1977 (Anm. 247) 17. 18. 56.

Handeln. Geschlechtserziehung ist ihm »Teil der Erziehung zur Liebes- und Ehefähigkeit, zur Partnerschaft und Verantwortung«[250]. Seine Sexualpädagogik hat eine Nähe zu den Kategorien der Verhaltenswissenschaften[251], mit der Gefahr, daß sie eher auf »Prägung« denn auf Erfahrung und Einsicht setzt.

Ähnlich gelassen, zwar kritisch gegenüber Auswüchsen der Sexualaffirmation, im Ganzen aber doch an der Entfaltung einer humanen Sexualität interessiert, reagierte G. Gebhardt. Sie schreibt 1975, nachdem sie sich schon früher zu Wort gemeldet hatte[252], »nach der sexuellen Revolution«[253]. Weil sie jedoch schon vorher – selbst in der katholischen Kirche – Veränderungen ausmacht, kann sie die Entwicklung nachher entdramatisieren[254]. Ihr Beitrag ist informativ, sachlich, sexualpädagogisch hilfreich.

»Der heutige Seelsorger und Erzieher sieht sich gezwungen, sich mit den emanzipatorischen Strömungen in der Sexualerziehung auseinanderzusetzen, will er es nicht bei einer pauschalen Ablehnung, Abwertung oder gar Verurteilung dieser Richtung bewenden lassen«, so tritt E. J. Cooper[255] das Gespräch mit der affirmativen Sexualerziehung[256] an. Mit vielen Hinweisen auf die

[250] *Janzing* 1977 (Anm. 247) 16.

[251] Verhaltensbiologie: *Janzing* 1977 (Anm. 247) 15. 16. 25; *ders.* 1981 (Anm. 247) 66. Verhaltenspädagogik: *Janzing* 1977 (Anm. 247) 16. 19. 71. 72.

[252] *G. Gebhardt,* Von Fünf bis Fünfundzwanzig – Geschlechtserziehung in Gesprächen, Frankfurt a. M. (1962) 1967; *dies.,* Wenn man erwachsen ist, Frankfurt a. M. (1963) 1967; *dies.,* Eltern und Kinder im Gespräch über geschlechtliche Fragen: *F. Weyer* (Hrsg.), Beiträge zur Geschlechtserziehung, Hückeswagen 1966, 85–96.

[253] *G. Gebhardt,* Nach der sexuellen Revolution. Geschlechtserziehung in Familie, Kindergarten und Schule, Frankfurt a. M. 1975.

[254] *Gebhardt* (Anm. 253) 16ff.

[255] *E. J. Cooper,* »Emanzipatorische« Strömungen in der Sexualerziehung: Anzeiger für die Seelsorge 90 (1981) 307–309. 307; vgl. *ders.* in: *Ruf/Cooper* (Anm. 258) 59–61.

[256] Cooper bezieht sich speziell auf: *H. Giese,* Emanzipatorische Sexualerziehung: *E. Kellner* (Hrsg.), Sexualität ohne Tabu und christliche Moral, München und Mainz 1970, 31–44.

notwendige sexuelle Reife, die nicht allein körperlicher Natur sei, warnt er vor Verführung und Überforderung[257]. Er zeigt sich aber durchaus nicht verschlossen gegenüber dem Anliegen sexueller Befreiung. An seinem »Grundkurs Sexualmoral I«[258] ist charakteristisch sein Plädoyer für die ganzheitliche Anthropologie, die einer theologisch verantworteten Sexualpädagogik zugrunde gelegt werden müsse. In »Grundkurs Sexualmoral II« präzisiert er sie zu einem »personalistischen Menschenbild«[259]. Leider hält er seinen Ansatz nicht einmal in der Begrifflichkeit durch. Indem er nämlich »Geschlechtlichkeit« der Freundschaftsliebe, »Sexualität« und »Genitalität« aber der erotischen bzw. begehrenden Liebe zuordnet und den Ausdruck »Geschlechtlichkeit« eindeutig bevorzugt, hat er die Trennung von Freundschaft, Eros und Sexus wieder vollzogen und damit den Menschen zerlegt. Gleichwohl entwickelt Cooper interessante, wenn auch bisweilen etwas redundante, Vorstellungen einer polyvalenten Geschlechtlichkeit[260]. Er erörtert die Zeugungsfunktion, die Lustfunktion, die kommunikative Funktion, die Zeichenfunktion. Er spricht von der Geschlechtlichkeit als Liebesfähigkeit und der Zärtlichkeit als Kulturation der Intimität. Geschlechtlichkeit, ich sage »Sexualität«, ist ihm also zum Medium der Kommunikation und zur Sprache der Liebe geworden. Weil er ihre Sinnaspekte eher additiv, denn integrativ begreift, weiß man am Ende leider nicht so recht, welche Bedeutung die Sinnaspekte im Zusammenhang haben, speziell welchen Wert er einer eigenwertigen Lustsexualität zu-

[257] *Cooper* (Anm. 255) 308. 309; *ders.*, in: *Ruf/Cooper* (Anm. 258) 60. 61. 154. 155.

[258] *A. K. Ruf/E. J. Cooper,* Grundkurs Sexualmoral I: Geschlechtlichkeit und Liebe, Freiburg 1982.

[259] *E. J. Cooper,* Grundkurs Sexualmoral II: Leben in Liebe, Freiburg 1983, 14–38.

[260] Die Sinnaspekte »Geschlechtlichkeit als Kommunikation«, »Sexualverhalten als Zeichen« und »Zärtlichkeit als Kulturation der Intimität« sind nicht wirklich gegeneinander abgegrenzt, und wohl auch nicht abzugrenzen. Deren Differenzierung scheint mir weit hergeholt.

schreibt[261]. Hier scheint Cooper sich eher zurückzuhalten. Im Ganzen macht er seine Ansätze für eine inspirative Sexualerziehung nicht wirklich fruchtbar. In seinen sexualethischen Positionen bleibt er kirchlich-traditionell[262]. Wenn er der Geschlechtserziehung die Liebesfähigkeit als Ziel setzt und mit ihr die Arbeits- und Sprachfähigkeit als übergreifende Erziehungsziele verknüpft, gerät er in die Gefahr, die Sexualpädagogik in eine allgemeine Moralpädagogik zurückzunehmen.

8. Bewegung in kirchenamtlichen Texten

Kirchenamtliche Texte aus der jüngsten Vergangenheit gibt es viele. Von ihnen war in der Einführung schon die Rede[263]. Sie sind allerdings nicht einheitlich. Die Erklärung der Glaubenskongregation »Zu einigen Fragen der Sexualethik« von 1975 tut so, als habe es die Veränderungen und den Diskurs der letzten zwanzig Jahre nicht gegeben[264]. Sie schreibt alte Positionen vor

[261] Neohedonistische Tendenzen macht Cooper, in: *Ruf/Cooper* (Anm. 258) 51, nur bei Nichttheologen aus. Daß es in der Gegenwart auch katholische Sexualpädagogen bzw. Theologen gibt, von denen Leibfreundlichkeit und Lustbejahung als biblisch begründet, theologisch verantwortet und pädagogisch sinnvoll ausgegeben wird, wird – nicht nur von Cooper – verdrängt. Sie würden aber eine ernsthafte Auseinandersetzung vertragen. Vgl. *Gagern/Klaus* (Anm. 195); *Ell* 1972 (Anm. 209); *Pfürtner* 1971 und 1972 (Anm. 196 und 197); *Grabner-Haider* (Anm. 201); *ders.,* Eros und Glaube: Ansätze einer erotischen Lebenskultur, München 1976; *ders.,* Zeit zu leben – Zeit zu lieben. Selbsterfahrung und Kommunikation, Wien–Freiburg–Basel 1980; *A. Greely,* Erotische Kultur. Wert und Würde der Sexualität, Graz–Wien–Köln 1973; *ders.,* Sexualität. Phantasie und Festlichkeit, Graz–Wien–Köln 1978; *Kripp* 1973 und 1977 (Anm. 221).

[262] *Cooper* (Anm. 259) 80–85.

[263] Vgl. auch die Zusammenstellung von *Langer* (Anm. 78) 234. 235.

[264] Kongregation für die Glaubenslehre, Erklärung zu einigen Fragen der Sexualethik: Verlautbarungen des Apostolischen Stuhls Nr. 1, hrsg. v. Sekretariat der Deutschen Bischofskonferenz, Bonn 1976. Dazu *F.*

und fest (s. S. 277f.). Womöglich suchte sie, nachdem die Erklärungen der Gemeinsamen Synode der Bistümer in der BRD, das Arbeitspapier »Sinn und Gestaltung menschlicher Sexualität« von 1973 und der Beschluß »Christlich gelebte Ehe und Familie« von 1975, unter Irritationen Neuland zu betreten versucht hatten[265], altes Terrain zurückzugewinnen.

Keusche Geschlechtlichkeit – Medium der Liebe: Johannes Paul II.

Das Schreiben Johannes Pauls II. »Familiaris consortio« von 1981, das die Aufgaben der christlichen Familie in der Welt von heute beschreibt, verrät behutsam Neues. Die Geschlechtlichkeit ist, so der Papst, »ein Reichtum der ganzen Person – Leib, Gemüt und Seele – und zeigt ihre tiefste Bedeutung darin, daß sie die Person zur Hingabe ihrer selbst in der Liebe führt«. Geschlechtserziehung solle die Sexualität nicht unterdrücken. Sie rechne »auf eine Natur der Geschlechtlichkeit . . ., die wahrhaft und voll menschlich ist«[266]. Sie sei »Erziehung zur Keuschheit«, einer Tugend, die die wahre Reifung der Person fördere und sie befähige, die »bräutliche Bedeutung des Leibes zu achten und zu entfalten«; und sie wolle die Keuschheit einer Liebe, die zwei Formen hat: Ehe und Jungfräulichkeit. Johannes Paul II. möchte, daß die Menschen »von Kindheit an mit der Hilfe der Gnade Christi ohne Ängstlichkeit« dazu erzogen werden, »die aufkeimende Begierde zu beherrschen und zu den Mitmenschen Bezie-

Böckle, Menschliche Sexualität und kirchliche Sexualmoral. Ein Dauerkonflikt?, Düsseldorf 1977.

[265] Sowohl *Cooper* (Anm. 259) 85, wie *Langer* (Anm. 78) 237, berichten von der halben Distanzierung des Ständigen Rates der Deutschen Bischofskonferenz vom synodalen Arbeitspapier »Sinn und Gestaltung menschlicher Sexualität«.

[266] Beide Zitate: Dem Leben in Liebe dienen. Apostolisches Schreiben »Familiaris consortio« über die Aufgaben der christlichen Familie in der Welt von heute *Papst Johannes Pauls II.*, Freiburg 1982, Nr. 37. Zur Sexualerziehung vgl. auch Nr. 33. 66.

hungen echter Liebe aufzunehmen. Dahin gelangt man nicht ohne wahre Erziehung zu solcher Liebe und zum rechten Gebrauch der Sexualität. Die Erziehung muß so sein, daß sie die menschliche Person in all ihren Dimensionen und darum auch in ihrer Leiblichkeit einführt in die Fülle des Mysteriums Christi«[267]. Solche Aussagen gehen aus einer theologischen Anthropologie hervor, die die »Macht der Sünde« für die Beziehung der Geschlechter gewiß nicht herunterspielt, doch an erster Stelle – anders als Pius XI. – Mann und Frau, Ebenbilder des dreifaltig liebenden Gottes, zu einer Liebe berufen sieht, die den menschlichen Leib einschließt[268]. Hier entdecke ich, wenn auch nicht einschränkungslos, den Versuch, von der Erfahrung der »Glut der Begierde« zu einer kommunikativen Sexualität zu kommen.

Konsequenzen hätten dann in dem sexualpädagogischen Dokument der Kongregation für das Katholische Bildungswesen von 1983 gezogen werden sollen[269]. Dem war leider nicht so. Zwar sind die Äußerungen Johannes Pauls II. breit zitiert, doch setzt die Kongregation nicht, wie der Papst, bei der Liebe ein, sondern beim Leib. Es wird dann viel von Liebe gesprochen, aber sie erscheint kaum als Sinn, Interesse, Aufmerksamkeit, Freude und Zärtlichkeit für einen anderen Menschen, sondern als Keuschheit und Selbstbeherrschung, Charakter und Opfer. Im ganzen soll sich der Einzelmensch harmonisch entfalten, seine Sexualität (seinen sexuellen »Instinkt«) und Emotionalität integrieren, möglichst seine Entwicklung nicht behindern, die Herrschaft über sich selbst erlangen, sexuelle Verfehlungen meiden und auf die Ehe warten, mit Hilfe der Gnadenmittel der Kirche. Sicher: Das alles ist nicht mehr so düster und angstmotiviert wie bis in die

[267] *Johannes Paul II*. (Anm. 266) Nr. 80.

[268] *Johannes Paul II*. (Anm. 266) Nr. 11.

[269] Kongregation für das katholische Bildungswesen, Orientierung zur Erziehung in der menschlichen Liebe: Verlautbarungen des Apostolischen Stuhls Nr. 51, hrsg. v. Sekretariat der Deutschen Bischofskonferenz, Bonn 1984; vgl. *R. Bleistein*, Richtlinien zur Sexualerziehung: Stimmen der Zeit 202 (1984) 73–74.

sechziger Jahre. Aber es ist auch keine Inspiration zum Lieben; es ist das Dokument einer Behörde (s. S. 278f.).

Sinnvielfältige Sexualität: Die deutschen Bischöfe

Die deutschen Bischöfe zeigten sich flexibler. Nach ihren »Sexualpädagogischen Richtlinien für die Jugendseelsorge« aus dem Jahre 1964 und dem Hirtenbrief »Zu Fragen der menschlichen Geschlechtlichkeit« von 1973, die, in unterschiedlicher Deutlichkeit, ihrerseits schon eine Veränderung anzeigen, haben sie 1979 nocheinmal einen Schritt vorwärts getan: mit ihrer Erklärung »Zur Sexualerziehung in Elternhaus und Schule« und der »Handreichung zur Sexualerziehung in Elternhaus und Schule«[270]. An diesen Texten sollte nicht vorbeigehen, wer an einer umfassenden Sinngebung und Entfaltung menschlicher Sexualität interessiert ist. Im großen und ganzen wird er von einer sexualpositiven Einstellung überrascht. Zwar bleibt die Perspektive auf die Ehe eingeschränkt, weil als »Sexualität« nur »Genitalität« in Betracht kommt. Doch wird Sexualität nicht auf Fortpflanzung festgelegt. Die Bischöfe bejahen mit der Sinnvielfalt der Sexualität deren vierfachen Sinn: »Sexualität ermöglicht in der ihr eigenen Weise, Liebe und personale Zuneigung auszudrücken (Beziehungsaspekt), lustvoll zu erleben (Lustaspekt) und in der Liebe zum Ehegatten und durch den Gatten Selbstbestätigung (Identitätsaspekt), Ergänzung sowie das Angenommensein zu erfahren und zu schenken (Beziehungs- und Identitätsaspekt). Die Liebe zwischen Mann und Frau ist mit dem Auftrag zur fruchtbaren Mitwirkung am Schöpfungswillen Gottes verbunden« (Fruchtbarkeitsaspekt)[271]. Hätten die Bischöfe einen Begriff von Sexualität gehabt, der mit den Zärtlichkeiten

[270] Beides in: Zur Sexualerziehung in Elternhaus und Schule, Die deutschen Bischöfe Nr.23, hrsg. v. Sekretariat der Deutschen Bischofskonferenz, Bonn 1979.

[271] Zur Sexualerziehung in Elternhaus und Schule (Anm. 270) 8. »Fruchtbarkeit« meint mehr als Fortpflanzung.

auch nicht-genitale Formen sexueller Praxis für möglich hält, hätten sie auch deren Sinnvielfalt aussagen können (s. S. 213). So stehen die Bischöfe auch positiv zur Sexualerziehung. Sie solle erfolgen durch die Eltern, denen der Vorrang gilt, und durch die Schule, die das Elternhaus unterstützen und ergänzen soll (Subsidiarität und Komplementarität). Die Bischöfe stellen ihr die Aufgabe, die Sexualität zu entfalten, nicht mehr nur die, sie zu regulieren. Sexualität ist nicht »böse Begierlichkeit«. Obwohl von der »Macht der Sünde« befallen, die die Menschen einander entfremdet, und darum bleibend ambivalent, ist sie zugleich Ausdruck der Liebe, Medium von Identität, Möglichkeit der Lust und Quelle fruchtbaren (neuen) Lebens.

Konzil und Synode

Den Weg von der »Glut der Begierde« zur »Sprache der Liebe« hatte das zweite Vatikanische Konzil geebnet. Es vollzog eine Neubewertung der Sexualität. Daß sie im Blick auf die Ehe erfolgte, liegt in der Linie der kirchlichen Tradition, die die Sexualität nur als fortpflanzungsbezogene und damit ehezentrierte Sexualität positiv bewerten konnte. Darüber sollte man sich nicht enttäuscht zeigen. Gleichwohl bleibt für die Zukunft von erheblichem Gewicht, daß das Konzil die Sexualität in ihrer eigenständigen Bedeutung für die Liebe der Ehepartner, als »Zeichen der ehelichen Freundschaft« hervorgehoben hat[272]; daß, wie die Gemeinsame Synode der Bistümer in der BRD meint, »den sexuellen Ausdrucksformen der Liebe zum ersten Mal ein eigenständiger Wert zuerkannt« wurde[273].

[272] Gaudium et spes. Konstitution über die Kirche in der Welt von heute, Nr. 49. Dazu hatten sich in den dreißiger Jahren schon *Geis* (Anm. 133), *Doms* (Anm. 134) und *Michel* (Anm. 135) positiv geäußert. Noch 1959 konnte *Arnold* (Anm. 174) 32, dem widersprechen.

[273] Arbeitspapier der Gemeinsamen Synode der Bistümer in der BRD »Sinn und Gestaltung menschlicher Sexualität«. Sonderdruck aus »Synode 7/1973«, Bonn 1973, Nr. 1. 3.

Diese deutsche Synode hat sich in zwei bemerkenswerten Texten zur Sexualerziehung bzw. zu diese betreffenden Fragen geäußert, im Arbeitspapier »Sinn und Gestaltung menschlicher Sexualität« und im Beschluß »Christlich gelebte Ehe und Familie«[274]. Die Synode will Sexualität in folgender Weise begreifen und entfalten (s. S. 212f. 277): »Der Mensch ist auf die Zuwendung anderer Menschen angewiesen. Er lebt nicht nur für sie, sondern immer auch durch sie. Da die zwischenmenschlichen Beziehungen leiblich vermittelt werden, wird die Sexualität als eine besondere Möglichkeit erlebt, Liebe und personale Zuneigung zueinander auszudrücken und lustvoll zu erfahren. Liebe bindet zwei Menschen. Sie läßt den einen jeweils den anderen mehr und mehr als Teil seiner selbst empfinden und die Forderung nach Unauflöslichkeit und Ausschließlichkeit dieser Bindung zum gemeinsamen Wunsch und zum gemeinsamen Ziel werden.«[275]

[274] Heftreihe: Synodenbeschlüsse Nr. 11, Bonn 1975.
[275] Arbeitspapier (Anm. 273) Nr. 3.1.6.2.

Menschliche Sexualität im Kontext einer ganzheitlichen Anthropologie

1. Sexualpädagogik und Anthropologie

Die Idee vom Menschen, die ich der Sexualpädagogik in der Welt des Christentums zugrundelege und »ganzheitlich« nenne, weil sie sich bemüht, dem Menschen, wie er sich zeigt, unter jedem Aspekt gerecht zu werden, ist charakterisiert durch des Menschen

- Individualität,
- Sozialität,
- Geschichtlichkeit,
- Transzendenzoffenheit und Partnerschaft mit Gott.

In dieser Anthropologie werden die wesentlichen Momente bedacht, die den Menschen ausmachen. Da sie inhaltlich gleichsam reichhaltiger ist als die Anthropologien, die den traditionellen »repressiven« wie den modernen »affirmativen« sexualpädagogischen Theorien zugrunde liegen[1], sucht sie auch eine weiterführende Sexualpädagogik zu begründen. Ihr ist wichtig, daß durch Sexualerziehung nicht die Sexualität des Menschen erzogen wird, sondern der Mensch in seiner Sexualität.

Erzogen wird der Mensch

Warum überhaupt anthropologische Überlegungen? Das hat mit dem Verhältnis von Mensch und Erziehung zu tun. »Man trifft immer wieder auf die Aussage, Erziehung sei etwas spezifisch Menschliches. Damit soll ausgedrückt werden, daß Erziehung etwas sei, das nur dem Menschen zukomme. Andererseits wird gesagt, daß alle Menschen erzogen werden müßten und nur sie, während etwa die Tiere einer vergleichbaren Einwirkung oder Hilfe nicht bedürfen.«[2] Nur der Mensch also wird erzogen. Man mag diesen Satz nicht für sehr genau halten, weil er

[1] *H. Scarbath/B. Tewes*, in: *dies.* (Hrsg.), Sexualerziehung und Persönlichkeitsentfaltung, Wien–München–Baltimore 1982, 11.

[2] *B. Gerner*, Einführung in die pädagogische Anthropologie, Darmstadt 1974, 1.

unbestimmt läßt, was unter »Erziehung« verstanden werden soll. Wenn er aber gilt – und ich bin überzeugt, daß er gilt, und daß man sich bei Präzisierung des Begriffs »Erziehung« über seine Geltung sogar mit denen einigen kann, die (eine bestimmte Form von) Erziehung ablehnen – dann ist jede Rede von der Erziehung eine vom Menschen. In jeder Pädagogik steckt eine Anthropologie, und die in ihr steckende Anthropologie bestimmt die Pädagogik.

Es kann darum nicht gleichgültig sein, von welchem Menschenverständnis der bestimmt ist, der Sexualpädagogik betreibt. Denn auch jede »Sexualpädagogik bietet exemplarische Aufschlüsse über das Grundkonzept jeweiliger pädagogischer Anthropologie«[3]. »Im tiefsten Grunde ist die sexualpädagogische Problematik eine Frage nach dem Wesen des Menschen.«[4] Das bestimmte Menschenverständnis ist das Hauptunterscheidungskriterium der verschiedenen sexualpädagogischen Ansätze; darüber muß man Rechenschaft ablegen, wenn man sich verständlich machen will.

Das Bewußtsein, aus dem ich an die anthropologische Grundlegung herangehe, ist »aufklärerisch« zu nennen (s. S. 116f.). Wir – speziell die katholischen Christen – sollten endlich mit der Aufklärung ernst machen und sie nicht länger verdrängen. Die gegenwärtige Vernunftkritik, die die Dialektik der Aufklärung zu ihrer Überwindung mißbraucht, scheint manchem Kirchenführer und Theologen ein willkommener Anlaß, die Aufklärung bereits wieder zu verabschieden, ehe sie überhaupt angekommen ist.

Drei Stichworte können den Prozeß der Aufklärung charakterisieren. Mit ihnen ist auch die Säkularisierung begriffen, die unser Bewußtsein und unsere gesellschaftliche Praxis zu Beginn der Neuzeit erreichte, seit dem 18. Jahrhundert besetzte und gegenwärtig mehr und mehr beherrscht.

[3] *H.-J. Gamm,* in: *ders./W. Koch* (Hrsg.) Bilanz der Sexualpädagogik, Frankfurt a. M.–New York 1977, 14.

[4] *P. Eggers,* in: *ders./F. J. Steinbacher* (Hrsg.), Sexualpädagogik, Bad Heilbrunn 1976, 8.

Hominisierung des Bewußtseins

Meine Vernunft – meine glaubensbereite Vernunft – sträubt sich dagegen, in dem, was ich sehe, anderes zu sehen, als ich sehe. Sie sträubt sich nicht dagegen, mehr für möglich zu halten, mehr zu erwarten, mehr zu erhoffen, als ich sehe. Ich sage nicht: Nur, was ich sehe, ist. Ich gestehe: Meine Vernunft ist die eines endlichen und versagenden Menschen. Es mag darum mehr geben, als ich derzeit erkenne bzw. überhaupt erkennen kann. Das hat aber nicht zur Folge, daß ich, was ich sehe, nicht mehr sehe, und an dessen Stelle anderes sehe. Was also sehe ich mit der Erkenntniskraft meiner Vernunft?

Ich *sehe* in der Natur nicht die Schöpfung Gottes, sondern die des Menschen. Ich erlebe sie nicht als göttliches Geheimnis, sondern als vom Menschen kultiviert und ruiniert. Ich sehe im Ethos nicht eine heilige Ordnung, sondern ein unter angebbaren Kriterien ausgehandeltes und wandelbares gesellschaftliches Regelsystem. Autoritäten erscheinen mir nicht als göttlich eingesetzt. Ich erlebe sie als Ergebnis demokratischer Vereinbarung oder als Folge gewalttätiger Machtergreifung.

Auch der Mensch ist mir nicht einfachhin Gabe Gottes, sondern – im besten Fall – hervorgegangen aus liebevoller Sexualität, oder – im schlimmsten Falle – entstanden als Produkt unmenschlicher Retortentechnik. Ich habe zwar das Staunen nicht verloren über den Reichtum des Menschen, das Fragen nicht verloren nach dem Sinn des Menschen, die Hoffnung nicht verloren beim Sterben des Menschen. Ich weiß aus eigener Erfahrung um die Merkwürdigkeit und Rätselhaftigkeit des Menschen. Dies ist für mich der Grund zu vermuten, daß es an ihm mehr gebe, als meine Vernunft an ihm sieht. Und doch: der Mensch ist für mich, was meine sinnliche und geistige Vernunft mich von ihm sehen lassen. Und mein spontanes Erleben liegt zunächst auf dieser Wahrnehmung fest. Das betrifft auch des Menschen Sexualität.

Dieser Hominisierungsvorgang ergreift immer mehr mein Bewußtsein und hat es längst fast völlig besetzt. Und ich bin davon überzeugt, daß ich damit nicht allein stehe. Die Geschichte ist mir längst nicht mehr einfachhin Heilsgeschichte. Sie ist Geschichte des Hoffens und des Gestaltens, des Leidens und des Versagens von Menschen, ein zwar nicht ganz durchschaubarer aber doch undurchschaut wirkender menschlicher Handlungszusammenhang. Inzwischen erscheinen nun auch die Kirchen nicht mehr als meiner Vernunft entzogenes Geheimnis, sondern als weithin geheimnislose soziale Gruppen, in denen alles, was menschlich ist, vorkommt. Ihr Anspruch, Stimme Gottes und Raum des Heils zu sein, muß sich vor zunehmender Skepsis bewahrheiten.

Ich weiß zwar, daß die biblisch-christliche Tradition Natur, Ethos, Autorität, Mensch, Geschichte und Kirchen anders zu sehen einlädt; daß sie sie unter theologischer Perspektive zu sehen gibt. Ich nehme das auf und leugne es nicht. Und doch nehme ich das Verhältnis von alltäglicher Erfahrung und theologischer Deutung, kurz das von Realität und Glauben, eher unter dem Aspekt der Differenz, denn unter dem der Identität wahr. Die Aufklärung hat mein Bewußtsein zerbrochen. Es muß nun zusammenbringen, was einmal zusammen war; aber es bringt es nur schwer zusammen.

Wir mögen über den Zerfall unserer einheitlich gläubigen Erfahrung trauern, weil uns das Geheimnis der Dinge verloren gegangen ist, oder froh sein, weil uns größere Freiheit im Denken möglich wurde. Wie wir den Vorgang der Hominisierung und dessen Ergebnis in unserer Wirklichkeitserfahrung auch bewerten mögen: er ist eine Tatsache, die nicht verleugnet oder verdrängt werden darf. Dieser Zustand des Bewußtseins mit seinen Folgen für (religiöses) Erleben und Handeln ist der Kern der Säkularisierung, nicht ein (vermeintlicher oder wirklicher) Rückgang religiöser Praxis.

Selbstbestimmung des Menschen

Ich sehe, was ich sehe, und sage, was ich sage, weil ich mir den Mut genommen habe, mich meiner Vernunft zu bedienen. Noch einmal: Ich setze meine Vernunft nicht absolut. Ich traue ihr nicht alles zu. Ich weiß um ihre Ohnmacht. Die Grenzen meiner Vernunft zeigen sich mir, wenn ich meine Vernunft gebrauche. Gerade wenn ich sie gebrauche, begegne ich ihrer Endlichkeit und Fehlbarkeit. Was sie entdeckt, mag nicht alles Entdeckenswerte sein, selbst wenn sie sich – bei Fachleuten etwa – orientiert. Aber was sie entdeckt, gilt mir als entdeckt: weil ich meinen Entdeckungen traue, so unvollkommen sie sein mögen. Und weil ich damit auch mir als dem Entdeckenden traue.

Alle Aspekte der Hominisierung sind Ausdruck der Selbstbestimmung des Menschen und haben diese zur Folge. Der Mensch, obgleich bereit, sich orientieren zu lassen und sich an Verläßliches zu binden, verhält sich in Freiheit kritisch und möchte auf seine Verläßlichkeit prüfen, was sich als verbindlich präsentiert. In kirchenamtlichen Texten wird diese Einstellung, wenn man sie überhaupt zur Kenntnis nimmt, in der Regel als die größte Gefahr des Menschen gesehen. Selbstbestimmung wird nicht eingeräumt oder gar gefördert, weil sonst Leben in unserer modernen Welt gar nicht mehr möglich wäre, das tagtäglich Entscheidungen aus der Kraft der kritischen Freiheit erfordert. Sie wird als Generalursache für den fortschreitenden Abfall von Glaube und Sitte und als Störung der kirchlichen Ordnung ausgegeben.

Doch die mündig gewordenen Menschen wollen sich das Recht auf die selbstbestimmte Inanspruchnahme ihrer kritischen Freiheit nicht mehr nehmen lassen (s. S. 207). Sie erleben zwar den Rückgang der Deutungskraft der Religion auch als Verlust. Die Schwächung der Deutungsmacht der Männer der Religion erleben sie jedoch als Befreiung: als eine Befreiung ihrer selbst von den unbilligen Ansprüchen der religiösen Autoritäten auf alle Details ihres Lebens; und als eine Befreiung des Evangeliums, das in einer ohnmächtigen Kirche erst seine rettende und zur Liebe befreiende Kraft entfesseln kann.

Dialektik von Macht und Ohnmacht

In dieser Situation nun ist zugleich von der Macht und von der Ohnmacht der Menschen zu reden. Durch die vernünftige Erkenntnis selbstbestimmter Menschen ist der Menschheit Macht zugewachsen. Sie betrifft die technische Verfügung über die Dingwelt und die praktische Kommunikation der Menschenwelt. Mit ihr hat sich zugleich der Wille eingestellt, die natürlichen und gesellschaftlichen Verhältnisse zum Besseren zu verändern. Mag es bisweilen auch so aussehen, als hätten Vernunft und Wille sich in dieser Hinsicht eher kontraproduktiv ausgewirkt: noch immer lebt in vielen Menschen die Hoffnung auf eine menschlichere Welt, in der Freiheit von jedweder Knechtschaft und Freiheit zum Lieben für alle bestimmend werden.

Gleichzeitig freilich hat sich die Erkenntnis durchgesetzt, daß der Wille zur Vernunft und der vernunftgeleitete Wille begrenzt sind, daß die Menschen allemal ohnmächtig und verführbar bleiben, daß sich mit der eröffneten Freiheit zugleich Möglichkeiten neuer Unterdrückung und mit der emanzipierten Sexualität Instrumente egoistischer Ansprüche einstellen konnten. Ja wir wissen heute, daß die Aufklärung selbst Irrationales aus sich herausgesetzt hat. Diese Prozesse haben vielen Menschen Vernunft und Willen ausgetrieben, sie zweifeln an der humanisierenden Kraft von Wissenschaft und Politik, sie erliegen einer ohnmächtigen Angst vor deren Geschöpfen, bis an die Grenze der Verzweiflung.

Und doch regen sich Widerstand, Aufstand, Protest, Bürgerbewegung, Opposition. Darin zeigt sich, daß sich die Tatkraft des Menschen nicht gänzlich erschlagen läßt, auch wenn sie ihrer Ohnmacht inne geworden ist. Gegenbilder bleiben lebendig, wenn auch oft nur in der Weise, daß wir wissen, was nicht sein soll.

Dies ist die Situation, in der ich – als Christ – vom Menschen und von seiner Sexualität reden möchte.

2. *Der Mensch als ungeteiltes Individuum*

Der erste Aspekt einer ganzheitlichen Anthropologie begreift den Menschen als (in Leib und Geist) ungeteiltes Individuum. Damit ist zweierlei gemeint.

In-Dividualität als Einheit von Leib und Geist

Die Überzeugung von der menschlichen In-Dividualität steht gegen jeden anthropologischen Dualismus, der den Menschen in Bestandteile zerlegt und seine Sexualität an einem dieser Teile festmacht. Die Sexualpädagogik der Vergangenheit dachte den sexuellen Menschen in Leib und Geist geteilt und ordnete seine Sexualität allein dem Leib zu. So konnte die menschliche Sexualität ausschließlich als Sache des Leibes ausgemacht, und, da der Leib als das galt, was der Mensch mit dem Tier gemeinsam hatte, als das Tierische im Menschen begriffen werden. Die Sexualität erschien als das Niedere, als das Animalische im Menschen. Sie wurde so ausgegeben und so auch erlebt. Der Mensch, der sexuelle Wünsche hatte oder sexuelle Praxis lebte, schien rückgezüchtet auf die Seinsart des Tieres. Dies schien seiner Würde nicht angemessen (s. S. 264–273).

Worin kam ein solcher Dualismus und eine solche Einschätzung der Sexualität zum Ausdruck? Ich erwähne nur einige Belege:

– Die Rede von der »Fleischeslust« degeneriert die sexuelle Lust zur Lust auf Fleisch. Sie ist nicht mehr Freude am Menschen, an der Beziehung zu ihm, an seiner Zärtlichkeit. Der Partner ist zum Körper und der Körper zum Fleisch geworden.

– Wo sexuelle Bedürfnisse als leibliche und nicht als menschliche Bedürfnisse erscheinen, wird die Sexualität an den Leib geheftet. So nennt Mönnichs beispielsweise die sexuelle Reizung eine »Reizung, die in Annäherung der Körper . . . bei Erwachsenen geschieht«[5]. Richtiger sollte man, wenn man denn schon die

[5] *T. Mönnichs,* Zur Katechese über das 6. (9.) Gebot (1922), München 1928, 23.

Sexualität nicht als die des Menschen sondern als die des Leibes begreifen will, das Gehirn als das eigentliche Sexualorgan bezeichnen und die Fantasie als den Ort, an dem die sexuelle Motivation aufbricht.

– Ein weiterer Beleg für anthropologischen Dualismus ist die Gewohnheit, das Männliche und Weibliche allein am Körper festzumachen. H. Schilgen meint: »Du hast sicher schon gemerkt, Mann und Frau sind in ihrem ganzen Wesen voneinander verschieden. Der Charakter, die Sinnesart sind bei beiden ganz anders, so daß man glauben könnte, der Mann hätte eine andere Seele als die Frau. Das ist nicht richtig. Es gibt keine männlichen und weiblichen Seelen, sondern nur menschliche Seelen. Diese sind in allen Menschen ganz gleich. Der Unterschied im Wesen kommt nur von der Verschiedenheit des Körpers.«[6] Ich finde die gleiche Vorstellung noch 1973 im Hirtenbrief »Zu Fragen der menschlichen Geschlechtlichkeit« angedeutet: »Von der Empfängnis an ist unser Leib bis in jede einzelne Körperzelle hinein männlich oder weiblich. Da Leib und Seele eine Einheit sind, bestimmt unsere Geschlechtlichkeit auch unser Empfinden und unsere Phantasie, unser Denken und unsere Entscheidungen mit.«[7]

– Dualismus schlägt sich in der Überzeugung nieder, das menschliche Fortpflanzungsgeschehen bringe nicht den Menschen, sondern nur seinen Leib zustande. Es ist ein alter Gedanke, daß Eltern nur den Leib des Menschen erzeugen, dem Gott dann eine Seele erschafft und eingibt. Nach Gottes Absicht, so Gatterer und Krus, sollen Vater und Mutter mitwirken bei der Entstehung des menschlichen Leibes: »Eine Seele habt ihr nicht von Vater und Mutter, sondern ganz allein von Gott. Und wie die Seele die Hauptsache, so müssen wir sagen: der Mensch ist der Hauptsache nach von Gott allein aus dem Nichts erschaffen. Aber dennoch seid ihr auch von euren Eltern. Den Leib nämlich

[6] *H. Schilgen,* Um die Reinheit der Jugend, Düsseldorf 1927, 91.

[7] Die deutschen Bischöfe Nr. 05, hrsg. v. Sekretariat der Deutschen Bischofskonferenz, Bonn 1973, 4.

bildet Gott nicht ganz allein, sondern er wollte dabei auch die Eltern mitwirken lassen.«[8] Diese Überzeugung findet sich auch anderswo[9].

– Den anthropologischen Dualismus gibt es in (wenigstens) zwei Ausprägungen: in der – heute in der Regel verworfenen – biologistischen Form, nach der die Sexualität nur eine leibliche, tierische, peinliche Wirklichkeit ist, die den Menschen von seinem geistigen Wesen entfremde; und in der spiritualistischen Form, der zu erliegen katholisches Denken immer wieder gefährdet war, weil die Beschränkung des Menschen auf seine Geistigkeit sich leicht als Idealismus tarnen konnte. »Von allen Irrwegen, die das gläubige Denken bedrohen, dürfte der einseitige Spiritualismus wohl als der gefährlichste bezeichnet werden, eben weil er sich als Idealismus von besonderer Prägung gibt.«[10]

– Die Frage nach dem Woher des anthropologischen Dualismus und seiner Abwertung des Sexuellen kann sich sowohl auf seine geschichtlichen Ursprünge wie auf seine psychologischen Hintergründe beziehen. Historisch kommen persisch-altorientalische mit griechisch-römischen Einflüssen auf das frühe Christentum zusammen. Sie konnten deshalb so nachhaltig wirken, weil sie dem Selbsterleben des Menschen entsprechen, der sich elend und zerrissen fühlt und dafür einen »Sündenbock« braucht, und der dem Gefühl seiner Ohnmacht und Minderwertigkeit gern durch das Bewußtsein der Überwindung seiner »niederen Natur« zu entkommen trachtet.

Dagegen ist zu sagen: Der Mensch ist In-Dividuum, ungeteilt, ein Ganzes. »Eine der großen Entdeckungen der Medizin in diesem Jahrhundert war die der Leib-Seele-Einheit des Men-

[8] *M. Gatterer/F. Krus,* Die Erziehung zur Keuschheit, Innsbruck 1910, 74.

[9] *T. Wilhelm,* Das sexuelle Leben und seine Bewertung in der Erziehung der Kinder, Donauwörth 1906, 34; *H.-J. Lux,* Heiliges Wissen, Nürnberg 1930, 60; *A. Adam,* Der Primat der Liebe (1932), Kevelaer 1939, 217; *ders.,* Das sechste Gebot (1942), Paderborn 1948, 192.

[10] *Adam* 1942 (Anm. 9) 81.

schen. Man erkannte: körperliche und seelische Vorgänge sind so eng miteinander verbunden, daß eine neue Betrachtungsweise des Menschen nötig wurde. Die Medizin konnte die hergebrachte Unterscheidung und Gegenüberstellung von Körper und Seele nicht mehr aufrecht erhalten. So sind leibliche und seelische Abläufe nur zwei Seiten eines menschlichen Geschehens.«[11] Dies führte zur Entwicklung der psychosomatischen Medizin, die sich in der Erkenntnis möglicher psychischer Ursachen somatischer Erkrankungen von der Ganzheit des Menschen überzeugt zeigt. Zahlreiche Krankheiten am Körper sind in Wahrheit leibliche Manifestationen des Seelischen, Symbole seelischer Irrungen oder Verletzungen.

Dieser ganze Mensch ist nun auch der sexuelle Mensch. Ernst Ell spricht in diesem Zusammenhang zu Recht von der »polar-existentiellen Einheit« der Person[12]. »Die Person handelt immer als Ganzes . . .; in Wirklichkeit ist in jedem geistigen Akt die Person auch mit ihrer Leiblichkeit und in jedem leiblichen Akt auch mit ihrer Geistigkeit wirksam.«[13] Selbst Augustinus hat einmal gemeint, daß die Liebe fleischlich sei bis in den Geist und geistig bis in das Fleisch[14].

Die Abkehr vom anthropologischen Dualismus schlägt nun allerdings nicht in einen anthropologischen Monismus um, der zwischen Leib und Geist nicht mehr zu unterscheiden vermöchte. Der Mensch ist nämlich nach seiner Selbsterfahrung zugleich so verfaßt, daß sein Geist sich in seinem Leib ausdrücken kann, ohne auf diesem Ausdruck völlig festzuliegen; und auch so, daß sein Geist durch Vermittlung seines Leibes greifbar zu werden vermag, ohne sich so gänzlich begreifen zu lassen. Der Leib des Menschen ist beides: Ausdrucksform und Greifbarkeit seines Geistes. Diese Nicht-Identität von Leib und Geist zwingt den

[11] *R. Affemann,* Sexualität im Leben junger Menschen, Freiburg 1978, 135.

[12] *E. Ell,* Dynamische Sexualmoral, Zürich 1972, 29.

[13] *Ell* (Anm. 12) 30.

[14] Nach: *W. Windisch,* Freiheit und Sexualität, Pastoraltheologische Anmerkungen: Stimmen der Zeit 202 (1984) 345.

Menschen, der sich mitteilen will, sich zu öffnen und zu offenbaren.
Wie jedes Medium, das zugleich vermittelt und dazwischentritt, kann allerdings der Leib auch wie eine Wand sein, die zwischen Menschen aufgestellt ist. Der Leib vermag sogar, was im Menschen ist, lügnerisch zu verstellen, obwohl die körpersprachliche Verstellung – anders als die der Wortsprache – vom Kundigen schnell durchschaut wird.
Gleichwohl: Im Menschen ist ein Außen und Innen auszumachen. Ein Außen, das das Innen zum Vorschein bringt, ohne mit ihm identisch zu sein; ein Innen, das im Außen seinen Ausdruck sucht, und doch nicht nur dieser Ausdruck ist. Es gibt eine relative Distanz des seelisch-geistigen Ich gegenüber seiner eigenen körperlichen Natur. Darum kann der Leib zum Medium der Liebe werden. Darum auch können körperliche Gesten Sprache der Liebe sein. Lieben ist menschlich, wenn es sich der Sexualität als seines Alphabets bedient. Und Sexualität ist human, solange sie Körpersprache der Liebe ist.
In-Dividuum also, ungeteilt ist der Mensch in Leib und Geist. Er ist Leib und Geist ungetrennt und unvermischt. Alles an ihm ist leibgeistig. Leib und Geist sind nur zwei Erscheinungsformen des einen Menschen. Johannes Paul II. hat das in die Worte gebracht: »Als Geist im Fleisch, das heißt als Seele, die sich im Leib ausdrückt, und als Leib, der von einem unsterblichen Geist durchlebt wird, ist der Mensch in dieser geeinten Ganzheit zur Liebe berufen.«[15] Seine Sexualität ist darum nicht eine Sache des Leibes allein, seine Liebe nicht Gabe des Geistes allein. Beides gehört ihm als Menschen zu. In der menschlichen Sexualität wird die Liebe leibhaftig und der Leib liebend durchgeistigt. »Sexualität ist eine Qualität der Person.«[16] Wenn die Mutter den Körper ihres Kindes streichelt, dann streichelt sie ihr Kind. Und das Streicheln tut nicht nur dem Körper gut, es tut dem Kind gut. Und

[15] Dem Leben in Liebe dienen. Apostolisches Schreiben »Familiaris consortio« über die Aufgaben der christlichen Familie in der Welt von heute *Papst Johannes Pauls II.*, Freiburg 1982, Nr. 11.
[16] *Ell* (Anm. 12) 33.

wenn zwei Menschen sich körperlich nahe kommen, dann kommen nicht nur zwei Körper einander nahe, sondern zwei Menschen im Medium ihres Körpers. Sexualerziehung ist darum auch Erziehung des sexuellen Menschen, nicht seines Leibes.

Individualität als Eigenständigkeit

Der Mensch ist Individuum auch, insofern er abgegrenzt ist von seinen Mitmenschen. Zwar auf sie bezogen, bleibt er doch er selbst, wenn überhaupt seine Beziehungen gelingen sollen. In seinen Beziehungen bleibt ihm Individualität und Eigenständigkeit. Damit hat die Freiheit des Menschen zu tun. In ihr artikuliert sich seine Selbständigkeit und Eigenheit. Diese sind auf dem Weg der Individuation auszubilden.

Darum ist es falsch, von der (einen) Sexualität des Menschen zu sprechen. Jeder Mensch hat seine *Sexualität* – und auch darin unterscheidet er sich von anderen. Sexuelle Wünsche und sexuelle Erfahrungen, sexuelles Drängen und sexuelle Leere sind nicht für alle Menschen gleich. Sie sind mitgeprägt von der jeweiligen Individualität des Menschen. Ein allgemein gültiger Maßstab wird ihnen nicht gerecht.

Seine sexuelle Eigenart hat sich jeder in seiner beziehungsreichen Geschichte mit anderen erworben (s. S. 171–173). Sie ist nicht ohne die Einflüsse von Mitmenschen, die Eltern und Geschwister allen voran, zu erklären. Doch ist sie aus ihnen auch nicht einfach abzuleiten. In der je eigenen Art, mit den Einflüssen der Umwelt umzugehen, sie sich zu eigen zu machen oder auch nicht, sie einzuverwandeln in die Möglichkeiten der eigenen Lebensgeschichte oder sie auszusperren, belegt sich noch einmal die menschliche Individualität.

Das wird man bedenken müssen, wenn von Heterosexualität und Homosexualität wertend gesprochen wird (s. S. 170. 233). Wie kann man bei der individuellen Verschiedenheit der Menschen damit rechnen, es dürfe nur eine sexuelle Orientierung geben, und alles andere als abwegig oder abartig bezeichnen? Sicher: Die heterosexuelle Orientierung ist anatomisch vorgebahnt. Doch kann das die vielfältigen Möglichkeiten der Sexualität nicht festlegen. Zumal wenn die Sexualität als eine des ganzen Menschen begriffen wird. Gewiß gilt auch: die Heterosexualität entspricht der biologischen Beschaffenheit des Menschen. Doch hat sich der Mensch von seiner biologisch-naturalen Basis emanzipiert und findet gerade darin sein eigentliches Menschsein.

Nacktheit und Scham

Die Scham ist Audruck menschlicher Individualität. Sie schützt und bewahrt sie. Die Scham muß den Menschen nicht vor etwas bewahren, dessen er sich sonst zu schämen hätte. Des nackten Körpers brauchen wir uns nicht zu schämen. Wir bekleiden ihn nicht, um ihn beschämt zu verbergen. Wir bekleiden ihn (um nicht zu frieren oder um ihn zu schmücken – doch davon sehe ich in diesem Zusammenhang ab), um uns zu schützen, und wenn wir uns schützen wollen vor dem, was Nacktheit ermöglicht: vor der unangemessenen Zudringlichkeit anderer. Das schließt ein, daß es Umstände des Ortes und der Zeit gibt, auch Bedingungen der persönlichen Vertrautheit, unter denen Nacktheit vernünftig, sinnvoll, schön und empfehlenswert ist. Nacktheit ist nicht gleichbedeutend mit schamlos. August Adam hat die Formel gefunden: »Schamhaftigkeit ist nicht Angst vor dem nackten Körper, sondern Ehrfurcht vor ihm.«[17] Die Scham bewahrt dem Menschen Freiheit und Würde. Schamlos ist darum nicht der nackte Mensch, sondern der, der sich in seiner Nacktheit prostituiert, und der, der die Nacktheit des anderen in illegitimer Zudringlichkeit ausnutzt. Das gilt sowohl für die Nacktheit des Körpers als auch der Seele.
Das eigentliche Problem ist wohl auch nicht die erlebte Nacktheit, sondern die aufgedrängte oder abgenötigte: die Nacktheit unter Zwang, die Bloßstellung. Ich vermute, daß dem alttesta-

[17] *Adam* 1932 (Anm. 9) 225.

mentlichen Menschen die Nacktheit deswegen zuwider war: er kannte sie eher als erzwungene Nacktheit. In der Sündenfallerzählung (Gen 3,7) wird die schamtreibende Nacktheit als aus der Ursünde stammendes Verhängnis der Menschen erzählt, nachdem Adam und Eva vorher nackt waren, ohne sich zu schämen (Gen, 2,25) (s. S. 190. 194). Die Drohreden des Propheten Jesaia sagen Babels Sturz mit den Worten voraus: »Weg mit dem Schleier! Heb deine Schleppe hoch, entblöße die Beine und wate durchs Wasser. Deine Scham wird entblößt, man sieht deine Schande« (Jes. 47,2f. vgl. Nah 3,5). Die Wendung »die Blöße der Frau aufdecken« erscheint häufig im Zusammenhang der Sexualgesetzgebung (Lev 18,6ff; 20,11ff.). Andere Nacktheit muß es aber wohl gegeben haben. Vermutlich badete Batseba nackt, als David sie sah und von ihrer Schönheit berückt wurde (2 Sam 11,2). Und von Petrus wird ausdrücklich erwähnt, daß er seine Fischerei auf dem See Genezareth nackt versah (Joh 21,7). – Die erzwungene Nacktheit – z. B. bei der Musterung, früher am Pranger, gar bei Folterungen, für manche heute auch noch beim Arzt – hat etwas Erniedrigendes. Man fühlt sich gedemütigt, wenn man »bloßgestellt« wird. Daher wohl auch das Anrüchige der heimlich fotografierten und dann in der Illustrierten ausgestellten Nacktheit. Auch da wird sie nicht erlebt, sondern sie ist Gegenstand der Neugier und wird Zuschauern präsentiert. Die Scham sträubt sich dagegen zurecht.

Rehabilitation der Selbstliebe

Unter der anthropologischen Bestimmung der Individualität ist auch die Selbstliebe (s. S. 248f.) zu rehabilitieren[18]. Lieben ist zwar in erster Linie ein Geben und kein Empfangen. Im sexuellen Lieben signalisieren Impotenz und Frigidität die Unfähigkeit, im Lieben etwas zu geben. Wer also liebt, der gibt: von seiner

[18] Vgl. *E. Fromm,* Die Kunst des Liebens, Frankfurt a. M.–Berlin–Wien 1979, 79–85.

Freude, seinem Interesse, seinem Humor, seinem Verständnis, seiner Traurigkeit. Doch läßt sich Geben und Empfangen im Lieben nicht trennen. Das Paradoxe nämlich ist, daß der Liebende im Geben nicht leer wird, sondern reich. Der Liebende gibt zwar nicht, um dafür zu empfangen. Aber durch sein Geben kann er es nicht vermeiden, im anderen etwas zum Leben zu erwecken, das auf ihn zurückwirkt: der andere wird selbst zum Liebenden, der gibt. Die Wechselseitigkeit des Liebens verlangt, daß diese Gabe auch angenommen wird. Darum muß im Lieben die Erfahrung des Geliebtwerdens anwesend bleiben und Zustimmung finden. Selbstlose Liebe, die sich einredet, alles zu geben, ohne etwas zu empfangen, ist eine sich selbst täuschende und den Partner enttäuschende Liebe.

Eine selbstlose Liebe würde seelenlos. Wenn es eine Tugend ist, andere zu lieben, weil sie Menschen sind und als solche liebenswert, dann ist es auch eine Tugend, sich selbst zu lieben, weil ja auch ich ein Mensch bin und als solcher liebenswert. Wahre Liebe ist also nicht selbstlos. In ihr verschwindet nicht das Selbst in der Selbstaufgabe. Wahre Liebe ist selbsterfüllend. In ihr gewinnt der Liebende sein Selbst in Selbstverwirklichung. Aber er gewinnt es nicht gegen den Partner und auf dessen Kosten. Er gewinnt es in der Hingabe an ihn. Er gewinnt es mit ihm. Beide gewinnen es. Hier gilt wirklich das biblische Wort: »Wer sich verliert, wird sich gewinnen« (Mt 10,39; Mt 16,25; Mk 8,35; Lk 9,24; Lk 17,33).

Kritische Beobachter sehen unsere gegenwärtige Gesellschaft bestimmt von egoistischer Unkultur. Zu viele Menschen, so ihr Vorwurf, dächten nur an sich, lebten nur für sich, hätten nur Interesse für sich. Die Wahrnehmungsfähigkeit für die Bedürfnisse des Nächsten sei im Schwinden, und auch die Bereitschaft, sich für seine Not zu engagieren. Statt dessen sei man auf Selbstverwirklichung aus, ein Begriff und eine Lebensperspektive, in denen sich für viele Kritiker der Niedergang allgemeiner Mitmenschlichkeit und Moral am deutlichsten zu erkennen gibt. In dieser Situation scheint die Rede von der Selbstliebe fehl am Platz.

Ich habe Schwierigkeiten, die Tatsachen zu entdecken, die eine so generelle Klage belegen könnten. Ich sehe zwar in meiner Erfahrungswelt Ereignisse menschlicher Selbstsucht, die mich erschrecken lassen. Doch ich sehe auch, wie viele, speziell junge Menschen in einem in der Erwachsenengeneration nie gegebenen Ausmaß sich dem Gemeinwohl – sogar auf Weltebene – verpflichtet wissen. Wir erleben ja gegenwärtig eine Ausbreitung von Umweltbewußtsein, Friedenssehnsucht, Solidarität mit Behinderten und Randexistenzen, Einsatz für die Menschenrechte; mit Bereitschaft zu all den Konsequenzen, die eintreten (können), wenn man sich öffentlich – in Bürgeraktionen, Protestmärschen, Kundgebungen, Menschenketten, Arbeitseinsätzen u. ä. – mit seiner Gesinnung sehen läßt. Dieses neue Ethos, das freilich nicht mehr die Gehorsam und Fleiß betonende individualistische Moral der traditionellen Bürgerwelt ist, scheint mir die Kritiker zu widerlegen.

Selbstverständlich ärgern mich gleichwohl die Ausbrüche brutaler Selbstsucht, die sich nicht übersehen lassen, und die häufig den Anlaß zu genereller Egoismuskritik geben. Hier scheint der Appell zu mehr Selbstlosigkeit und nicht der zu mehr Selbstliebe angemessen. Geschieht dies zurecht? Ausbrüche brutaler Selbstsucht sind in aller Regel Ausdruck von Ohnmacht und Hilflosigkeit. Sie sind Symptom psychischer Irritation bei Menschen, die das Gefühl haben, ein »Nichts« zu sein, und die meinen, nur auf auffällige Weise ein »Etwas« werden zu können. Sie sind also nicht Zeichen von zu viel, sondern eher von zu wenig Selbstliebe. Und wo der Egoismus in milderen Formen erscheint, kann man ihn häufig als den Umschlag einer lang angesonnenen Selbstlosigkeit in Selbstgier begreifen. Für die psychische Gesundheit des Menschen ist es offensichtlich notwendig, daß seine Sicherungsbedürfnisse und seine Beziehungsbedürfnisse im Gleichgewicht bleiben. Kein Bedürfnis darf sich auf Kosten des anderen durchsetzen, keines das andere unterdrücken. Nur wer im sicheren Besitz seiner selbst ist, kann sich verlieren. Wer sich nicht besitzt, muß fürchten, im altruistischen Akt des Sich-Verlierens (an den Nächsten) sich gänzlich auszulöschen. Er wird sich dann kaum dazu entschließen. Auch darum ist die Selbstliebe zu rehabilitieren.

Wenigstens sollten es diese Gedanken ermöglichen, Selbstliebe nicht mit Egoismus ineins zu setzen. Aus der Individualität des Menschen folgt die Notwendigkeit und das Recht, sich selbst zu lieben. Wer sich selbst nicht schätzt und mag, wie soll der andere schätzen und mögen können? Nach J. Reuß ist die Liebe eine, in der der Ich-Bezug vom Du-Bezug zwar überformt, aber nicht ausgelöscht wird[19]. Darum heißt es in der Bibel, man solle seinen Nächsten wie sich selbst, nach dem Maße also der Selbstliebe, lieben (Mt 22,38; Mk 12,30; Lk 10,27)[20]. Ob es Formen der Selbstbefriedigung gibt, die als Ausdruck solcher Selbstliebe begriffen werden dürfen? Ich werfe diese Frage hier nur auf.

3. Bezogenheit auf Mitmenschen

In-Dividualität als Ungeteiltheit von Leib und Geist und Individualität als Eigenständigkeit in Bezug zu anderen werden nun allerdings im Verlauf der Lebensgeschichte in sozialen Beziehungen erworben. Und da der Mensch in Beziehungen wird, was er ist, sind ihm diese Beziehungen zugehörig. Es ist wirklich nicht gut, daß der Mensch allein bleibt (vgl. Gen 2,18). Der Mensch ist soziales Individuum. Er ist wesentlich bezogen auf Mitmenschen. Er findet sich, indem er sich anderen aussetzt. Er muß sich anderen öffnen, damit er sich gewinnen kann.

Das soziale Individuum und seine Sexualität

Auch die Sozialität des Menschen ist in einen Begriff von Krankheit eingegangen, der neben den somatischen und psychi-

[19] *J. M. Reuß*, Geschlechtlichkeit und Liebe, Mainz (1961) 1962, 130. 131.

[20] *W. Trobisch,* Liebe dich selbst. Selbstannahme und Schwermut, Wuppertal 1975, 12f.

schen Aspekten der Krankheit auch deren soziale Dimension einschließt. Er berücksichtigt die Gegebenheit, daß sich für den Kranken seine bisher selbstverständlichen Kommunikationsformen und -möglichkeiten mit anderen Menschen – manchmal nur vorübergehend, manchmal bleibend – ändern, und daß Gesundung des Kranken auch daran hängt, wie weit er ausreichende und gelingende Beziehungen wiedererlangen kann. Die Weltgesundheitsorganisation bezeichnet demgemäß Gesundheit als »Zustand vollkommenen körperlichen, geistigen und sozialen Wohlbefindens« und beschränkt sie nicht auf das Fehlen von Krankheiten und Gebrechen.

Daß wir Menschen soziale Individuen sind, würde uns deutlich, wenn wir einmal davon ausgingen, es gäbe nur einen Menschen. Der Mensch würde sein Menschsein verlieren. *Eine* Person gibt es nicht. Wiederum gilt: es ist »nicht gut, daß der Mensch allein bleibt« (Gen 2,18).

Das Bezogensein auf Mitmenschen findet seinen greifbaren Ausdruck darin, daß (bisher, und hoffentlich auch in Zukunft noch) Menschen in aller Regel unter Menschen zur Welt kommen. Ein neugeborenes Kind wird in die Obhut von Menschen genommen und findet seine elementaren Bedürfnisse nach Nahrung und Nähe im gleichen Akt der Versorgung – wenigstens rudimentär – befriedigt. Wenn irgendein Urdatum die menschliche Erfahrung bleibend prägt, dann dies, daß die erste körperliche Lusterfahrung im Saugen und Sattwerden – nachdem Enttäuschung überhaupt möglich ist, nach der Geburt also – mit der Gewährung und mit dem Erleben menschlicher Nähe und Gesten der Zärtlichkeit zusammengeht. Der energische und manchmal brutale Schrei nach Ernährung ist immer auch notgeborenes Rufen nach Annäherung. Und die Stillung des Hungers ist immer auch Befriedigung der Sehnsucht nach Nähe. Zuwendung und Sättigung gehen ineins. Ob daher die verbreitete, aber dennoch fragwürdige Überzeugung kommt, menschliche Sexualität »funktioniere« wie Hunger und Durst? – Darum kann eine Mutter ihr seine Not laut signalisierendes Kind oft schon dadurch beruhigen, daß sie es in den Arm nimmt und so Nähe und Geborgenheit (und Aussicht auf Nahrung) vermittelt.

Alfred Adler hielt 1905 die soziale Bedeutung der (kindlichen) Sexualität fest. Die »sexuelle Triebfeder«, wie er sich ausdrückte, diene dem Kind dazu, mit allen Organen zur Außenwelt in Beziehung zu treten. Sie führe es an die Außenwelt heran und leite seinen Verkehr mit der Kultur ein. Die Sexualität zeige sich so als der »sinnliche Führer«, der Menschen zur Selbstüberschreitung bringen muß[21]. In seinem 1908 verfaßten Aufsatz über das »Zärtlichkeitsbedürfnis des Kindes« sah er dessen Ziel in des Kindes »befriedigender Stellungnahme zu seiner Umwelt«, das sind seine Eltern[22]. Dabei wurde die Stellungnahme nur für befriedigend gehalten, wenn sie dem Kind und seinen Eltern Zufriedenheit gewährt[23]. Der kommunikative Sinn der Sexualität war damit ausgesprochen. Freud bewegte sich übrigens in eine ähnliche Richtung, wenn er seit 1920 die Libido als die dem Eros zukommende Kraft beschreibt, »die das Leben und die lebende Substanz zum Eingehen übergreifender Bindungen anhält«[24]. Damit formulierte nun auch er den relationalen Aspekt der Sexualität, ihren »Anziehungscharakter«, »Eros« im engeren Sinn. »Was die neueste Sexualanthropologie herausgearbeitet hat, findet hier eine substantielle Andeutung: die Rolle des Sexuellen für die mitmenschliche Beziehungsaufnahme, die Neigung des Eros, immer größere Einheiten herzustellen (Freud), ›das Verlangen nach Wir-Bil-

[21] *A. Adler,* Das sexuelle Problem in der Erziehung: Zeitschrift für Individualpsychologie 2 (1977) 3.

[22] *A. Adler,* Das Zärtlichkeitsbedürfnis des Kindes: *ders.,* Heilen und Bilden, Frankfurt a. M. 1973, 63.

[23] *G. Brandl,* Vorläufige Bemerkungen zum Aufsatz von Alfred Adler über »Das sexuelle Problem in der Erziehung«: Zeitschrift für Individualpsychologie 2 (1977) 7–11; *ders.,* Selbstgestaltung oder Sexualtrieb – in der Erziehung: *E. Ringel/G. Brandl* (Hrsg.), Ein Österreicher namens Alfred Adler, Wien 1977, 166–200.

[24] *B. Nitzschke,* Die Bedeutung der Sexualität im Werk Sigmund Freuds: Die Psychologie des 20. Jahrhunderts II, Zürich 1976, 369.

dung‹[25], heute auch genannt die sozio-kommunikative Funktion der Sexualität«[26].
Die Sexualität dieses sozialen Menschen ist Medium der Beziehung. In sciner Sexualität hat es ein Mensch nicht mit sich allein zu tun, er bekommt es mit einem, vielleicht auch mehreren anderen Menschen zu tun. Gerade als sexueller Mensch ist der Mensch Wesen der Bezogenheit. Das gilt selbst noch da, wo sich jemand selbst sexuell befriedigt: in seiner Fantasie ist in der Regel ein Partner anwesend. Es spricht allerdings vieles dafür, daß es in der Selbstbefriedigung häufig nur am Rande um libidinöse Befriedigung geht. Oft wird sie als eine Möglichkeit zur psychischen Bewältigung sozialer Konflikte gesucht, ist sie also »nur« Ausdruck einer Form des Umgangs mit Lebenssituationen, die sich sexueller Handlungen bedient, weil diese sich dazu gebrauchen lassen (s. S. 97. 233. 247).
Jede Sexualerziehung hat mit diesem sozialen Sinn der menschlichen Sexualität zu rechnen. Es kann ihr darum das Leitbild einer harmonischen Persönlichkeit nicht genügen, wie es dem häufig angegebenen sexualpädagogischen Ziel »Integration der Sexualität in die Persönlichkeit« zugrunde liegt (s. S. 281–285). Dieses Leitbild ist zu individualistisch, allein auf die Kultur des Einzelmenschen gerichtet, und letztlich nur verständlich aus der christlich-abendländischen Tradition, die den sexuellen Menschen als einen innerlich zerrissenen Menschen erlebte, dessen Zerrissenheit in Harmonie gebracht werden müsse. In ihm spiegelt sich zudem eine sexualpädagogische Vergangenheit, deren Hauptanliegen der Kampf gegen die Selbstbefriedigung und die (schamhafte und keusche) Bewahrung für die Ehe waren. Darin spielte eben nur der Einzelmensch eine Rolle. Daß seine Möglichkeit zu lieben, mit all ihren Bedingungen, auch seine Möglichkeit sexuell zu lieben, sich von selbst einstellte, das war ungebrochene Unterstellung, obwohl sie als tausendfach widerlegte Annahme leicht hätte entdeckt werden können. Doch die Unfähigkeit zu

[25] *H. Giese,* in: *ders./V. E. von Gebsattel,* Psychopathologie der Sexualität, Stuttgart 1959, 224.

[26] *S. Pfürtner,* Kirche und Sexualität, Reinbek b. Hamburg 1962, 61.

lieben wurde eher auf das sündhafte Versagen des einzelnen Menschen geschoben denn auf den Mangel oder die Unzuträglichkeiten einer Sensibilisierung und Öffnung füreinander.

Sexualität – Sprache – Körpersprache

Die Sexualität des sozialen Menschen ist am ehesten mit seiner Sprache zu vergleichen. Ich folge hierin Helmut Kentler: »Wie die Sprache dient die Sexualität dem Kennenlernen, der Verständigung. Wenn wir miteinander sprechen, gebrauchen wir Worte – wenn wir uns sexuell begegnen, benutzen wir unseren Körper. Sprache und Sexualität sind verschiedene Weisen, miteinander in Beziehung zu kommen, uns mitzuteilen. Ich kann manches nicht in Worte fassen, was ich mit meinem Körper ausdrücken kann, und umgekehrt: was mein Körper nicht sagen kann, dafür habe ich Worte. Philosophie kann ich nicht mit meinem Körper treiben. Aber der Satz ›Ich liebe dich!‹ bliebe immer inhaltsleer, wenn ich nie durch meine Körpersprache sagen würde, wie er gemeint ist.«[27]

Menschliche Sexualität ist Sprache der Liebe. Wir dürfen unsere Sexualität nicht mit Hunger oder Durst vergleichen. Hier führt ein biologisch (physiologisch) bedingter Mangelzustand zwangsläufig zu dem Bedürfnis, es durch Befriedigung aufzuheben, also zu essen oder zu trinken. Unsere Sexualität funktioniert nicht nach diesem Triebmodell. Sie hat viel mehr mit der Sprache gemein[28].

– Wir sprechen nicht, weil ein Sprechtrieb uns drängt. Wir sprechen, weil wir *etwas* mitteilen wollen. Wir sprechen auch,

[27] *H. Kentler*, Sexualität ist anders: *I. Brender* (Hrsg.), Die Sache mit dem Sex (1977), Weinheim und Basel 1982, 8.

[28] Vgl. auch: *K. Breuning*, Der Beitrag des Religionsunterrichts zur Sexualpädagogik: *H. Janssen* (Hrsg.), Sexualerziehung an Gymnasien, Hannover 1972, 217. *H. Kentler*, Taschenlexikon Sexualität, Düsseldorf 1982, 145; *Windisch* (Anm. 14) 374; *G. Bravo*, Die sexuelle Dimension in der christlichen Sicht des Menschen: Diakonia 15 (1984) 235.

weil *wir* uns mitteilen wollen und darin Beziehungen unterhalten und Gemeinschaften stiften. Ebenso »lieben« wir nicht, weil ein Geschlechtstrieb uns drängt, sondern weil wir die Nähe und die Gemeinschaft eines anderen Menschen suchen und sie ihm schenken wollen.

– Wer sich im Gespräch uneingeschränkt öffnen will und seinem Gesprächspartner seine Gedanken und sich selbst offen mitteilen möchte, der braucht die Situation der Vertrautheit und des Vertrauens. Auch das sexuelle Lieben setzt Beziehungen voraus, in denen Vertrautheit und Vertrauen wachsen konnten.

– Wir können nur sprechen, weil wir das Sprechen gelernt haben, von früh auf als Kinder, dadurch daß wir den Worten der Eltern lauschten, sie nachahmten und dann mit ihnen sprachen wie sie mit uns. In solchen vertrauten Gesprächen wurde der Grund gelegt, den die ausdrückliche Beschäftigung mit der Sprache später entfaltete. Ebenso können wir nur sexuell lieben, wenn wir es gelernt haben; wenn wir in den leibhaftigen Beziehungen zu unseren Eltern respektvolle Wertschätzung und zärtliche Geborgenheit erlebt haben; wenn wir an ihnen oder anderen Menschen entdecken konnten, wie man beides gewährt, auf viele Weise, auch durch die Körpersprache der Liebe.

– Sexualität und die Sprache lassen sich auch unter dem Aspekt ihrer Sinngehalte zusammenbringen. Von der Sinnvielfalt der Sexualität wird noch die Rede sein. Doch schon hier läßt sich andeuten: Die Sprache dient, wie die Sexualität, der Identität des Menschen: Ich begreife und ergreife mich, indem ich »Ich« sage und von anderen darin anerkannt werde (Identitätsaspekt). Die Sprache vermittelt und gewährt, darin der Sexualität gleich, Beziehungen: Ich kommuniziere sprechend und liebend mit anderen Menschen (Beziehungsaspekt). Die Sprache weckt, ebenso die Sexualität, Lust: sprechend oder im Gespräch gewähren wir und haben wir Freude, Spaß (Lustaspekt). Die Sprache ermöglicht schließlich fruchtbares und schöpferisches Leben und bringt es hervor: mit den Worten »Ich vertraue Dir«, oder »Ich liebe Dich«, oder »Es ist gut, daß es Dich gibt« wird Leben geschaffen. Analog der Schöpfung der Welt durch das Wort

Gottes »erschaffen« Eltern ihr Kind durch ihr Sprechen mit ihm, so wie neues Leben vielfach durch über-zeugende Worte entsteht. So ist es auch mit der Sprache der Sexualität: sie erschafft Leben; in höchster Form im Kind (Fruchtbarkeitsaspekt).

– Wie das Sprechen so kann auch das sexuelle Lieben mißlingen. Menschen können durch Sprechen einander verletzen wie durch sexuelle Praxis. Sie können im Sprechen lügen wie in sexueller Praxis.

– Ohne Zusammenhang mit dem Schweigen wird das Sprechen zum Gerede. Ohne Zusammenhang mit dem Sprechen wird aus dem Schweigen Stummheit. Auf diesen Zusammenhang hat Romano Guardini verwiesen: »Zum Wesen allen Sprechens gehört, daß es auf das Schweigen bezogen ist. Erst beide Verhaltensweisen bilden das volle Phänomen. Sie bestimmen einander wechselseitig, denn wirklich sprechen kann nur, wer schweigen kann – ebenso wie wirkliches Schweigen nur dem möglich ist, der zu reden vermag. Das echte Schweigen bedeutet nicht nur das bloße Negativum, daß nicht gesprochen werde, sondern ein lebendiges Verhalten; eine in sich schwingende Bewegtheit des inneren Lebens, in welcher dieses seiner selbst mächtig wird. Erst in dieser Ruhe kommt dem Wort jene stille Kraft, die es voll macht. Darüber hinaus ist das Schweigen ein Offenwerden vor der Sinngestalt, die sich dem inneren Blick darbietet. Erst in solchem Offensein wird deren Bedeutungsmacht erfahren, und erst aus solcher Erfahrung gewinnt das Wort seine ganze Ausdrucksenergie.«[29] Und M. Picard ergänzt, im Blick auf die tödliche Gefahr wortlosen Schweigens: »Hat ... das Wort den Zusammenhang mit dem Schweigen nicht mehr, so ist an jener Stelle, wo einst das Schweigen war, nur die Leere, der Abgrund. Die Worte verschwinden in dieser Leere, wie einst im Schweigen, sie werden in diese Leere eingesogen, und eine ungeheure Angst entsteht im Menschen, daß er aufhören werde, Mensch zu sein, wenn das letzte Wort im Abgrund der Leere verschwindet.«[30]

[29] *R. Guardini,* Die religiöse Sprache. Sprache und Wirklichkeit, München 1967. 150f.

[30] *M. Picard,* Die Welt des Schweigens (1949), Frankfurt a. M. 1959, 32.

Bleibt das Schweigen wortlos, so wird es dumpf, unheimlich und angsterregend. Es artikuliert Ohnmacht. Ähnlich verhält es sich auch mit der Sprache der Sexualität, deren Schweigen der Verzicht ist. Ohne jeden (wenn auch nur zeitweisen) Verzicht verlöre sexuelles Lieben seine Seele. Es würde leer und schal. Ohne jede sexuelle Praxis wäre Verzicht tot. In ihm träte die Ohnmacht zu lieben hervor.

Als Körpersprache der Liebe, die sich leiblicher Gesten als ihres Zeichensystems bedient, unterscheidet sich die menschliche Sexualität nun allerdings auch von der Wortsprache. Ist diese diskursiv – sie vermittelt Sinn und gewährt Bedeutung in der Zeit –, so »spricht« jene simultan, sie »sagt« alles, was zu sagen ist, im gleichen Augenblick. Die Körpersprache übermittelt nicht, wie die Wortsprache, im Nacheinander Bedeutungselemente, welche zu einem Sinn erst zusammengesetzt werden müßten. Sie übermittelt ihren Sinngehalt ganzheitlich und gleichzeitig. In ihr werden Körperlichkeit, Emotionalität und Bewußtsein ungetrennt zum Ausdruck gebracht und vernommen. Die Sexualität »spricht« so dann auch nicht allein das Bewußtsein an. Sie vermittelt ihre Gehalte dem sinnlichen Erleben.

Die spezifische Bedeutung des Leibes als Medium der Kommunikation liegt, im Gegenüber zu wortsprachlichen Zeichensystemen, in seiner großen Expressivität im Blick auf die Beziehung der Menschen[31]. Zeichensysteme sind ja in dieser Hinsicht unterschiedlich leistungsfähig. Die Sprache der Mathematik ist zwar geeignet, Sachverhalte eindeutig und verständlich zu machen. Sie vermag jedoch nur bestimmte Sachverhalte zu formulieren. In unserer Umgangssprache können wir uns über Vieles verständigen, auch, was in der Sprache der Mathematik nicht möglich wäre, über uns selbst beispielsweise, über unsere Gefühle füreinander und unsere Beziehungen zueinander. Je unmittelbarer nun unser Körper am Gespräch beteiligt ist – beim Telefongespräch ist er weniger präsent als im unvermittelten Gespräch –, desto

[31] *H. P. Dreitzel,* Der Körper als Medium der Kommunikation: *A. E. Imhof* (Hrsg.), Der Mensch und sein Körper, München 1983, 179–196.

lebendiger wird die Kommunikation die Beziehung der Beteiligten zueinander zum Ausdruck bringen. Diese Ausdrucksintensität nimmt noch zu, wo der Körper allein Medium der Kommunikation ist, wenn also nur in körperlichen Gesten »gesprochen« wird, bei Zärtlichkeiten, im Liebesspiel.

Darum ist es auch nicht so, daß die körperlichen Gesten nur von der Liebe sprächen. Nein: sie gewähren sie zugleich. Sexuelle Praxis ist nicht nur Zeichen der Liebe. Sie ist ihre Gegenwärtigkeit. Sie ist nicht einfach ihr Ausdruck, sondern deren reale Mitteilung. Wegen der Eingebettetheit der sexuellen Liebe in unsere leibliche Subjektivität hat die sexuelle Liebe die Fähigkeit und Kraft, auf eine ganz unmittelbare Weise ausdrucksmächtig zu sein. Diese Unmittelbarkeit macht, daß in der Sexualität Liebe nicht nur angezeigt, sondern selbst schon geschenkt wird.

Die Zeichen, die ihren Sinn zugleich sagen und gegenwärtig machen, nenne ich Symbole. Symbole haben teil an der Wirklichkeit, die sie zum Vorschein bringen, und geben an ihr teil. Sie verstricken in sie, indem sie sie bezeichnen. Das ist auch bei der Sexualität so: sie ist Symbolsprache der Liebe in leiblichen Gesten.

Dies gilt auch angesichts der Gegebenheit, daß sich in Symbolen Sinnwirklichkeit zugleich entbirgt und verbirgt. Weil in der Sprache der Sexualität die Liebe zwar bezeichnet und gewährt wird, jedoch zugleich geheimnisvoll in der Schwebe bleibt, drängt sie auf Wiederholung. Das Wort der Liebe, leibhaftig gesprochen, wird nie sicher gewußt, nachdem es gesagt wurde. Es muß immer wieder neu gesagt und kann gar nicht oft genug vernommen werden. Nach und nach erst – die Sprache der Liebe wird dabei nicht nur leibhaftig geäußert, sondern in der Regel auch wortsprachlich und lebensgeschichtlich bestätigt – stellt sich Gewißheit ein, die nie Besitz ist. Die Sprache der Liebe will darum Dauer.

Die Sexualität ist – in ihren Erlebnis- und Handlungsformen – ein eigenes körpernahes Sprachspiel, durch das nicht nur Nachrichten vermittelt werden. In diesem Sprachspiel existiert der Mensch. Ich könnte auch sagen, die Sexualität sei ein Sprachspiel, in dem die Menschen sich verwirklichen. Dabei müßte nur bedacht werden, daß die Selbstverwirklichung sozialer Individuen gemeint ist, die von Menschen, die sich gewinnen, indem sie sich verlieren, oder die sich finden, indem sie mit anderen das Sprach-Spiel der Liebe spielen. Sie sind dabei auf keinen Zweck gerichtet, auf nichts als auf das Spiel selbst. Zum sexuellen Spiel gehört, daß es fröhlich ist und Freude macht. Obwohl die Sexualität am Ernst des Lebens teilhat, ist Heiterkeit am Platze – nicht Pflicht, kreative Freude – nicht Gesetz, schöpferische Energie – nicht zentnerschwere Tragödie.

Sexualität ist Sprache der Liebe. Dies übernahmen auch kirchenamtliche Texte. So formuliert das Arbeitspapier »Sinn und Gestaltung menschlicher Sexualität« der Gemeinsamen Synode der Bistümer in der BRD 1973: »Da die zwischenmenschlichen Beziehungen leiblich vermittelt werden, wird die Sexualität als eine besondere Möglichkeit erlebt, Liebe und personale Zuneigung zueinander auszudrücken.«[32] Der gleiche Gedanke findet sich in der Erklärung der deutschen Bischofskonferenz »Zur Sexualerziehung in Elternhaus und Schule« von 1979: »Sexualität ermöglicht in der ihr eigenen Weise, Liebe und personale Zuneigung zueinander auszudrücken.«[33] Selbst die Kongregation für das Katholische Bildungswesen meinte 1983 in ihrer »Orientierung zur Erziehung in der menschlichen Liebe«, Sexualität sei eine Weise der Person »zu sein, sich kundzutun, in Beziehung zu anderen zu treten, menschliche Liebe zu empfinden, auszudrükken und zu leben«[34].

Keuschheit jedenfalls ist, wo Sexualität Sprache der Liebe ist. »Nicht um deswillen ist die Liebe wertvoll, weil sie keusch ist, sondern die Keuschheit ist um deswillen und nur insoweit wertvoll, als sie verkörperte Liebe ist.«[35]

[32] Sonderdruck aus »Synode 7/1973« Bonn 1973, Nr. 3. 1. 6. 2.

[33] Die deutschen Bischöfe Nr. 23, hrsg. v. Sekretariat der Deutschen Bischofskonferenz, Bonn 1979, 8.

[34] Verlautbarungen des Apostolischen Stuhles Nr. 51, hrsg. v. Sekretariat der Deutschen Bischofskonferenz, Bonn 1984, Nr. 4.

[35] *Adam* 1942 (Anm. 9) 171.

Sozialität und Sozietät

Die Sozialität, die dem Menschen zukommt, ist keine Sozialität der idyllischen Zweisamkeit. »Echte erotische Liebe öffnet den Liebenden Herz und Sinn auch für andere Menschen. Mehr lieben heißt mehr erkennen – nicht nur von unserem Partner, sondern auch von der übrigen menschlichen Familie.«[36] Die Sozialität treibt den Menschen in die Sozietät, ebenso seine Sexualität.

Aus der Sozialität des Menschen und seiner Sexualität ergibt sich die Notwendigkeit ihrer sozialen Normierung. Soziale Beziehungen jeder Art sind auf Dauer nur möglich, wenn die Erwartungen, mit denen sie aufgenommen und die in sie gesetzt werden, nicht ständig gestört oder enttäuscht werden. Um solche Irritation minimal zu halten, hat die Gesellschaft Regeln ausgebildet, die festlegen, welche Erwartungen in eine Beziehung zu setzen und in ihr zu erfüllen sind (s. S. 207. 259). Diese Regeln haben einen unterschiedlichen Verbindlichkeitsgrad (Gewohnheit, Brauch, Sitte, Norm, Gesetz).

Auch für sexuelle Beziehungen bestehen solche Regeln. Sie entlasten die Partner von der je neuen Formulierung dessen, was zwischen ihnen gelten soll, setzen sie aber zugleich auch zu einer kreativen Gestaltung ihrer Beziehungen frei. Solche Regeln sind beim Menschen nötig, weil er ein »instinktentbundenes« Wesen ist, ein Wesen also, das sich von seiner biologischen Basis emanzipiert hat. Sie sind sinnvoll und einsichtig, solange sie erfahrbar an der produktiven Utopie gelungener und bereichernder Sexualität orientiert bleiben. Den Regeln gegenüber besteht zugleich eine Gehorsams- und Gestaltungsverantwortung. Wer aus der Sozietät nicht in die Idylle flüchtet, übernimmt die Regeln der Sozietät, aber indem er sie so entwickelt und verändert, daß sie immer mehr der produktiven Utopie entsprechen.

Normen sind verbindliche Einzelregeln. Institutionen sind ver-

[36] *D. Sölle*, Arbeiten und Lieben, Stuttgart 1985, Zitiert nach: Publik-Forum 14 (1985) Nr. 7,27.

bindliche Regelsysteme. Ihre ethische Legitimität beziehen sie aus den Werten, die ihnen zugrunde liegen und die sie schützen oder ermöglichen wollen. Ihre Legalität stammt aus der staatlichen Gesetzgebung.

In der Tradition katholischer Sexualethik und -pädagogik galten lange Jahrhunderte unangefochten die Ehe als Institution sexuell-genitalen Liebens und die Familie als Institution sexueller Fruchtbarkeit im Kind. Auch heute noch wird das beansprucht, obwohl es nicht mehr allgemein, nicht einmal mehr allen Kirchenmitgliedern einleuchtet. Tatsächlich können gegenwärtig weder die Ehe noch die Familie leisten, was sie zu leisten vorhatten. Die Ehe schützt nicht mehr, obwohl sie – in ihrer sakramentalen Form – Liebende für die Dauer ihres Lebens (Unauflöslichkeit) ausschließlich (Einheit) miteinander verbinden wollte – und dies kirchenamtlicherseits heute noch ungebrochen eingeklagt wird – das Lieben, nicht einmal dann, wenn die Eheleute, weil sie verheiratet sind, zusammenbleiben. Die Familie garantiert nicht mehr, obwohl sie Kindern die Sicherheit einer Bindung an ihre Eltern – als für die Dauer ihres Lebens in Liebe verbundenen Eheleuten – bieten sollte, was man »soziale Heimat« nennen könnte, nicht einmal mehr für die Zeit der Kindheit, weil sie an der Instabilität der Ehe teilhat. Viele Zeitgenossen sind darum auf der Suche nach neuen Formen. Sie glauben sie in nichtehelichen Lebensgemeinschaften oder Wohngemeinschaften oder anderswo zu finden, wobei sie den Gedanken an Schutz oder Garantie von Liebe und Bindung von vornherein fallen lassen. Dies könne nicht institutionell gesichert werden, sondern müsse immer wieder neu lebendig entstehen[37].

Nach allem, was man hört und sieht, haben nun allerdings auch die »Alternativen« zu den traditionellen Institutionen das Glück des Menschen nicht bewirken können. Und darum bleiben Ehe und Familie im Gespräch (s. S. 205ff. 222). Sie haben vielleicht

[37] Nichteheliche Lebensgemeinschaften in der Bundesrepublik Deutschland. Schriftenreihe des BMJFG. Band 170, Stuttgart–Berlin–Köln–Mainz 1985; *H. Frisch,* Ehe? Eine Pastorin plädiert für neue Formen der Partnerschaft, Frankfurt a. M. 1983.

gegenüber alternativen Gesellungsformen den Vorzug, daß ihre Chancen und Nachteile inzwischen bekannt sind, so daß man sich auf sie einstellen kann. Es gibt ja doch auch menschenfreundliche und kinderfreundliche, auch emanzipationsfördernde Formen von Ehe und Familie. Sie sind zudem nicht als Ersatz für die Liebe der Partner oder der Freundschaft mit Kindern gedacht; sie sind deren Form. Ehe und Familie sollen Partner und Kinder durch die institutionellen Hilfen, die sie bieten, und die öffentliche Anmerkennung, die sie gewähren, entlasten und stützen.
Darum werden wir Ehe und Familie weiterhin ins Gespräch bringen und junge Leute in sie einladen. Nicht daß es sie gibt und daß mit ihnen die Erwartung von Dauer und Ausschließlichkeit, in ihrer sakramentalen Gestalt gar von Einheit und Unauflöslichkeit verknüpft ist, ist das Problem. Das Problem ist, ob in unserer Gesellschaft ausreichend Möglichkeiten gegeben sind, sich die Fähigkeit und Bereitschaft zum Lieben in der Verbindlichkeit von Ehe und Familie zu erwerben; und wie die getröstet werden und in ihrer Liebesbedürftigkeit nicht verkommen, die an Ehe und Familie gescheitert sind[38].
Weil die Sexualität des Menschen die des sozialen Individuums ist, ist sie individuell und sozial zugleich. Daher ihre individuelle Gestaltungsfreiheit und ihre soziale Gestaltetheit, darum ihre individuelle Kreativitiät in Spannung zu ihrer gesellschaftlichen Determination durch Normen und Institutionen.

Fehlende Partner

Wie steht es nun aber mit der sozialen Sexualität, wenn der Partner fehlt? Was ist, wenn Menschen ihre Sexualität als Spra-

[38] *H. Ringeling,* Die nichteheliche Lebensgemeinschaft: das Problem alternativer Wege zur Verbindlichkeit der Ehe: Handbuch christlicher Ethik III, Freiburg–Gütersloh 1982, 298–316; *J. Herberg,* Ehe auf Lebenszeit. Die christliche Alternative, Freiburg–Basel–Wien 1982; *F. Tanner,* Bis daß der Mord euch scheidet. Ein Therapeut zum verhängnisvollen Weiterführen zerrütteter Ehen, Olten 1981.

che der Liebe zu anderen Menschen realisieren wollen, es diese aber nicht gibt? Was ist, wenn der Wunsch nach heterosexueller Liebe ins Leere geht, weil es den heterosexuellen Partner nicht gibt? Nicht, weil keiner gefunden wird, sondern weil keiner geboren wurde? Arthur E. Imhof hat aufgrund bevölkerungsstatistischer Daten angeregt, danach zu fragen, wo in einer Gesellschaft schon allein deswegen sexuelle Probleme gehäuft auftreten müssen, weil (in einigen Bevölkerungsgruppen) ein ausgewogenes Geschlechterverhältnis nicht gegeben ist. Er schreibt im Blick auf Berlin: »Wer auch immer als Ideal-Maßstab für eine möglichst konfliktfreie Sexualität in einer gegebenen Gesellschaft ein einigermaßen ausgewogenes Geschlechterverhältnis anlegt, muß sich fragen, was denn die jeweils massiv im Überschuß vorhandenen Personen des anderen Geschlechts mit ihrer Sexualität eigentlich anfangen sollen. Oder umgekehrt und sicher zugespitzt gefragt: Hat sich dieser von vielen von uns unreflektiert übernommene und immer noch weiter tradierte Maßstab (gemeint ist ›heterosexuelle Sexualität‹) nicht überlebt? Ist er angesichts eines im Verlaufe weniger Generationen völlig umstrukturierten Bevölkerungsaufbaus nach Alter, Geschlecht und Familienstand nicht ganz und gar unangebracht und geradezu konfliktprogrammierend? Wir denken und urteilen anscheinend immer noch wie unsere Großväter und Großmütter, als die Bevölkerungspyramide noch tatsächlich einer Pyramide glich und die Alters- und Geschlechtsrelationen ein entsprechend ausgewogeneres Verhältnis zeigten. Gewiß mögen die Verhältnisse in Berlin extrem sein. Im Prinzip wiederholen sie sich jedoch auch auf Bundesebene. 1981 gab es dort 4,6 Millionen Witwen, dagegen nur 0,8 Millionen Witwer; bei den Geschiedenen gut eine Million Frauen, aber nur knapp 700000 Männer.

Zu denken gibt aber auch die neue Altersverteilung, oder sie sollte es wenigstens. 1981 lebten im Bundesgebiet 5,2 Millionen unverheiratete Jugendliche zwischen 15 und 20 Jahren, dagegen 5,9 Millionen ledige, verwitwete, geschiedene Personen in einem Alter von über 60 Jahren. In Berlin (West) waren es 1982 sogar praktisch gleich viele unverheiratete Jugendliche zwischen

15 und 30 (296 866) wie Ledige, Verwitwete und Geschiedene über 60 Jahre insgesamt (287 810). Um es wiederum pointiert zu formulieren, so müßten wir uns heute doch wohl angesichts solcher geschichtlich einmaliger, völlig neuer Zahlenproportionen im gleichen Ausmaß mit *Alters-* wie mit Jugendlichensexualität befassen. Tun wir das wirklich? Nur nebenbei – obwohl keineswegs unwichtig – sei hier ferner daran erinnert, daß der Körper von Sechzigjährigen heute längst nicht mehr der gleiche abgearbeitete, verbrauchte, verwelkte, sexuell unattraktive Körper von Sechzigjährigen vor bloß zwei, drei Generationen ist. – Und vor dem Hintergrund der erwähnten weit auseinanderklaffenden Geschlechterverhältnisse sollten wir, ob uns dies nun paßt oder nicht, vielleicht die Augen vor neuen Formen gleichgeschlechtlichen Zusammenlebens nicht mehr so fest verschließen. Sind wir auch diesbezüglich nicht immer noch sehr viel geschichtsgebundener, als wir das oft meinen, und legen völlig unreflektiert die einstmals besser passenden Maßstäbe an? Jeder Leser mag selbst überprüfen, inwieweit die angesprochenen neuen Problembereiche hier quantitativ tatsächlich auch angemessen zur Sprache kommen und ernsthaft diskutiert werden.«[39]
Ich weiß auf diese Fragen zunächst keine Antworten, sie geben gleichwohl zu denken.

Partner (genauer: gesellschaftlich und moralisch zugelassene Partner) können freilich auch aus anderen Gründen fehlen: bei Körperbehinderten, bei Menschen in psychiatrischen Einrichtungen und Altersheimen, bei Strafgefangenen; bei Menschen, die aus irreversiblen psychischen Gründen keinem Partner (Autisten) bzw. keinem heterosexuellen Partner (Homosexuelle [s. S. 151 f. 233]) zugänglich sind, und bei solchen, die aus ihrer Einsamkeit keinen Ausweg finden. Will man in solchen Fällen Enthaltsamkeit empfehlen? Enthaltsamkeit von zwischenmenschlichen Beziehungen? Von der sexuellen Sprache der Liebe? Wo es doch nicht gut ist, wenn der Mensch allein bleibt?

[39] *A. E. Imhof,* Geschichte der Sexualität – Sexualität in der Geschichte; *C. Wulf* (Hrsg.), Lust und Liebe. Wandlungen der Sexualität, München–Zürich 1985, 184f.

4. *Geprägt durch Geschichte – prägend die Geschichte*

Die Ganzheit des Menschen ist nicht nur – wie dargestellt – als gegenwärtige Ganzheit aus Leib und Geist und in Individualität und Sozialität, zu denken. Sie ist auch geschichtlich zu begreifen. Jeder Mensch existiert aus den Erfahrungen, die er in seiner Lebensgeschichte gemacht hat und die ihn in Kontakt brachten mit den Erfahrungstraditionen seiner (familialen und gesellschaftlichen) Vorgeschichte. Und jeder Mensch bestimmt zugleich die Erfahrungen seiner Lebensgeschichte, seiner vergangenen und zukünftigen, und die der Menschen, mit denen er lebt. Geprägt durch die Geschichte, prägend die Geschichte, so lebt der Mensch, auch in seiner Sexualität.

Geprägt werden und prägen

Die Sexualität des Menschen wird bestimmt. Sie ist geprägt von seiner Lebensgeschichte in einer bestimmten familialen und gesellschaftlichen Umwelt. Jeder trägt in seiner eigenen Biografie die Geschichte derer, aus denen er stammt, aus. Das hat in der Regel Möglichkeiten sexuellen Liebens zugleich erschlossen und verschlossen. Er war dabei – Einzelheiten könnte man nur über Einzelfälle sagen – vermutlich nicht der Determinationsmacht seiner Umwelt unterworfen. Jedenfalls hat er sich in der Verarbeitung der Einflußkräfte seiner Umwelt aus seinen ihm angeborenen oder zufällig von ihm erworbenen Möglichkeiten heraus auch aktiv verhalten (Aktivitätstheorie). Doch konnte er darin den Einflüssen seiner familialen und gesellschaftlichen Vorgeschichte nicht gänzlich entkommen. Sie sitzen in ihm und wirken auf ihn ein. Sie sind das lebensgeschichtliche Material, aus dem er das Haus seines Lebens baut, das ihm aber vorgegeben ist und ihn nur bauen läßt, wofür es sich eignet. Menschliche Sexualität ist davon betroffen.

In der mehr oder weniger großen Möglichkeit des Menschen, zu den Menschen und Situationen, unter denen er sich vorfindet und die ihn zu bestimmen suchen, Stellung zu nehmen, erweist er sich als dynamisches Wesen, als »Person im Werden«[40]. Jeder bekommt dadurch seine persönliche Lebensgeschichte, an der er empfangend und gestaltend mitwirkt. Das führt selbst unter (obwohl immer nur scheinbar) gleichen familialen Bedingungen zu individuellen Lebensprofilen; aber auch dazu, daß niemand die Verantwortung für sein Leben gänzlich auf andere schieben kann.

Das hat im Blick auf die menschliche Sexualität nocheinmal zur Folge, daß es die eine Sexualität des Menschen nicht gibt. Jeder sexuelle Mensch ist geschichtlich kontingent. Sexuell sprechen die Menschen verschiedene Dialekte und ihre je eigene Sprache. So kann jeder Mensch seine Möglichkeit zu lieben, auch sexuell zu lieben, immer nur begrenzt entfalten, weil seine Umwelt sie ihn nur begrenzt entfalten ließ.

Die Sexualität des Menschen nimmt Einfluß: Jeder greift mit seinen sexuellen Wünschen und Handlungen in seine Lebensgeschichte ein. Sie besetzen seine Erinnerung, nisten sich in seine Fantasie ein und verändern seine Neigungen und Gewohnheiten. Sie prägen sich der Matrix seines Lebens auf. Mit den Möglichkeiten, die er sich eröffnet oder verbaut hat, wird er rechnen müssen, auch wenn er sie zu verändern sucht. Das trifft auch auf seine Beziehung zu anderen zu. Da seine Sexualität ihn mit anderen zusammenbringt, mischt er sich – wie andere in die seine – in die Lebensgeschichte anderer ein. Das wird ein jeder verantworten müssen. Was jemand denkt oder tut, bleibt nicht folgenlos, weder für ihn selbst noch für seine Partner. Es kann sie bereichern oder verletzen, ihnen hilfreiche oder kränkende Erlebnisse vermitteln.

Der Verweis auf die so verstandene Geschichtlichkeit des Menschen und seiner Sexualität macht klar: die menschliche Sexualität ist nichts »Natürliches«. Des Menschen Sexualität ist aus starrer, biologisch-instinkthafter Determination entbunden und

[40] *E. J. Cooper,* Grundkurs Sexualmoral II, Freiburg 1983, 23.

seiner Gestaltung aufgegeben, die er in aktiver Auseinandersetzung (Aktivität) mit Bios (Vererbung) und Ethos (Umwelt) betreibt. So ist und wird seine Sexualität Kultur; sie wird kultiviert, nicht ohne naturale Basis und nicht außerhalb geschichtlicher Traditionen. Über deren Zusammenspiel läßt sich trefflich streiten. Klarheit ist darüber bisher nicht geschaffen worden.

Sexualität im Versagens- und Schuldzusammenhang der Gesellschaft

Mit der Geschichtlichkeit des Menschen ist gegeben, daß seine Sexualität sich unter Menschen ausbildet, die versagen können und schuldfähig sind und die vielfach versagt haben und schuldig wurden. Sie bildet sich also aus im Versagens- und Schuldzusammenhang der Gesellschaft. Dieser Zusammenhang wird zwar immer wieder auch von einzelnen oder Gruppen neu geknüpft. Er ist ihnen aber auch vorgegeben. Er ist Tat von Menschen und deren Schicksal zugleich. Er kann Menschen zugerechnet und doch nicht vorgerechnet werden.
Mit diesem Versagens- und Schuldzusammenhang bekommt jeder zu tun. Er ist seine Situation. In ihm muß er seine Sexualität ausbilden. Der Mensch kann in seinen Möglichkeiten behindert oder entfesselt, in seinen Bedürfnissen getäuscht und in seinen Wünschen verletzt werden. Möglich ist, daß er sich Zwängen unterwirft oder Täuschungen erliegt. Ängste können ihn in der Entfaltung seiner Sexualität hindern und Schuldgefühle ihn veranlassen, seine sexuellen Interessen zu verdrängen, so daß sie hinter seinem Rücken wirken und ihn stören, oder zu Symptomen werden, ohne daß er ein Bewußtsein davon hat. So läßt sich begreifen, daß die Menschen in ihrer Sexualität immer defekt bleiben; daß in ihre Sexualität immer auch Versagen und Schuld gemischt ist. Die Erwartung, hier würden die Menschen perfekt sein und handeln können, geht an der Realität vorbei. Ausgangspunkt allen (theoretischen und praktischen) sexualpädagogischen

Umgangs mit Menschen ist nicht der perfekte, sondern der defekte Mensch: und Ziel nicht der ideale, sondern der reale Mensch. Wer nicht mit Ohnmacht und Verfehlungen rechnen will, oder es nicht kann, sollte sich vom Umgang mit Menschen fernhalten.

Notwendige Verantwortung

Wegen der Geschichtlichkeit des Menschen ist von Verantwortung zu reden. Das sexuelle Handeln des geschichtlichen Menschen ist nicht als Augenblickspraxis zu verstehen und nicht auf den Augenblick zu reduzieren. Es hat mit den Erfahrungen zu tun, die einer in der Vergangenheit gemacht hat, unter Mitwirkung dafür verantwortlicher Menschen; und es bringt neue Erfahrungen zustande, auch für andere Menschen. Dafür ist die Verantwortung zu übernehmen. So ist beispielsweise die innigste Form sexuellen Liebens kein leichtfertiges Spiel. Sie hat Folgen für die, die es spielen. Sie verstärkt ihre Vertrautheit. Sie bindet ihre Liebe. Das mag wohl anders sein, wenn Neugierde oder Geilheit zum Geschlechtsverkehr motivierte. Auch mögen verschiedene Menschen hier unterschiedliche Erfahrungen machen. Doch wer nachher so tut als sei nichts gewesen, soll nicht behaupten, er habe die Sprache der Liebe gesprochen. Folgen ergeben sich letztlich auch durch ein mögliches Kind. Es hat einen Anspruch darauf, in Verhältnissen aufzuwachsen, in denen es das Lieben lernen kann. Grundlegend gilt darüber hinaus: Die sexuelle Erfahrung, die man anderen gewährt, wird ebenso wie die, die einem gewährt wird, künftige sexuelle Erfahrung bleibend prägen.

Deutlich erweist sich nun darin der geschichtliche Mensch als ein Wesen, das auf Sinn angelegt ist. In allem was er erlebt oder tut, sucht er etwas Sinnvolles zu realisieren; etwas, das ihm als sinnvoll erscheint und das andere, kennen sie genügend seinen Lebensentwurf, als sinnvoll erkennen können. Die mit der Geschichtlichkeit gegebene Zukünftigkeit zwingt den Menschen, seine

Zukunft produktiv in seine Lebensgeschichte einzuordnen. Er stellt zwar nicht immer ausdrücklich die Frage nach dem »Wozu«. Aber einschlußweise beantwortet er diese Frage immer. Dies betrifft nun auch seine Sexualität. Alles sexuelle Erleben und Handeln ist im Kontext des Lebensentwurfs eines Menschen subjektiv sinnvoll. Auch das, was vorderhand als unsinnig erscheint. Man hätte einen Menschen verstanden, wenn man den Sinn des scheinbar Sinnlosen bei ihm entdeckt hätte. Es bleibt allerdings bei Vermutungen, wenn der Betroffene sich nicht selbst erschließt.

Unvermeidbare Enttäuschung

Seine Geschichtlichkeit macht dem Menschen schließlich bewußt, daß er ein endliches Wesen ist, das einmal zu leben begonnen hat und einmal zu leben aufhören wird. Mit der Tatsache der Endlichkeit des Menschen und seines sicheren Todes ist gegeben, daß sich nicht alle seine Möglichkeiten verwirklichen lassen. Am Ende kann er die womöglich schmerzliche Überzeugung gewinnen, hinter seinen Möglichkeiten endgültig zurückgeblieben zu sein. Das kann auch seine sexuellen Möglichkeiten betreffen. Darum gibt es (notwendigerweise) Enttäuschung und Leid (s. S. 257–260).

5. Offen für Transzendenz – Partner Gottes

Der Mensch ist als endliches Wesen offen für das Unendliche, als immanentes Wesen offen für Transzendenz, als geschaffenes Wesen offen für Gott. Daß des Menschen Herz unruhig ist, wie Augustinus formuliert hat, und nur schwer zur Ruhe gebracht werden kann, das scheint der Erfahrung vieler Menschen zugänglich zu sein. Strittig ist jedoch, ob es nur in Gott wahrhaftig zur Ruhe kommt, wovon die Christen zusammen mit den Angehörigen vieler Religionsgemeinschaften überzeugt sind.

Unerfüllt in der Erfüllung

Ist der Mensch so religiös, daß er in der Realisierung seiner Beziehung zur Transzendenz allein sich des Sinns seiner Existenz, der Möglichkeit geglückten Lebens, gelungenen Liebens und bereichernder Sexualität gewiß ist? Will man diese Frage nicht nur theoretisch, sondern empirisch angehen, dann ist sie zu verneinen. Die Möglichkeit gelungenen Lebens in Liebe und Sexualität ist offensichtlich unabhängig von Religion. Religiöse wie unreligiöse Menschen erfahren und erleben Sinn und Unsinn, Liebe und Haß, gelungene Sexualität und mißratene Sexualität.

Für die Sexualität beider Gruppen bleibt dennoch die anthropologische Bestimmung der Transzendenzoffenheit des Menschen von Bedeutung. Sie zeigt sich in der Erfahrung, daß im Bereich des Liebens und der Sexualität als Sprache dieses Liebens immer mehr aufbricht, als das sexuelle Lieben allein hergibt. Selbst Menschen, die behaupten, an Liebe und Sexualität alles genossen zu haben, erfahren ein »Mehr als alles«. Es bleibt die Unerfülltheit in der Erfüllung. Die Erfahrung, daß das sexuelle Glück nicht alle Glücksmöglichkeiten des Menschen erschöpft, deutet an, daß das Glück des Menschen nicht mit seinem sexuellen Glück ineins fällt.

Zweckfreies Lieben

Die Transzendenzoffenheit zeigt sich auch darin, daß der Mensch sich nicht auf Gegebenes, Vorhandenes, Greifbares festlegen lassen will. Seine Fantasie entwirft ihm Bilder, die alles Sichtbare überschreiten. Seine Seele bringt Träume hervor, die wunderbare Geschichten erzählen. Sein Möglichkeitssinn – wenn nicht verschüttet wurde, was er mitbrachte, und sich entfalten konnte, was in seiner Kindheit aufblitzte – bricht durch alle Realität, die er als Schein entlarvt, bricht sie auf, läßt Tiefendimensionen und Geheimnisvolles ahnen. Solche Fantasie ist nicht immer gefragt. Abfällig wird festgestellt: »Der ist ein Fantast«; oder: »Der hat ein bißchen viel Fantasie«. Man wird jedoch »vermuten dürfen, daß die Fantasie es in besonderer Weise mit der unendlichen Offenheit des Menschen zu tun hat«[41].

Auch die Sexualität des Menschen ist durch Offenheit und Fantasie ausgezeichnet; sie könnte es zumindest sein, wenn ihr fantasievolles Spiel nicht immer wieder von Ängsten oder von Instanzen gebändigt würde, die der Unberechenbarkeit des sexuellen Menschen mißtrauen. Es kann kein Zufall sein, daß kreative Menschen sich in der Regel nicht gerade durch sexuelle »Korrektheit« auszeichnen.

Die Sexualität des transzendenzoffenen Menschen will nicht für Immanentes verzweckt werden. Denn in diesem Fall holte sie ni die ganze Tiefe des Menschen ein. Die Sexualität des Mensc[illegible]n ist zweckfrei. Sie findet gerade dann ihren Sinn, wenn sie [illegible] keinen Zweck (Unterdrückung, Konsum, Geschäft; Bevölkerungswachstum, Truppenstärke, Alterssicherung) instrumentalisiert wird.

Von Gott erschaffen – entfremdet – zum Lieben befreit

Der Christ ist in seinem Glauben gewiß, daß nicht nur der Mensch für Gott, sondern daß auch Gott für den Menschen offen ist. Gott hat sich selbst den Menschen mitgeteilt, mitgeteilt in der Sprache der Offenbarung und in der Gnade der Erlösung. Darum begreifen wir uns als von Gott geschaffen: als Mann und Frau, als seine liebesfähigen und zum Lieben berufenen Ebenbilder, als mit lebensschöpferischer Fruchtbarkeit gesegnet. Darin sehen wir unsere Einmaligkeit und Würde begründet. Wir erfahren uns als endliche und versagende Wesen: unter der Macht der Sünde und des Todes, verführbar dazu, das Lieben zur Machtausübung und zum egoistischen Genuß zu mißbrauchen. Und wir wissen uns durch Gott befreit von aller Knechtschaft, auch der der

[41] *W. Pannenberg,* Was ist der Mensch?, Göttingen 1962, 21.

Sünde, der Endlichkeit und des Todes, und befreit zu einer grenzenlosen Liebe, die die Kraft hat, das scheinbar Nicht-Liebenswerte durch Lieben liebenswert zu machen. Dafür steht die Verkündigung, das Handeln und das Geschick, Tod und Auferweckung, Jesu von Nazareth.

Diese Selbstmitteilung Gottes, Offenbarung an den Menschen und Erlösung des Menschen zugleich, interpretiert und befreit auch dessen Sexualität. Der Mensch darf sich – Inhalt der Offenbarung – als Geliebter und darum Liebender verstehen; und er ist – Wirkung der Erlösung – durch die Erfahrung des Geliebtwerdens zum Lieben befreit. Er bleibt dabei einer, der weder aus eigenem Vermögen von dieser Liebe weiß noch aus eigenem Entschluß solches Lieben vermag. Darum bleibt trotz Offenbarung und Erlösung sein Lieben gefährdet. Doch darf er sich als Liebender begreifen und sich die Freiheit zu lieben nehmen.

Offenbarung und Erlösung umfangen den ganzen Menschen, nicht allein seine Seele. Sie meinen den leibhaftigen, den sexuellen Menschen. Auftrag und Befreiung zur Liebe meint Aufgabe und Ermöglichung einer Liebe, die sich des Leibes nicht schämt und das Menschliche des Liebens nicht als peinlich erlebt.

Sexualpositive Elemente biblischer Tradition

In diesem Kapitel geht es weder um eine Zusammenstellung aller die Sexualität des Menschen betreffenden biblischen Texte noch gar um eine biblische Theologie der Sexualität. Das oder ähnliches ist anderswo geleistet worden[1]. Es sollen nur einige sexualpositive Elemente biblischer Tradition in Erinnerung gerufen werden. Da die biblische wie die christliche Tradition im ganzen die Sexualität eher in ihrer Ambivalenz vorstellt, diese Ambivalenz jedenfalls nicht, obwohl sie die Sexualität als Element der guten Schöpfung Gottes begreift, verstellt, muß immer auch von ihr die Rede sein. Doch möchte ich bewußt einseitig das Positive hervorheben. Christen brauchen eine Ermutigung gegen allen Sexualpessimismus, der sie wieder und wieder eingeholt hat und immer noch verführt, allerdings ohne über den in der ambivalenten Zeichnung der Sexualiät liegenden biblischen Realismus getäuscht zu werden.

Die Regelungen der sexuellen Beziehungen, die die Bibel trifft, ihre Bewertung einzelner sexueller Handlungen bzw. Institutionen, ihre Vorschriften und Freigaben können für die Gegenwart nicht unmittelbar normativ sein. Sie sind mit dem geschichtlichen und gesellschaftlichen Kontext, in dem sie formuliert wurden, unablösbar verknüpft. Wer darum ihre Geltung für heute behaupten wollte, könnte sich nicht einfach auf die Normativität der Bibel berufen. Er müßte für sie vernünftige Gründe angeben oder belegen, warum sich die allgemeine Normativität der Bibel auf gerade diese oder jene Einzelregelung beziehen soll. Normativ sind biblische Einzelregelungen der menschlichen Sexualität weder unmittelbar noch automatisch. Normativ ist das anthropologische und gesellschaftliche Konzept, das in den biblischen Aussagen zur Sexualität des Menschen zum Vorschein kommt.

Die Bibel macht den Versuch, die Welt und den Menschen von Gott her zu deuten und zu gestalten. Das Entscheidende für uns ist, wie sich das Volk Israel und die junge christliche Kirche zum Leben, zum Lieben, zum sexuellen Lieben einstellten und wie sie

[1] Ich halte mich vor allem an: *H. Haag*, Du hast mich verzaubert, Zürich 1980; *ders./K. Elliger*, »Stört nicht die Liebe«. Die Diskriminierung der Sexualität – ein Verrat an der Bibel, Olten 1986.

ihre Erfahrungen von Gott her, im Horizont des Sinaibundes (Altes Testament) und der Neuen Welt Gottes (Neues Testament) begriffen[2]. Der darin sichtbare theologische Entwurf vom Menschen und seiner Welt muß auf unsere Gegenwart produktiv angewendet werden, wenn deutlich werden soll, welche Ermutigung die Bibel für die umfassende Sinndeutung wie für die Gestaltung der Sexualität des Menschen bereithält[3].

1. Gott schuf den Menschen als Mann und Frau

Schon auf ihren ersten Seiten verrät die Bibel eine sexualpositive Einstellung. Im großen Lied von der Schöpfung zu Anfang der Bibel heißt es: »Gott schuf also den Menschen als sein Abbild; als Abbild Gottes schuf er ihn. Als Mann und Frau schuf er sie« (Gen 1,27).

Die Sexualität ist eine Idee Gottes

Gott selbst schuf den Menschen in geschlechtlicher Differenzierung. Er erscheint als deren Urheber. Er selbst hatte die Idee von Mann und Frau. »Damit ist ihre ursprüngliche Güte erwiesen und in kürzester Form jeder dualistisch-spiritualistischen Deutung der Riegel vorgeschoben.«[4] Darum kann es auch uneingeschränkt heißen: »Gott sah alles an, was er gemacht hatte: Es war

[2] Vgl. *Haag/Elliger* (Anm. 1) 13. Zur Normativität der Bibel vgl. auch: *S. H. Pfürtner,* Kirche und Sexualität, Reinbek b. Hamburg 1972, 173; *H. Halter,* Bibel und Sexualität: *ders.* u. a., Sexualität und Ehe, Zürich 1981, 9–12.

[3] Vgl. *A. Grabner-Haider,* Leib und Lust in der Bibel: *ders.* (Hrsg.), Recht auf Lust?, Freiburg 1970, 213 ff.; *J. Burri,* Als Mann und Frau erschuf er sie, Zürich 1977; *P. Vasserot,* Der christliche Glaube, der Leib und die Lust: *A. Barral-Baron* u. a., Lust – Glück – Glaube, Salzburg 1982, 64–78.

[4] *F. Böckle,* Sexualität und sittliche Norm: Stimmen der Zeit 180 (1967) 249.

sehr gut« (Gen 1,31). Die Zweigeschlechtlichkeit des Menschen mit ihren sexuellen Möglichkeiten ist weder Fehlgriff Gottes noch Abfall von Gott. Die Sexualität des Menschen ist Gottes ursprüngliche Idee.

Ebenbild Gottes, der die Liebe ist

Mann und Frau sind geschaffen als Gottes Ebenbild. Sie sind als seine Repräsentanten in der Welt Träger seiner Lebendigkeit und Mächtigkeit, beauftragt, die Lebensordnung, die Gott errichtet hat, zu schützen und diese Welt als Haus des Lebens zu gestalten. Gott nun ist die Liebe (1 Joh 4,8.16). Die Liebe macht Gottes Wesen aus. Dieses Wesen bildet der Mensch in sich ab. Als Träger des Verstandes, der den Menschen gegenüber den Tieren abgrenzt, sei der Mensch Gottes Bild, als Besitzer von Herrschermacht, die ihm die Verfügung über die Tiere einräumt, sei der Mensch Gott ähnlich, so ist behauptet worden[5]. Doch nicht, was ihn gegenüber der Tierwelt auszeichnet, macht des Menschen Gottebenbildlichkeit aus, sondern was er mit Gott gemeinsam ist: ein Wesen lebendiger, gestaltender Liebe. »Gott hat den Menschen nach seinem Bild und Gleichnis erschaffen: den er aus Liebe ins Dasein gerufen hat, berief er gleichzeitig zur Liebe. Gott ist Liebe und lebt in sich selbst ein Geheimnis personaler Liebesgemeinschaft. Indem er den Menschen nach seinem Bild erschafft und ständig im Dasein erhält, prägt Gott der Menschennatur des Mannes und der Frau die Berufung und daher auch die Fähigkeit und die Verantwortung zu Liebe und Gemeinschaft ein. Die Liebe ist demnach die grundlegende und naturgemäße

[5] Vgl. *W. Groß,* Die Gottebenbildlichkeit des Menschen im Kontext der Priesterschrift: Theologische Quartalschrift 161 (1981) 244–264; *A. Hoffmann,* Die Lehre von der Gottebenbildlichkeit des Menschen in der neueren lehramtlichen Verkündigung: Anzeiger für die Seelsorge 91 (1982) 88–92; *ders.,* Zur Gottebenbildlichkeit des Menschen: Anzeiger für die Seelsorge 91 (1982) 267–271; *ders.,* Gottebenbildlichkeit: Anzeiger für die Seelsorger 91 (1982) 387–388.

Berufung jedes Menschen.«[6] Das gilt für Mann und Frau in gleicher Weise. Und schließt das körperliche Moment mit ein[7]. Mann und Frau sind Bild eines Gottes, der selber weder Mann noch Frau ist. Gott mag zwar mit männlichen oder weiblichen Eigenschaften ausgesagt werden – weil Gott nicht anders als mit menschlichen Kategorien begreifbar ist –, doch übersteigt er die geschlechtliche Differenzierung: er selbst ist »transsexual«[8].

Sich lieben als Mann und Frau

Gemeinsam sind Mann und Frau das ganze Bild Gottes. Und sie sind es als Mann und Frau. Wenn nichts an Menschen, »nichts an Mann und Frau von der Gottebenbildlichkeit ausgenommen ist, dann auch nicht die menschliche, oder besser gesagt: die männlich-frauliche Sexualität«[9]. Durch das unterschiedliche Geschlecht sind beide aufeinander verwiesen und aufeinander angewiesen. In den Unterschieden liegen die Eigenwerte von Mann und Frau. Aus ihrer Anziehungskraft erwächst die Kreativität und der Einfallsreichtum, der für die Erhaltung von Liebe und Leben nötig ist[10].

Die Bemerkung: »Es ist nicht gut, daß der Mensch allein bleibt« (Gen 2,18), leitet den Mythos von der Erschaffung der Eva ein. Die Frau wird dem Manne also nicht zugesellt, damit sie Instrument seines (bzw. der Menschengattung) Fortpflanzungswillens

[6] Dem Leben in Liebe dienen. Apostolisches Schreiben »Familiaris consortio« über die Aufgaben der christlichen Familie in der Welt von heute *Papst Johannes Pauls II.*, Freiburg 1982, Nr. 11.

[7] *E. Zenger,* Leib und Geschlechtlichkeit: *F. Böckle* (Hrsg.), Menschliche Sexualität und kirchliche Sexualmoral. Ein Dauerkonflikt?, Düsseldorf 1977, 52.

[8] *F. Horst,* in: *F. Böckle,* Sexualität und Moral: *N. Kluge* (Hrsg.), Handbuch der Sexualpädagogik I, Düsseldorf 1984, 209.

[9] *H. Windisch,* Freiheit und Sexualität. Pastoraltheologische Bemerkungen: Stimmen der Zeit 202 (1984) 346.

[10] *J. M. Reuß,* Geschlechtlichkeit und Liebe, Mainz (1961) 1962, 12; *Halter* (Anm. 2) 12.

werde, sondern damit durch die Gemeinschaft zweier Menschen Alleinsein aufgehoben und Einsamkeit verunmöglicht werde. »Geschlechtlichkeit bedeutet also Angewiesenheit auf die Kommunikation mit dem Du.«[11] Das bestätigt die Bemerkung, als die Frau geschaffen ist und der Mann seinesgleichen in ihr entdeckt hat: »Darum verläßt der Mann Vater und Mutter und bindet sich an seine Frau, und sie werden ein Fleisch« (Gen 2,24). Der Sinn der geschlechtlichen Verschiedenheit von Mann und Frau mit den darin liegenden Möglichkeiten sexueller Liebe ist demnach die gegenseitige Ergänzung und Hilfe in der Einheit und Gemeinschaft des Lebens. Mann und Frau finden zu einer Beziehung, die so stark ist, daß sie ihre familiale Ursprungsgruppe aufgeben und eine neue Gemeinschaft bilden: zwei in einem Fleische, zwei in einer lebendigen Einheit, beide ein Herz und eine Seele[12]. Das muß nicht die Institution Ehe meinen; die wird hier nicht vorgeschrieben. Hingewiesen wird auf die elementare Kraft der Liebe von Mann und Frau.

Leibhaftig lieben

Die Liebe, zu der Mann und Frau befähigt sind, schließt ihren Leib ein. In der Bibel erscheint der Mensch als psychosomatische Einheit. »Leib und Seele sind verschiedene Aspekte einer psychosomatischen Ganzheit. Und wie der ganze Mensch ›Seele‹ ist, das heißt lebendiges Wesen, so ist auch der ganze Mensch ›Fleisch‹, das heißt hinfälliges Wesen. Daher kann der ganze Mensch als Seele oder als Leib bezeichnet werden (Ps 44,26; Hld 3,1ff.; Mt 6,22f.)«[13] So liebt auch der ganze Mensch, mit Leib und Seele. »Sexualität war für den alttestamentlichen Menschen nicht ein abgespaltener Teilbereich, sie war in seine Persönlich-

[11] *A. Auer,* Art. Geschlechtlichkeit: Handbuch theologischer Grundbegriffe II (1962), München 1974, 127.
[12] *Zenger* (Anm. 7) 59.
[13] *Haag/Elliger* (Anm. 1) 19.

keit integriert, ohne sie war er nicht Mensch.«[14] »Als Geist im Fleisch, das heißt als Seele, die sich im Leib ausdrückt, und als Leib, der von einem unsterblichen Geist durchseelt wird, ist der Mensch in dieser geeinten Ganzheit zur Liebe berufen. Die Liebe schließt auch den menschlichen Leib ein, und der Leib nimmt an der geistigen Liebe teil.«[15]

So ist die sexuell gestimmte Sehnsucht nach einem menschlichen Partner bereits in der Schöpfung angelegt. Deshalb sind auch Wünsche, Gefühle und Handlungen, die mit der Sexualität zu tun haben: der Wunsch nach körperlich erfahrbarer Nähe; das Bedürfnis danach, Zärtlichkeiten auszutauschen; der Wunsch, mit einem Partner zu schlafen, selbstverständlich, und keine Abirrung. »Gott sah alles an, was er gemacht hatte: Es war sehr gut« (Gen 1,31).

Sexualität ist konstitutives und zentrales Element des menschli chen Lebens als eines menschlichen. Das findet in allen neueren kirchenamtlichen Texten Zustimmung: »Die Geschlechtlichkeit ist eine grundlegende Komponente der Persönlichkeit; sie ist eine ihrer Weisen zu sein, sich kundzutun, in Beziehung zu anderen zu treten, menschliche Liebe zu empfinden, auszudrücken und zu leben.«[16] Die Geschlechtlichkeit gehört zum Wesen des menschlichen Daseins und prägt den Menschen in seinem ganzen Sein und Verhalten bis hinein in seine geistigen Lebensäußerungen.«[17] Sie kennt zwar Phasen oder Weisen ihres Ausdrucks, nicht aber ihrer Gegenwart[18]. Gegenwärtig ist sie immer.

[14] *Haag/Elliger* (Anm. 1) 20.

[15] *Johannes Paul II*. (Anm. 6) Nr. 11.

[16] Kongregation für das katholische Bildungswesen, Orientierung zur Erziehung in der menschlichen Liebe: Verlautbarungen des Apostolischen Stuhls Nr. 51, hrsg. v. Sekretaritat der Deutschen Bischofskonferenz, Bonn 1984, Nr. 4.

[17] Zur Sexualerziehung in Elternhaus und Schule. Die deutschen Bischöfe Nr. 23, hrsg. v. Sekretariat der Deutschen Bischofskonferenz, Bonn 1979, 8.

[18] Vgl. *Windisch* (Anm. 9) 346.

Die geschöpfliche Endlichkeit des Menschen und seiner Sexualität

Gott schuf den Menschen als Mann und Frau. Der Mensch und seine Sexualität sind nicht Gott. Sie sind nicht göttlich. Sie sind von Gott geschaffen. Sie sind Geschöpfe und darum endlich. Der Mensch ist endlich und findet auch nur endliches Glück. Auch sein sexuelles Glück ist begrenzt. Das Glück des Menschen fällt nicht mit seinem sexuellen Glück ineins.

Die Bibel hat mit der Behauptung der Geschöpflichkeit des sexuellen Menschen die Sexualität entsakralisiert. Das Alte Testament selbst spiegelt noch mythische Überzeugungen und religiöse Praktiken, die es in seiner Umgebung gegeben hat, in denen die Sexualität selbst als göttlich angesehen wurde. »In Babylon feierte der König in jedem Frühjahr mit der obersten Priesterin im Tempel die heilige Hochzeit, um für sein Land in einem symbolischen Akt den Segen der Fruchtbarkeit zu erwirken. In Kanaan gab es eine Vielzahl von sexuellen Riten, Gebräuchen und Kulten: wiederholt wird in der Bibel (vor allem bei Hosea) vor dem Gott Baal gewarnt, einem durch den Stier symbolisierten Fruchtbarkeitsgott, und seiner Frau Aschera sowie deren Verwandten Astarte.«[19] Offensichtlich hatten Israeliten solche Kultformen übernommen. Das Alte Testament verwirft das. Leidenschaftlich verurteilen die Propheten kultisch geübte Sexualität[20]. Das Alte Testament entsakralisiert also die Sexualität. Doch damit wird sie zugleich hominisiert und humanisiert[21]: sie wird dem Menschen zueigen.

[19] *Haag/Elliger* (Anm. 1) 16; vgl. *H. Hunger,* Die Heilige Hochzeit, Wiesbaden 1984.

[20] *Haag/Elliger* (Anm. 1) 129f.

[21] *Zenger* (Anm. 7) 64–67; *F. Trzaskalik,* in: *M. Klöcker/U. Tworuschka* (Hrsg.), Ethik der Religionen – Lehre und Leben. Bd. 1: Sexualität, München und Göttingen 1984, 48f.; vgl. *Böckle* (Anm. 8) 209.

Mann und Frau: gleichwertige Partner?

Wir sollten nicht erwarten, die Bibel sei allerorten von der Gleichwertigkeit von Mann und Frau überzeugt. Bekannt ist der alte Mythos von der Erschaffung der Eva: »Dann sprach Gott, der Herr: Es ist nicht gut, daß der Mensch allein bleibt. Ich will ihm eine Hilfe machen, die ihm entspricht. Gott, der Herr, formte aus dem Ackerboden alle Tiere des Feldes und alle Vögel des Himmels und führte sie dem Menschen zu, um zu sehen, wie er sie benennen würde. Und wie der Mensch jedes lebendige Wesen benannte, so sollte es heißen. Der Mensch gab Namen allem Vieh, den Vögeln des Himmels und allen Tieren des Feldes. Aber eine Hilfe, die dem Menschen entsprach, fand er nicht. Da ließ Gott, der Herr, einen tiefen Schlaf auf den Menschen fallen, so daß er einschlief, nahm eine seiner Rippen und verschloß ihre Stelle mit Fleisch. Gott, der Herr, baute aus der Rippe, die er vom Menschen genommen hatte, eine Frau und führte sie dem Menschen zu. Und der Mensch sprach: Das endlich ist Bein von meinem Bein und Fleisch von meinem Fleisch. Frau soll sie heißen; denn vom Mann ist sie genommen. Darum verläßt der Mann Vater und Mutter und bindet sich an seine Frau, und sie werden ein Fleisch« (Gen 2,18–24).

Der Erzähler hat die Absicht, die Frau den übrigen Geschöpfen gegenüber, dem Manne aber an die Seite zu stellen. In ihr erkennt der Mann das Wesen, das ihm entspricht. Ihr gibt er den Namen, der dem seinen gleicht: der Gleichklang der hebräischen Wörter für »Mann« und »Frau«, nämlich »isch« und »ischah«, deutet eine Gleichordnung an. Diese erscheint aber zugleich eingeschränkt, denn der Mann ist das Maß für die Frau. Sie gleicht ihm; sie wird nach ihm benannt. Er ist der Erste; sie die Zweite (1 Tim 2,13). Die Frau ist hier nur abgeleitete Existenz. So »kann in der Paradieserzählung von einer Gleichberechtigung von Mann und Frau keine Rede sein. Denn der Mann bekommt die Gabe, nicht die Frau; der Mann braucht eine Hilfe, nicht die Frau. Der Mann wird gefragt, ob ihm die Frau gefalle, nicht aber die Frau, ob sie mit dem ihr zugewiesenen Mann

einverstanden sei. Die Frau ist dazu da, die Bedürfnisse des Mannes zu befriedigen. Wer ihre Bedürfnisse befriedigt, davon ist keine Rede« (vgl. 1 Kor 11,9)[22]. Im Alten Testament sind die Unterordnung der Frau unter den Mann und dessen Verfügungsgewalt über die Frau daher auch ohne Mühe festzustellen[23].
In einem zeitlich jüngeren Text aber wird – vielleicht als Gegenbild gegen die enttäuschende Realität – Gleichwertigkeit deutlich. Im großen Lied von der Schöpfung heißt es: »Gott schuf also den Menschen als sein Abbild; als Abbild Gottes schuf er ihn. Als Mann und Frau schuf er sie« (Gen 1,27). Hier werden Mann und Frau in einem und im gleichen Akt erschaffen. Beide sind gleichursprünglich da. Und sie werden »als Abbild Gottes auf die gleiche Stufe gestellt. Jeder, Mann und Frau, ist auf seine Weise Bild Gottes, und gemeinsam sind sie das ganze Bild Gottes. Hier geht es ... um eine Aussage über das Wesen von Mann und Frau. Beiden wird gleichermaßen die Herrschaft über die Welt zugesprochen. Beide stehen in der gleichen Bezogenheit zu Gott.«[24] Das sieht auch Paulus im Brief an die Galater (Gal 3,27f.) so, obwohl im Brief an die Korinther (1 Kor 11,7) anderes steht. Vor Gott sind alle Unterschiede in der Wertigkeit des Menschen, auch solche aus Geschlechtsunterschieden, aufgehoben. »So sind Mann und Frau von Gott her gleich und auf ihn hin gleich.«[25] Dies meint Gleichwertigkeit, nicht Gleichartigkeit. Denn: »Zugleich schuf Gott den Menschen differenziert als männlich und weiblich. Der Mensch besteht in zwei Formen. Keine stellt allein das Ganze des Menschen dar. Jedem fehlt genau das, was der andere hat ... Nur zusammen sind sie das Ganze.«[26]

[22] *Haag* (Anm. 1) 14. Eine andere Interpretationsmöglichkeit von Gen 2 findet sich bei: *Haag/Elliger* 1986 (Anm. 1) 67–69.
[23] *Haag/Elliger* (Anm. 1) 50–56.
[24] *Haag* (Anm. 1) 15.
[25] Zu Fragen der Stellung der Frau in Kirche und Gesellschaft. Die deutschen Bischöfe Nr. 30, hrsg. v. Sekretariat der Deutschen Bischofskonferenz, Bonn 1981, 9.
[26] *Haag* (Anm. 1) 15f.

Gleichwertigkeit beider, Differenzierung beider und beider Streben nach Ganzheit: das ist die in diesem Text bekannte Befindlichkeit der männlichen und weiblichen Menschen. Nicht Wertverschiedenheit, Rollenabschottung und Dominanz des Mannes, die männliche Versuchung der Vergangenheit; auch nicht Gleichmacherei, Verwischung der Polarität und Trennung voneinander, die weibliche Versuchung der Gegenwart[27]. Nein: Von der biblischen Utopie lassen wir uns nur leiten, wenn wir in Respekt voreinander, in Anerkennung der verschiedenen Möglichkeiten von Mann und Frau, deren Stärken und Schwächen wir auf beide Geschlechter gleichmäßig verteilt wissen, und miteinander Frauen wie Männern Menschsein zu ermöglichen suchen. Dabei werden die Männer der Verletzungen eingedenk sein, derer sie sich noch immer an Frauen schuldig machen. Und die Frauen die Hilflosigkeit wahrnehmen, die sich hinter betonter Männlichkeit von Männern verschanzt.

»Seid fruchtbar und vermehret euch«

»Gott schuf also den Menschen als sein Abbild; als Abbild Gottes schuf er ihn. Als Mann und Frau schuf er sie. Gott segnete sie, und Gott sprach zu ihnen: Seid fruchtbar, und vermehrt euch . . .« (Gen 1,27–28). Dieser Text aus dem großen Lied von der Schöpfung macht deutlich: Die Geschlechtlichkeit des Menschen wird nicht erst durch den Fortpflanzungssegen begründet[28]. Seine Geschlechtlichkeit ist schon damit gegeben, daß der Mensch als Mann und Frau Ebenbild Gottes ist. Die Geschlechtlichkeit des Menschen liegt also seiner Fortpflanzung voraus. Diese wird durch einen eigenen Segen jener hinzugefügt[29].

Das bestätigt der Mythos von der Erschaffung der Eva. Er

[27] Die Spannung von gleichem Wert und verschiedender Ausprägung betonen auch die deutschen Bischöfe (Anm. 25) 8. 12.

[28] Gegen: *J. Schröteler,* Die geschlechtliche Erziehung, Düsseldorf 1929, 135.

[29] *Böckle* (Anm. 4) 250. Vgl. das Arbeitspapier der Gemeinsamen Synode

erzählt, nachdem Adam in Eva seine Entsprechung gefunden hatte, daß sie die Freundschaft von Vater und Mutter lösen werden, weil sie eine andere Gemeinschaft begründen, die nämlich in einem Fleische. »Sie werden ein Fleisch« (Gen 2,24). Theologen und Bischöfe beziehen dieses Bildwort auf die gesamte (eheliche) Beziehung von Mann und Frau. So Johann Baptist von Hirscher: Die Ehe »ist Vereinigung von Mann und Frau zu einem Fleische (1 Mos 2,24; Eph 5,31). Einheit des Fleisches ist Einheit des Lebens«.[30] So die deutschen Bischöfe 1973: »Das heißt in der Sprache der Heiligen Schrift: ein Leben, ein Herz und eine Seele.«[31] So die Bischöfe wieder 1979: »Das ›Ein-Fleisch-werden‹ bedeutet . . . (die) totale und unwiderrufliche Einheit beider, die sogar die vorgegebenen Bluts- und Familienbande überschattet« (Gen 2,22 ff.)[32]. Daß die Bibel hier nicht die Institution Ehe meint, habe ich schon gesagt. Es geht um die elementare Kraft der geschlechtlichen Liebe.

Von der Fortpflanzung ist im Zusammenhang dieses biblischen Mythos nicht ausdrücklich die Rede[33]. Die Bibel kann mit dem »Ein-Fleisch-werden« die Sexualität des Menschen thematisieren, ohne die Fortpflanzung zu erwähnen. Sie erzählt hier nur davon, daß Adam und Eva nackt waren, ohne sich zu schämen (Gen 2,25). Sie waren voreinander ganz offen und maskenlos. Nichts mußte zum Schutz zwischen sie treten. Sie waren eine intime Gemeinschaft. Die Geschlechtsgemeinschaft von Mann

der Bistümer in der BRD »Sinn und Gestaltung menschlicher Sexualität«: Sonderdruck aus »Synode 7/1973«, Bonn 1973, Nr. 3. 2. 1.

30 *J. B. von Hirscher,* Die christliche Moral als Lehre von der Verwirklichung des göttlichen Reichs in der Menschheit III, Tübingen (1836) 1851, 503.

31 Zu Fragen der menschlichen Geschlechtlichkeit. Die deutschen Bischöfe Nr. 05, hrsg. v. Sekretariat der Deutschen Bischofskonferenz, Bonn 1973, 6.

32 Die deutschen Bischöfe (Anm. 17) 8.

33 Vgl. *J. Gründel,* Thesen zu einem pädagogisch verantwortbaren moraltheologischen Konzept der Sexualerziehung: *H. Scarbath/B. Tewes* (Hrsg.), Sexualerziehung und Persönlichkeitsentfaltung, München–Wien–Baltimore 1982, 101.

und Frau hat also schon Sinn, auch ohne daß an die Fortpflanzung gedacht werden muß.

Im großen Lied von der Schöpfung folgt der Aussage von der Erschaffung des sexuellen Menschen unmittelbar der Segen: »Seid fruchtbar, und vermehret euch« (Gen 1,28). Das ist ein Segen, kein Gebot[34]; eine Möglichkeit, keine Pflicht; eine Einladung, kein Auftrag[35]. Doch dieser Segen für Mann und Frau kommt zur Geschlechtsgemeinschaft von Mann und Frau hinzu und ist daher deren anderer Bestandteil. Der intimen Gemeinschaft von Mann und Frau ist ein Segen gegeben, dem nicht zu entsprechen eine Beeinträchtigung der gottgeschenkten Möglichkeiten des Menschen darstellen würde. Mann und Frau, die nicht kreativ neues Leben schafften, blieben hinter dem zurück, was sie können. Sie beraubten sich einer Möglichkeit, die ihnen zugedacht ist und offen steht. »Wie ein fruchtbarer Weinstock ist deine Frau drinnen in deinem Hause. Wie junge Ölbäume sind deine Kinder rings um deinen Tisch. So wird der Mann gesegnet, der den Herrn fürchtet und ehrt« (Psalm 128, 3–4).

Es fällt freilich auf, daß der Segen ein Doppelsegen ist, der Fruchtbarkeit und Vermehrung unterscheidet: »Seid fruchtbar, und vermehret euch« (Gen 1,28). Ich sehe darin die Ahnung einer Fruchtbarkeit von Mann und Frau ausgesprochen, die neues Leben schafft, nicht allein im Kind, sondern auch in Mann und Frau selbst, die eine intime, offene, maskenlose, lebendige und kreative Beziehung zwischen ihnen immer wieder neu erschafft. Lebenschaffende Sexualität: Im Kontext der auf Kinderreichtum angelegten Kultur Israels vermutlich so nicht gemeint, doch in der auf Leben und Lebendigkeit gerichteten, Leben in Fülle (Joh 10,10) anzielenden Gesamtperspektive der Bibel durchaus möglich. Die Idee, daß Fruchtbarkeit nicht mit Fortpflanzung ineins

[34] *Haag/Elliger* (Anm. 1) 178, sprechen von einem »Gebot«. *M. Müller,* Grundlagen der katholischen Sexualethik, Regensburg 1966, 35, nennt den Segen gar »Fortpflanzungsbefehl«.

[35] Als »Zeugungsauftrag« mißverstehen die Stelle: *Gründel* (Anm. 33) 101; *K. Breuning,* Der Beitrag des Religionsunterrichts zur Sexualpädagogik: *H. Janssen,* Sexualerziehung an Gymnasien, Hannover 1973, 200.

fallen muß, deuten die deutschen Bischöfe 1973 immerhin an: »Die menschliche Geschlechtlichkeit vollendet ihre leibliche und geistige Fruchtbarkeit in der Zeugung und Erziehung von Kindern.«[36] Die Fruchtbarkeit in Kindern wird hier als die Vollendung einer sexuellen Fruchtbarkeit bezeichnet, die Leben auch in anderen Formen und für andere schafft, die allerdings eine vollendete Möglichkeit kennt: Kinder (s. S. 234–238).

2. *Die bleibende Ambivalenz des sexuellen Liebens*

Von sexualpositiven Elementen der biblischen Tradition sollte die Rede sein. Das ist jedoch nicht ohne Einschränkung möglich, weil die Bibel von der Sexualität wie vom Menschen nicht nur positiv redet. Die Bibel weiß auch um deren Gefährdung. Darum muß dies wenigstens andeutungsweise zur Sprache kommen.

Gefährdung und Erlösung der menschlichen Sexualität

»Die positive Wertung der Sexualität darf nicht dazu verführen, die Gefährdung des Menschen durch ungeordnete Sexualität zu verharmlosen. Die Sünde des Menschen hat eine Störung der Schöpfungsordnung und des Verhältnisses der Geschlechter nach sich gezogen. Davon ist auch der sexuelle Bereich betroffen. In ihm spiegelt sich die menschliche Grundsituation, d. h. auch die erbsündliche Gebrochenheit wider (vgl. Röm 1,18 ff.). Die Sexualität ist von ihrem Wesen her auf Überwindung der Grenzen des Individuum angelegt. Sie verfällt unter dem Schein der Selbstüberschreitung leicht der Selbstsucht und Selbstentfremdung, der Manipulation und Ausnutzung des anderen. Die Erfah-

[36] Die deutschen Bischöfe (Anm. 31) 7; vgl. auch *Johannes Paul II*. (Anm. 6) Nr. 41.

rung der Psychologie weist nach, daß der Lust eine Neigung innewohnt, zur Süchtigkeit auszuwachsen. Solche Süchtigkeit verengt den Blick auf andere Werte, natürliche wie übernatürliche. Dem Charakter der Sucht entspricht die Tendenz, jede Rücksicht auf die Rechte des Nächsten zu mißachten.«[37]
So sprechen die deutschen Bischöfe heute von der Gefährdung des Menschen und seiner Sexualität. Sie führen damit eine Tradition fort, die an die Sündenfallerzählung (Gen 3) und an den Römerbrief des Paulus (Röm 5 und 7) anschloß. Die Bibel »weiß um die gefährlichen und versucherischen Gebrochenheiten, in denen sich ... (die Sexualität) im menschlichen Leben verwirklicht ... Nicht nur in der jahwischen Schöpfungsgeschichte, in der sogenannten Sündenfallgeschichte, kommt die Erfahrung des gemeinsamen Schuldigwerdens und des Bedrängtwerdens der Frau durch den Mann zum Ausdruck und darin die Ambivalenz des Zusammenlebens von Mann und Frau«.[38] In der theologischen Tradition entwickelte sich daraus die Lehre von der erbsündlichen Schädigung des Menschen und seiner »bösen Begierlichkeit« (Konkupiszenz). Sie wurde – im Horizont eines individualistischen Dualismus – in der lüsternen Rebellion des Leibes gegen den Geist (Augustinus) bzw. in dessen permissiver Ohnmacht gegenüber den Versuchungen des Fleisches (Thomas von Aquin) gesehen (s. S. 265–267). Beides zusammen ergab ein pessimistisches Menschenbild, das seine subjektive Gewißheit wohl auch daraus bezog, daß es der Selbsterfahrung vieler entsprach. Es verhinderte aber eine gelassene Begegnung mit der eigenen Sexualität und eine unvoreingenommene sexualethische und sexualpädagogische Reflexion.
Weil diese Tradition so nicht weiterzuführen ist, haben die deutschen Bischöfe sie mit Veränderungen fortgeschrieben. Sie deuten die Gefährdung der Sexualität durch die »Macht der Sünde« nunmehr als deren soziale (lüsterne und gewalttätige) Verführbarkeit. Die Sexualität, so formulieren sie, verfalle »un-

[37] Die deutschen Bischöfe (Anm. 17) 8.
[38] *Zenger* (Anm. 7) 53f.

ter dem Schein der Selbstüberschreitung leicht der Selbstsucht und Selbstentfremdung, der Manipulation und Ausnutzung des anderen ...«[39] (s. S. 273–277).

Man mag die zwischenmenschliche Gefährdung der Sexualität in der biblischen Sündenfallerzählung angedeutet finden, die als eine Folge der Ursünde schildert, daß Adam und Eva sich nun als nackt erlebten und darüber in Scham voreinander gerieten (Gen 3,7). Das harmonische Verhältnis, in dem sie sich bisher befanden, scheint jetzt gestört. Der Grund kann nicht die Nacktheit als solche sein. Der Nacktheit als solcher schämen wir uns in der Regel ja nicht. Besonders nicht unter Vertrauten. Wir schämen uns der erzwungenen und zudringlich ausgenutzten Nacktheit (s. S. 153. 190). Dieser Gefahr scheinen Mann und Frau sich jetzt ausgeliefert zu fühlen. Auch die an gleicher Stelle erzählte Tatsache, daß Adam und Eva sich nach ihrer Sünde gegenseitig beschuldigen (Gen 3,12–13), kann die erbsündliche Gefährdung ihrer Beziehung andeuten: sie kam durch das Vorrechnen von Schuld in eine konflikthafte Spannung. Schließlich wird in der Bemerkung an Eva: »Du hast Verlangen nach deinem Mann; er aber wird über dich herrschen« (Gen 3,16), das Mann-Frau-Verhältnis (in mannzentrierter Sicht) jetzt zum Hörigkeits-Verhältnis erklärt. Das alles ist Widerspiegelung und (theologische) Deutung von Erfahrungen, die – nicht nur unter den damaligen gesellschaftlichen Verhältnissen – immer wieder gemacht werden. Die realistische Sicht der Bibel bewahrt ein Bewußtsein von der möglichen Gefährdung der Beziehung zwischen Mann und Frau durch eine entfesselte, lüsterne, gewalttätige und zudringliche Sexualität. Die Sexualität hat an der Verführbarkeit und Schuldfähigkeit des Menschen teil (vgl. Röm 1,18–32).

Die biblische Tradition begreift die Sexualität aber auch als erlöst. Wenn Menschen in der Kraft Gottes miteinander umge-

[39] Die deutschen Bischöfe (Anm. 17) 8, vgl. *W. Bartholomäus,* Erbsündliche Schädigung und katholische Sexualpädagogik. Materialien zum Gespräch zwischen theologischer Anthropologie und Religionspädagogik: *K. Baumgartner* u. a. (Hrsg.), Glauben lernen – leben lernen, St. Ottilien 1985, 81–107.

hen, gemäß den Möglichkeiten, die im Bund mit ihm und in der Botschaft von der Neuen Welt Gottes beschlossen sind, dann werden sie fähig und bereit, ihre Sexualität als Sprache der Liebe zu gebrauchen. Daß von der erlösenden Selbstmitteilung Gottes auch das sexuelle Lieben betroffen ist, macht die biblische Tradition deutlich, wenn sie im Bekenntnis der Selbstmitteilung Gottes und deren befreienden Folgen sich Bilder bedient, die aus dem Bereich sexuellen Liebens stammen: wenn das endzeitliche Gottesreich als Hochzeitsmahl erzählt wird (Mt 22,1–14; Mt 25,1–13); wenn die Beziehung von Christus und Kirche im Bild der ehelichen Beziehung von Mann und Frau geschildert wird (Eph 5,22–32); wenn der Bund, der Gott und sein Volk verbindet, im Symbol der ehelichen Liebe dargestellt wird (Hos 2,21; Jer 3,6–13; Jes 54); wenn der Abfall oder die Untreue Israels als Ehebruch, als Ausbruch aus der Liebesbeziehung zu Jahwe erscheint (Hos 2,4–17); oder wenn das Hohelied Salomons, gemäß seiner traditionsreichen allegorischen Deutung, die sexuelle Liebe eines jungen Mädchens und eines jungen Mannes zum Bild des persönlichen Gottesverhältnisses des Menschen macht.

Die Bibel rechnet mit beidem: mit der aus der Sünde kommenden Gefährdung und Verführbarkeit des sexuellen Menschen (nicht vor allem zum egoistischen Lustgenuß, sondern zur egozentrischen Machtausübung) und mit der gnadenhaften Befreiung des Menschen (von der Knechtschaft des Egoismus zur grenzenlosen Liebe).

Szenen der Liebe

Das erste, was von Adam und Eva erzählt wird, als sie sich nach der Vertreibung aus dem Paradies in der rauhen Welt zurechtfinden müssen, ist, daß Adam seine Frau »erkannte« (Gen 4,1). Der biblische Erzähler sieht offenbar in der zärtlichen Vereinigung von Mann und Frau die entscheidende Hilfe, die Menschen einander geben könnnen, wenn sie in der Welt bestehen und die

Härte des Lebens meistern wollen. Es soll damit »gewiß ausgedrückt werden, daß die Sexualität zum Normalzustand des Menschen gehört und daß sie ihm in der rauhen Wirklichkeit dieses Lebens Trost und Geborgenheit schenkt«[40]. Das Glück des Paradieses scheint die beiden gar nicht auf diesen Gedanken gebracht zu haben[41]. Jetzt aber, wo es ihnen schlecht geht, finden sie zueinander. Was sie tun, ist nichts Tierisches. Es ist etwas Menschliches und Menschenfreundliches. Der biblische Autor nennt es nicht »besamen«, »paaren« oder »begatten«. Er spricht von »erkennen« (Gen 4,1). Er betont so das Ganzheitliche und Personale der geschlechtlichen Begegnung. »Mit ›erkennen‹ ist im Hebräischen nicht in erster Linie die intellektuelle Erkenntnis oder Einsicht gemeint, sondern das umfassende Verstehen. Der ganze Mensch ist beteiligt: Herz, Geist und Sinne. Man müßte also eher von einem Erfahren, einem Erfassen oder Vertrautsein sprechen, das auf einer ganz persönlichen Beziehung beruht . . .«[42]

Für den biblischen Menschen »ist diese Welt, so wie sie ist, mit Freude und Trauer, mit Hoffnung und Angst, mit Liebe und Leid, mit Sünde und Gnade, mit Leben und Tod von Gott gewollt. Und dem Menschen kommt es zu, diese Wirklichkeit zu gestalten. Dann aber muß auch die stärkste Kraft, die diese Schöpfung kennt, die Kraft der Liebe, darin ihren Platz finden, dann darf auch der Bereich der Erotik mit der ganzen Faszination, die ihm eigen ist, nicht fehlen«.[43] Darum kann die Bibel – im Buch der Sprichwörter – sogar die geschlechtliche Lust zur Sprache bringen. »Dein Brunnen sei gesegnet; freu dich der Frau deiner Jugendtage, der lieblichen Gazelle, der anmutigen Gemse! Ihre Liebkosung mache dich immerfort trunken, an ihrer Liebe berausche dich immer wieder. Warum solltest du dich an einer Fremden berauschen, den Busen einer anderen umfangen« (Spr 5,

40 *Haag/Elliger* (Anm. 1) 18; vgl. *Haag* (Anm. 1) 16f.

41 *Haag* (Anm. 1) 17; *Haag/Elliger* (Anm. 1) 22.

42 *Haag/Elliger* (Anm. 1) 22.

43 *H. Haag/K. Elliger,* »Wenn er mich doch küßte«. Das Hohe Lied der Liebe, Tübingen 1983, 10.

18–20)? Selbst der sonst ziemlich nüchterne Kohelet meint: »Mit einer Frau, die du liebst, genieß das Leben alle Tage deines Lebens voll Windhauch, die Gott dir unter der Sonne geschenkt hat« (Koh 9,8)[44]. Daß hier im Horizont einer mannzentrierten Sexualität formuliert wird, wird niemanden verwundern.

Das Hohe Lied der Liebe

Das Glück des Liebens besingt vor allem das Hohelied. »Hatte man es ursprünglich in seinem eigentlichen Sinn, nämlich als Ausdruck der erotischen Liebe zwischen Mann und Frau verstanden, so wurden bereits im 2. christlichen Jahrhundert in jüdischen Kreisen Zweifel laut, ob das Hohelied zu Recht im Kanon der heiligen Schriften steht.«[45] Der Heilige Geist könne doch unmöglich seine Inspiration für die Verherrlichung der Liebe zwischen Mann und Frau verschwenden, so begann man in einer Zeit zu denken, in der eine allgemeine Hinwendung zum Geistigen und Geistlichen eine Verachtung und Abwertung des Leiblichen zur Folge hatte. Jetzt erst wurde die im Hohenlied besungene erotische Liebe zwischen Mann und Frau zum Bild der Liebe zwischen Jahwe, dem Bräutigam, und Israel, seiner Braut. Die Christenheit schrieb diese bildhafte (allegorische und typologische) Deutung fort. Sie machte das Hohelied zum Lied der Liebe zwischen Christus und Kirche, Christus und Seele oder Christus und Maria. Inzwischen wurde die bildhafte Deutung des Hohenliedes wieder aufgegeben. Nach einer Zwischenzeit, in der die Exegese die Lieder als Hochzeitslieder mit realen oder

[44] Vgl. *Halter* (Anm. 2) 14.

[45] *H. Haag,* So spricht keine Ehefrau zu ihrem Mann ... Das Hohelied des AT besingt die erotische Liebe zwischen Mann und Frau ohne Netz und doppelten Boden: Publik-Forum 12 (1983) Nr. 24, 28. Zum Problem des hermeneutischen Ansatzes der Exegese vgl. *H. Haag,* Das heutige Verständnis des Hohenliedes: Manuskript, das wegen bischöflichen Einspruchs in einer Festschrift des Katholischen Bibelwerks nicht erscheinen konnte; vgl. auch *Haag/Elliger* (Anm. 43) 9–12.

geträumten Inhalten auslegte, obwohl sich ein Bezug auf die Hochzeit nirgendwo herstellen läßt, ist heute das wörtliche Verständnis weithin Gemeingut der katholischen Exegese. Das Hohelied ist eine Sammlung von Liebesliedern. »Wirkliche Liebeslieder, vital, sinnlich, bilderreich, erotisch – fürs erste nicht religiös gemeint –, aber doch vielleicht nicht ohne Grund in der Bibel überliefert.«[46]

»Im Hohenlied Salomons dürfen wir die leidenschaftliche Liebe zweier Menschen miterleben. Wir erwischen ihn beim Fensterln, sie, wie sie nackt vor ihm tanzt, beide auf der Suche nach einem Plätzchen, wo sie ungestört miteinander schlafen können. Von Ehe und vom Kinderkriegen ist nicht die Rede. Es fehlt jeglicher Hinweis, der als eine Reglementierung dieser Liebe ausgelegt werden könnte ... Die beiden Verliebten im Hohenlied sind selbst fähig, ihre Liebe zueinander phantasie- und verantwortungsvoll zu gestalten. Was zwischen den beiden geschieht, ist etwas Menschliches, etwas von Gott Gewolltes. Darin kommt Gottes Güte, sein unüberbietbares Vertrauen zu uns Menschen zum Ausdruck.«[47]

Das Hohelied besingt nicht die eheliche Sexualität. Es zeigt eine »durch keine Institution abgesicherte Liebe zweier junger Menschen«[48]. Es preist »eine Liebe, die sich nicht im Rahmen der Ehe abspielt«[49]. Wenigstens in einem der Texte muß man mit aller Wahrscheinlichkeit eine voreheliche Liebesbeziehung voraussetzen[50]. Im Lied 3,1–5 sucht ein Mädchen nachts ihren Geliebten, fragt nach ihm, findet ihn und bringt ihn in das Haus ihrer Mutter. »Wie sollte das Lied anders zu verstehen sein, als daß sich zwei Liebende bei Nacht heimlich suchen und finden. Denn eine Frau

46 *J. Dirnbeck/P. P. Kaspar,* »Du bist schön, meine Freundin!« Das Hohelied der Liebe, Freiburg 1983, 49.

47 *W. Müller,* Wenn Sinnlichkeit trostlos wird: Publik-Forum 8 (1979) Nr. 24, 18; vgl. *Halter* (Anm. 10) 14f.

48 *Haag/Elliger* (Anm. 1) 86.

49 *Haag/Elliger* (Anm. 43) 21.

50 *Haag* (Anm. 1) 35.

sucht doch wohl kaum ihren Ehemann nachts auf den Straßen.«[51]
»Es geht im Hohenlied einzig und allein um die Freude, die zwei junge Menschen aneinander haben, und um den Liebesgenuß.«[52]
»Das Hohelied legitimiert die durch keine Ehe abgesicherte Liebe zwischen Mann und Frau.«[53] Es besingt freilich auch nicht die willkürliche und hemmungslose Sexualität. Es zeigt zwei Menschen in einer ausschließlichen und personalen Beziehung. Das Mädchen kennt nur »meinen Geliebten«, der Mann nur »meine Freundin«[54]. »Mein Geliebter ist mein, und ich bin sein« (Hhl 2,16. 6,3. 7,11). Für ihn gibt es nur »meine Schöne« (2,10), »mein Garten« (5,1). Das ist eine Liebe mit Dauer und Ausschließlichkeit[55].
Das Hohelied kennt freilich auch die andere, die ernste Seite der Liebe. »Die Erfahrung des Todes kann vom Liebesgenuß nicht ausgeklammert werden: ›Stark wie der Tod ist die Liebe‹ (8,6), und ebenso wird die Liebe mit der Flamme verglichen, ›die kein Wasser löschen kann‹ (8,7). Dahinter verbirgt sich so etwas wie Selbstaufgabe, Verzehren und bedrohliche Vernichtung...«[56]
Das Lieben bleibt ein ambivalentes Ereignis, wie alles Lebendige.

3. Das Lieben in der Neuen Welt Gottes

Jesu Einstellung zur Sexualität

»Wenn es ... bei der Bibel um das AT allein ginge, dann dürfte der Vorwurf, Liebe, Zärtlichkeit und Geschlechtlichkeit hätten in unserer Verkündigung keinen Platz, nicht erhoben werden.«[57]

[51] *Haag* (Anm. 1) 36.
[52] *Haag/Elliger* (Anm. 43) 21.
[53] *Haag/Elliger* (Anm. 43) 22.
[54] *Haag* (Anm. 1) 36.
[55] *Haag* 1983 (Anm. 45) 29.
[56] *Haag/Elliger* (Anm. 43) 14.
[57] *Haag* (Anm. 1) 25.

Erst mit einem einseitigen Verständnis der Sündenfallerzählung (Gen 3) in der altjüdischen Literatur hatte die Wende begonnen: Danach war es die Frau, die die Sünde in die Welt gebracht hat und die an unserem Elend schuld ist (vgl. Sir 25,24. Im Neuen Testament übernommen: 1 Tim 2,14). Diese Überzeugung beherrschte das jüdische Denken zur Zeit Jesu. Das Neue Testament spiegelt darum im Ganzen eine Reserve gegenüber der Frau und der Sexualität, speziell die paulinischen Schriften.

Umso mehr fällt auf, daß Jesu Verhältnis zu Frauen unverkrampft und ungezwungen, durchaus normal – damals freilich ungewöhnlich – war[58]. Jesus legte Frauen die Hände auf (Lk 13,13). Er hat sich von ihnen berühren lassen (Mk 5,21.43; Mk 14,3–8; Lk 7,36–50; Joh 12,1–8). Frauen zählten zu seinem Freundeskreis (Lk 10,38–42). Frauen waren in seiner Begleitung (Mk 15,40–41; Lk 8,1–3). Frauen waren die letzten unter dem Kreuz und die ersten am Grab (Mk 15,40; Joh 19,25; Mk 16,1; Joh 20,1). »Wie ungebrochen und ursprünglich ist Jesu Verhältnis zum Leib des Menschen, zur Geste und Gebärde, wieviel Herzlichkeit und ungeschmälertes Menschsein in allen Begegnungen.«[59]

Die Sexualität spielt in der Verkündigung Jesu keine besondere Rolle. Hat Jesus sie für selbstverständlich genommen? Das NT insgesamt enthält zwar auch keine detaillierte Lehre von der Sexualität. Doch es redet immerhin von Ehe (Ehebruch und Ehescheidung) und Ehelosigkeit (Jungfräulichkeit) (Mk 10,7–11; Mt 5,31–33; Mt 19,3–12; Lk 16,18). Es enthält Unzuchtsklauseln und Lasterkataloge (Mk 7,21–23; 1 Kor 6,9–10; 2 Kor 12,21; Gal 5,19–21; Eph 5,3–5; Kol 3,5), die spezielle Verfehlungen, besonders Prostitution (1 Kor 6,12–20) und homosexuelle Praxis (Heterosexueller: Röm 1,26f.; 1 Kor

[58] *R. Schnackenburg,* Die sittliche Botschaft des Neuen Testaments I. Von Jesus zur Urkirche, Freiburg–Basel–Wien 1986, 145–148; vgl. auch: *H. Wolff,* Jesus als Psychotherapeut, Stuttgart 1978, 135–138; *A. Mayer,* Der zensierte Jesus, Olten und Freiburg 1983, 235–236; *Haag* (Anm. 1) 25–26; *Haag / Ellinger* (Anm. 1) 57–58.

[59] *J. Bill,* Unsere Angst vor Berührung: Pastoralblatt 28 (1976) 282.

6,9; 1 Tim 1,10) verurteilen, ohne daß ganz klar wird, ob es sie als Sünden gegen die Sexualität oder als Sünden des (heidnischen) Götzendienstes qualifiziert. Es verrät ein hohes Leibethos (1 Kor 6,18–20). Es schätzt die Kinder (Mk 9,36–37; Mk 10,13–16), relativiert aber wohl die Familie (Mk 3,31–35; Mk 13,12).

Jesus scheint sich noch mehr zurückzuhalten. »Es gibt keinen Ausspruch Jesu gegen die Prostitution, kein Wort über Homosexualität, kein Wort über Unzucht, Masturbation, vor- oder außerehelichen Geschlechtsverkehr, kein Wort über Reinheitsvorschriften in Zusammenhang mit dem Geschlechtsleben oder auch nur über die rechtliche Stellung der Frau.«[60] Nur zur Ehe hat er sich geäußert. Und da zielen seine Worte nicht auf eine spezielle Ethik der geschlechtlichen Beziehungen, sondern auf eine fundamentale Ethik der Beziehungen der Geschlechter: sie radikalisieren die Ehe als wechselseitige Subjekt-Subjekt-Beziehungen Gleichwertiger[61]. Jesus tut das durch die Gleichsetzung von Ehescheidung mit Ehebruch (Mt 5,31–32). Nach jüdischem Recht konnte kein Ehemann seine eigene Ehe brechen. An ihr konnte er sozusagen nicht schuldig werden. Das konnte nur seine Frau und der fremde Mann, der sich mit seiner Frau einließ. Auch wenn der Ehemann seiner Frau durch Entlassung eine Absage erteilte, blieb er »unschuldig«. Jesus hebt diese »Unschuld« auf. Er erklärt, daß der Ehemann, dadurch daß er seine Frau entläßt, selbst auch schuldig wird, weil er seine Frau in den Ehebruch (den sie an ihrer Ehe zwangsläufig begeht, wenn sie eine neue Beziehung aufnimmt) treibt. Durch die Möglichkeit, daß nun beide aneinander und an ihrer Ehe schuldig werden können, ist dem Manne ein »Vorzug« genommen, der die Frau bis dahin erniedrigen mußte.

Im Ganzen ist die Liebe die »normative Summe der Schrift«[62]. Das zeigt sich in der Gerichtsrede (Mt 25,40), im Imperativ

[60] *Haag* (Anm. 1) 26.

[61] *W. Korff,* Christliches Eheverständnis auf dem Prüfstand: Theologische Quartalschrift 158 (1978) 121–138; auch: *Gründel* (Anm. 33) 101.

[62] *Böckle (Anm. 4) 253.*

der Selbstlosigkeit (Mt 5,38–48; Lk 6,30), in der Goldenen Regel (Mk 7,12), im neutestamentlichen Hohenlied der Liebe (1 Kor 13,1–14) und auch in dem Spruch »Wer sich verliert, wird sich gewinnen« (vgl. Mt 16,25).

In der demgegenüber rigorosen ethischen Normierung des Sexuellen in kirchlicher Tradition[63] kann man die Versuche des kirchlichen Lehramts sehen, mit den positiven Sinngehalten der Sexualität, in Summa mit Sexualität als Sprache der Liebe, zu Rande zu kommen, sie zu bewahren und zu schützen. Sie waren jeweils – was nicht verwundert – zeitbedingt. Sie sind vielfach – was oft verletzt hat – mißglückt, weil sie in aller Regel nur die gefährliche Seite der ambivalenten Sexualität beachteten. Unsere Aufgabe ist es, auch die andere Seite der Sexualität öffentlich und offen zur Geltung zu bringen. Sie ist aber nicht in erster Linie aus Einzeltexten des Neuen Testaments zu gewinnen, sondern aus dem Konzept vom Menschen und seinen (auch sexuellen) Möglichkeiten, das in Jesu Botschaft und Praxis von der Neuen Welt Gottes beschlossen ist.

Frei von aller Knechtschaft und frei zum grenzenlosen Lieben

Die Mitte des Evangeliums ist Jesu Botschaft und Praxis von der Neuen Welt Gottes. Sie gibt auch dem sexuellen Lieben des Menschen neue Möglichkeiten und neuen Sinn. In seinen Worten und Taten, am Ende durch seinen Tod und seine Auferstehung entwarf Jesus, wovon die Evangelien in immer neuen Geschichten erzählen: die reale Utopie von Gottes neuer Welt, von einer Welt der Freiheit von aller Knechtschaft und der grenzenlosen Liebe zu allen Lebewesen, von einer Welt, die Gott will und schafft, von einer Welt, die Gegenwelt ist zu unserer realen Welt,

[63] Diese Tradition hat immer Änderungen erfahren: *A. Ziegler,* Sexualität und Ehe: *Halter* u. a. (Anm. 2) 28–67.

die diese aber schon betrifft, indem sie sie zugleich kritisch in Frage stellt und inspirativ verlebendigt.
Die Freiheit in der Neuen Welt Gottes ist als Freiheit von jedweder Knechtschaft so radikal, daß sie nicht nur ökonomische und politische Knechtschaft überwindet, sondern auch die Knechtschaft von Schuld, Endlichkeit und Tod. Diese Freiheit ist also radikaler gedacht als die der neuzeitlichen Freiheitsgeschichte, die unter dem Stichwort Emanzipation die wirtschaftliche und politische Befreiung der Menschen betreibt. Die Freiheit der Neuen Welt Gottes sieht, daß in den Unfreiheiten, die die neuzeitliche Freiheitsgeschichte überwinden will, Wirkformen der Knechtschaft am Werke sind, die aus der Endlichkeit und der Schuld der todgeweihten Menschen hervorgehen. Die biblischen Geschichten, in denen die Freiheit der Neuen Welt Gottes erzählt wird, reden darum von der Überwindung des Todes und der Vergebung der Schuld. Darin sind sie zugleich auf die Überwindung aller knechtenden ökonomischen und politischen Verhältnisse aus. Die Freiheit des Evangeliums ist somit nicht identisch mit der neuzeitlichen Freiheit. Sie ist aber auch nicht ihr genaues Gegenteil. In der Freiheit des Evangeliums ist die emanzipatorische Befreiung mitgedacht, weil in ihr Tod und Schuld überwunden sind, die verursachen, was die emanzipatorische Befreiung zu ändern sucht.
Die grenzenlose Liebe zu allen Lebewesen, die in der Neuen Welt Gottes beschlossen ist, ist eine Liebe, die sich gerade dem zuwendet, das scheinbar nicht wert ist, Aufmerksamkeit und Anerkennung zu finden; eine Liebe, die sich nicht nur dem faszinierend Liebenswerten öffnet, sondern auch dem, was als nicht liebenswert gilt. Es ist eine Liebe, die nicht auf die Liebenswürdigkeit des anderen antwortet, sondern diese hervorruft. Diese Liebe ist radikaler gedacht als das Ideal der »romantischen Liebe«, unter dem seit dem 18. Jahrhundert Beziehungen unter den Menschen aufgenommen werden. Sie ist weder mit romantischer Liebe identisch noch ihr entgegengesetzt. Sie ist eine Liebe, die sich die Freiheit nimmt, den anderen zu lieben, weil er ist, nicht weil er attraktiv ist; die aus der Erfahrung

stammt, selbst geliebt zu werden, weil ich bin, nicht weil ich attraktiv bin.
Solche Freiheit und solches Lieben als Inbegriff der Neuen Welt Gottes – davon erzählen die Geschichten des Evangeliums – hat Jesus proklamiert und realisiert. Das war ihm aufgrund seiner neuen Gotteserfahrung möglich. Jesus behauptete von sich, Gott in einer neuen Weise erfahren zu haben und in seiner Praxis für die Menschen erfahrbar zu machen. In Jesu Praxis trat Gott heraus aus ferner Unzugänglichkeit in die Gemeinschaft derer, die unter der Knechtschaft leiden, der sie unterworfen sind und unter die sie unterwerfen; zu denen, die in ihrer Lieblosigkeit erstarren, die sie erleben und zu erleben geben, – um sie alle zu erlösen.
Jesu Leben ist Proklamation und Realisation der Neuen Welt Gottes zugleich. Jesus verkündete Gottes neue Welt verbal und real, in Worten und Taten, in Reden und Zeichen. So war, was er mit Worten für die Zukunft in Aussicht stellte, in seinem Handeln schon gegenwärtig. Was noch nicht war, war schon da. Was er zu hoffen gab, war in ihm schon erfüllte Hoffnung. Jesu Kritik jedweder Entfremdung des Menschen durch Knechtung und Isolierung war anstößig. Sie hat seine Freunde angestoßen zu gleicher Praxis. Seine Gegner haben an ihr Anstoß genommen. Darum wurde Jesus umgebracht.
Jesu grausames Ende war die bittere Konsequenz seines Lebens im Dienst der Neuen Welt Gottes. Seine befreiende und liebende Praxis, die sich über viele herrschende Anschauungen und aufgebaute Grenzen hinwegsetzte, mußte zu diesem bitteren Ende führen. Jesu Tod ist nicht ein Ereignis, das am Ende seines Lebens eben auch noch vorkommt. Er ist Ende und Auszeitigung dieses Lebens selbst. In Jesu Tod kam sein Leben an das ihm gemäße Ziel. Sein Tod war Verdichtung dieses konsequenten Lebens selbst. So war Jesu Leben in seinem Tode anwesend. Seine Freiheit und Liebe, in denen die Neue Welt Gottes zum Ausbruch kam, wurden selbst in seinem Tod umgebracht. Darum wurden sie auch auferweckt. Wenn wir im Bekenntnis der Auferweckung das neue Leben dieses Gestorbenen bekennen,

bekennen wir uns zu der Freiheits- und Liebespraxis, die dieses Leben ist. Und »bekennen« heißt: im Namen und in der Kraft Gottes uns zu ihnen entschließen.
Menschen in der Nachfolge Jesu bewahren in Hoffnung und Erinnerung dieses Leben. Sie bewahren in Hoffnung und Erinnerung seine Botschaft von der Neuen Welt Gottes mit ihrer Freiheit und Liebe. Die Neue Welt Gottes ist Inhalt unserer Hoffnung: Wir erwarten sie von Gott; wir wissen, daß *er* Freiheit und Liebe will und schafft; und wir erzählen ihre Geschichten, um das Bewußtsein ihrer Möglichkeit hoffend wach zu halten. Die Neue Welt Gottes ist Inhalt unserer Erinnerung: Die Geschichten, die wir erzählen sind zugleich Erinnerungsgeschichten, die von Freiheit und Liebe erzählen, wie sie in Jesu Worten und Taten ankamen und neu zum Vorschein kommen, wo die erzählten Geschichten lebendiges Geschehen werden.
Wir sind darum an die in der Neuen Welt Gottes beschlossene Liebe zur Freiheit von aller Knechtschaft und an die Freiheit zu grenzenloser Liebe gebunden, auch in unserem sexuellen Lieben. Das ist Möglichkeit und Anspruch zugleich. Was das im einzelnen bedeutet, kann ich hier gar nicht wirklich entfalten. Wir sind jedenfalls von allem, was uns bedrückt, frei und sollen es sein: frei von Angst und Schuld, von Idealen und Normen, wo diese uns knechten; frei aber auch von eigenen Launen, Wünschen, Bequemlichkeiten, Leidenschaften, wo diese andere knechten. Wir sind zum grenzenlosen Lieben frei und dürfen es sein: zur Entwicklung aller Möglichkeiten dazu, auch zu Leidenschaft und Lust, auch zur Bindung, zur Verantwortung, zur Treue, zur Einschränkung, zum Verzicht, zum Opfer.

Ja zur ehelichen Liebe

Die Freiheit von Schuld, die die Neue Welt Gottes gewährt (»Gott hat alle Schuld vergeben«), bedeutet nicht Abwesenheit von Schuld, so als ob die Menschen in der Nachfolge Jesu nicht mehr aneinander schuldig werden könnten. Sie meint aber die

letzte Irrelevanz von Schuld. Das Aneinander-Schuldigwerden kann die Beziehungen von Menschen wohl noch stören und irritieren. Doch es sollte und müßte sie nicht endgültig zerrütten. Weil die Schuld (von Gott) vergeben ist, soll sie, obwohl einem (oder mehreren) Schuldigen zurechenbar, nicht vorgerechnet werden. Dies schließt auch die Beziehungen von Liebenden ein. In der Neuen Welt Gottes haben sie die Möglichkeit und die Aufgabe, über alles Schuldigwerden hinaus im Lieben aneinander festzuhalten. Und werden sie schuldig, weil sie auseinandergehen – was auch bitteres Verhängnis und unausweichlich sein kann –, darf auch diese Schuld ihnen nicht vorgehalten werden. Die geheimen oder offenen Sanktionen, die die Kirchengesellschaft im Falle einer Ehescheidung für solche Menschen bereithält, widersprechen dem, was die Neue Welt Gottes gewährt.
Die Grenzenlosigkeit, die das Lieben in der Neuen Welt Gottes auszeichnet und die die Zuwendung der Liebe nicht am faszinierend Liebenswerten des Menschen, sondern an seinem liebebedürftigen Menschsein festmacht, drängt darauf, dem Geliebten gerade auch dann weiterhin Aufmerksamkeit und Anerkennung zu schenken, wenn er seine ursprüngliche Faszination verloren hat. Die Liebe in der Neuen Welt Gottes läßt sich, weil sie eben nicht nur Gefühl für den Partner sondern entschlossener Wille zu ihm ist, nicht von jedem körperlichen oder psychischen Gebrechen erschüttern. Sie hält in Treue am Geliebten fest. Die Kraft zur Treue ist ihr freilich nicht garantiert. Und darum kann sie erlahmen und scheitern. Doch selbst die Gescheiterten finden, wie die Kranken, Behinderten, Ausgestoßenen, Schwachen, in der Neuen Welt Gottes die Liebe, die sie als Menschen verdienen.
So tendiert die Freiheit zu lieben in der Neuen Welt Gottes, wo sie sich nicht – wie in der Ehelosigkeit – auf alle Menschen entschränkt, sondern sich auf einen Menschen richtet, zur lebenslangen Treue und Liebe. Wo Freiheit von aller Knechtschaft, auch der von Endlichkeit und Schuld, und Liebe zu allen Lebewesen, auch zu den Menschen mit Runzeln, radikal realisiert werden, wie es die Nachfolge Jesu ermöglicht und will, da

vollendet sich das Lieben in der Ehe (s. S. 167f. 222). Doch zur Radikalität der Freiheit und des Liebens in der Neuen Welt Gottes gehört auch, diese nicht zu einem Gesetz zu machen, das seine Knechtschaft auch dann noch ausüben soll, wenn die Liebe gänzlich erloschen ist.

Freiheit von und zu Normen

Was darum die Normentraditionen betrifft, in denen sich die geschichtlichen Erfahrungen mit den Bedingungen geglückter Freiheit und Liebe verdichtet haben (sollen), so sind die Menschen in der Nachfolge Jesu zu ihnen frei: sie suchen sie zu respektieren und ihren Sinn zu entdecken. Doch sind sie auch von ihnen frei, wo sie sinnlos geworden sind und darum nur noch Knechtschaften aufrechterhalten. Der mögliche Konflikt, der sich aus der Spannung von Freiheit und Liebe ergibt, ist nicht aufzulösen. Menschen in der Nachfolge Jesu trauen und spielen einander die Selbstbestimmung zu, die zu einer solchen Existenz nötig ist. Paulus hat diese Spannung formuliert: »Damit wir frei seien hat Christus uns frei gemacht. So stehet fest und laßt euch nicht wieder unter das Joch der Knechtschaft zwängen« . . . »Ihr seid zur Freiheit berufen, Brüder, nur macht aus der Freiheit keinen Anlaß für die menschliche Selbstsucht, sondern dienet einander in Liebe« (Gal 5,1.13).

Die Sinnvielfalt der Sexualität

1. Der vierfache Sinngehalt der Sexualität

Die Sexualität des ganzen Menschen erfaßt nur richtig, wer sie als sinnvielfältig begreift. Wir müssen Abschied nehmen von der »biologischen Liebesmaschine« Mensch. Menschliche Sexualität ist nicht – monovalent – nur für den Gattungszweck da. Sie will – polyvalent – vielfach sinnvoll sein[1]. Sexualerziehung hat mit einem vierfachen Sinngehalt von Sexualität zu rechnen. Danach ist sexuelle Praxis in ihren vielen und verschiedenen Formen

– Gewährung und Entgegennahme von Selbstbestätigung *(Identitätsaspekt)*;

– Gewährung und Annahme von Gemeinschaft und Nähe *(Beziehungsaspekt)*;

– in der Erfahrung von Lust Ekstase zu eigenem Leben *(Lustaspekt)*;

– in lebensschöpferischer Fruchtbarkeit Ekstase zu neuem Leben *(Fruchtbarkeitsaspekt)*.

Diese vier Sinnaspekte der Sexualität sind nicht additiv, sondern integrativ zu denken. Sexuelles Glück scheint nur dann möglich zu sein, wenn alle vier Sinnaspekte der Sexualität zum Zuge kommen und kein Aspekt kategorisch ausgeschlossen wird. Dies bezieht sich auf das Gesamt eines Lebens, nicht unbedingt auf eine einzelne Handlung.

Vielfach rechnen sexualpädagogische Theoretiker – sofern sie überhaupt die Sinnvielfalt bejahen – mit einem dreifachen Sinngehalt der Sexualität. So kennt beispielsweise A. Janzing nur drei Sinnaspekte: nämlich den Beziehungs-, den Lust- und den Fortpflanzungsaspekt[2]. N. Kluge bezeichnet als »gesellschaftlich,

[1] *J. Duss-von Werdt,* Die Polyvalenz der Sexualität: Concilium 10 (1974) 746–751; vgl. auch *F. Böckle,* Kirche und Sexualität: Concilium 10 (1974) 762; *ders.,* Möglichkeiten einer dynamischen Sexualmoral: *ders.* (Hrsg.), Menschliche Sexualität und kirchliche Sexualmoral, Düsseldorf 1977, 129f.

[2] *A. Janzing,* Ganzheitliche Geschlechtserziehung, Düsseldorf 1977, 4. In: Junge Menschen erwarten Orientierungshilfen: Diakonia 15 (1984) 280, übernimmt Janzing den Text des Synodenpapiers (Anm. 9).

kommunikativ und personorientierte Sexualerziehung« die, »bei der die Sozial-, Lust- und Fortpflanzungsfunktion im Mittelpunkt stehen«[3]. Vom Identitätsaspekt ist nicht die Rede. P. Specha allerdings sicht in den drei Sinngehalten, die er »Generativität«, »Selbstaussage« und »Ausdruck der Liebe« nennt, die Möglichkeit einer identitätsstiftenden Gestaltung der Sexualität[4]. Es wären weitere Varianten möglich.

Die amtliche Auffassung der katholischen Kirche kennt einen doppelten Sinngehalt der (genitalen) Sexualität (in der Ehe). Johannes Paul II. faßt dies (1981) so zusammen: »Ausgehend von . . . (einer) ›ganzheitlichen Sicht des Menschen und seiner Berufung, seiner natürlichen und irdischen wie auch seiner übernatürlichen und ewigen Berufung‹, hat Paul VI. betont, daß die Lehre der Kirche ›beruht auf der untrennbaren Verbindung der zweifachen Bedeutung des ehelichen Aktes, die von Gott gewollt ist und die der Mensch nicht eigenmächtig aufheben kann, nämlich die liebende Vereinigung und die Fortpflanzung‹.«[5] Der gleiche Gedankengang findet sich an vielen Stellen in der römischen »Orientierung zur Erziehung in der menschlichen Liebe« (1983)[6]. Im Blick ist hier allerdings nicht die Sexualität überhaupt, sondern allein der Geschlechtsverkehr in der Ehe.

[3] *N. Kluge,* Zur Konzeption von Sexualpädagogik und Sexualunterricht: *H. Scarbath/B. Tewes* (Hrsg.), Sexualerziehung und Persönlichkeitsentfaltung, München – Wien – Baltimore 1982, 56; *ders.,* Sexualerziehung statt Sexualaufklärung. Von der biologistischen zur mehrperspektivisch-integrierten Betrachtungsweise sexualerzieherischer Programme, Frankfurt a. M. 1985, 65. Ähnlich: *L. Walczak,* in: *J. Schlaegel* u. a., Sexuelle Sozialisation in Vorpubertät, Pubertät und früher Adoleszenz I–III: Sexualmedizin 4 (1975) 306; *H. D. Knoop,* Aspekte der Sexualpädagogik, Gütersloh 1978, 8.9; *H. Hauke,* Sexualität und Liebe: *N. Kluge* (Hrsg.), Handbuch der Sexualpädagogik I, Düsseldorf 1984, 222.

[4] *P. Specha,* Moraltheologische Notizen zu einer identitätsstiftenden Sexualethik: Diakonia 15 (1984) 237–244.

[5] Dem Leben in Liebe dienen, Apostolisches Schreiben »Familiaris consortio« über die Aufgaben der christlichen Familie in der Welt von heute *Papst Johannes Pauls II.,* Freiburg 1982, Nr. 32.

[6] Verlautbarungen des Apostolischen Stuhls Nr. 51, hrsg. v. Sekretariat der Deutschen Bischofskonferenz, Bonn 1984, Nr. 24. 26. 32. 95.

Genaugenommen wird in diesen Texten also gar nicht vom Sinngehalt der Sexualität gesprochen, sondern von den »Ehezwecken«. In Übernahme der Äußerungen des Zweiten Vatikanischen Konzils über die Sexualität in der Ehe wird immerhin die »liebende Vereinigung« vor der »Fortpflanzung« genannt, was man, obwohl es nirgends direkt ausgesprochen wird, als Rangfolge verstehen darf. Das ist als Fortschritt zu werten. Gleichwohl bleiben die Texte noch eine übergreifende Sinndeutung der Sexualität schuldig. Man müßte sich endlich darüber verständigen können, daß die menschliche Sexualität nicht auf der Erfahrung des »ehelichen Aktes« festliegt.

Paulus kannte gar nur einen »Ehezweck« (vgl. 1 Kor 7,2), jedenfalls spricht er nur von einem. »Ihm erschien die Ehe als ein legitimes Mittel – auf das man freilich verzichten sollte, sofern man nur konnte –, um die Begierde zu befriedigen, die man nicht zu beherrschen wußte: Es ist besser zu heiraten als zu brennen« (1 Kor 7,9)[7]. An der Fortpflanzung hatte er offensichtlich kein Interesse, weil er die nahe Wiederkunft des Herrn erwartete[8].

Eine Sexualpädagogik in der Welt des Christentums rechnet jedoch mit jenem vierfachen Sinngehalt von Sexualität. Inzwischen ist diese Sicht in Äußerungen der deutschen Kirche aufgenommen worden. Das Synodenpapier »Sinn und Gestaltung menschlicher Sexualität« (1973) formulierte die Sinnvielfalt der Sexualität so:

»Die Sexualität vermittelt dem Menschen existentielle Erfahrungen:

– in der Selbstbestätigung und in der Bestätigung durch den Partner, durch die Zuweisung von sozialen Rollen und durch die Förderung der personalen Entwicklung (*Identitätsaspekt*);

– im Erlebnis der Lust (*Lustaspekt*);

– in der Liebe zum Partner, im Angenommensein durch den

[7] *P. Ariès,* Paulus und das Fleisch: *ders.* u. a. (Hrsg.), Die Masken des Begehrens und die Metamorphosen der Sinnlichkeit, Frankfurt a. M. 1984, 54.

[8] *H. Haag/K. Elliger,* »Stört nicht die Liebe«. Die Diskriminierung der Sexualität – ein Verrat an der Bibel, Olten 1986, 183.184.

Partner und in den sexuellen Ausdrucksformen dieser Liebe (*Beziehungsaspekt*);
– in Zeugung und Erziehung des Kindes, im Geprägtwerden durch das Kind und durch die Selbsterfahrung im Vater- und Muttersein« (*Fruchtbarkeitsaspekt*)[9].
Die deutschen Bischöfe übernahmen dies in ihrer »Handreichung zur Sexualerziehung in Elternhaus und Schule« (1979), in der sie schreiben:
»Sexualität ermöglicht in der ihr eigenen Weise,
– Liebe und personale Zuneigung auszudrücken (*Beziehungsaspekt*),
– lustvoll zu erleben (*Lustaspekt*)
– und in der Liebe zum Ehegatten und durch den Gatten Selbstbestätigung (*Identitätsaspekt*),
– Ergänzung sowie das Angenommensein zu erfahren und zu schenken (*Identitäts- und Beziehungsaspekt*) . . .
– Die Liebe zwischen Mann und Frau ist mit dem Auftrag zur fruchtbaren Mitwirkung am Schöpfungswillen Gottes verbunden« (*Fruchtbarkeitsaspekt*)[10].
Wenn die Bischöfe die Sinnvielfalt bejahen, dann tun sie das im Blick auf die eheliche Sexualität. Auch sie erliegen damit dem traditionell verengten Begriff von Sexualität, der mit »Sexualität« nur den Geschlechtsverkehr meint. Würden sie auch, weil Sexualität nicht mit genitaler Sexualität ineins fällt, Zärtlichkeiten – als eigenständige Ausdrucksformen sexuellen Liebens – gelten lassen, hätten sie die Sinnvielfalt auch auf sie beziehen und von ihnen aussagen können. Jedenfalls entspräche das der Logik ihrer Äußerung. Insofern bedeutet sie einen Fortschritt. Nach Auffassung von F. Böckle entspricht, »wie hier die Sinndeutung der Sexualität inhaltlich und formal entwickelt wird, . . . gewiß noch nicht dem allgemeinen Stil kirchlicher Dokumente«. Diese

[9] Arbeitspapier der Gemeinsamen Synode der Bistümer in der BRD. Sonderdruck aus »Synode 7/1973«, Bonn 1973, Nr. 3.1.2.2.

[10] Zur Sexualerziehung in Elternhaus und Schule. Die deutschen Bischöfe Nr. 23, hrsg. v. Sekretariat der Deutschen Bischofskonferenz, Bonn 1979, 8.

bleiben insgesamt noch dahinter zurück. »Der Inhalt ... (aber) ... entspricht den wichtigsten Erkenntnissen der Humanwissenschaften sowie der praktischen Erfahrung der Menschen.«[11] Dieser Inhalt wird zum Grundbestand kirchlicher Sexuallehre werden müssen.

2. *Gewährung und Entgegennahme von Selbstbestätigung. Der Identitätsaspekt*

Sexuelle Erfahrung ist für den Erwerb von Identität von Bedeutung. A. Lowen meint, das Gefühl der Identität entstehe aus dem Gefühl des Kontaktes mit dem Körper. »Ein Ich, das keine Grundlage im Körpergefühl hat, verfällt der Verzweiflung.«[12] Beim Schizophrenen läßt sich das deutlich erkennen. Bei ihm »liegt solch ein Mangel an Körpergefühl vor, daß er, generell gesprochen, überhaupt nicht weiß, wer er ist. Er hat keine Berührung mit der Wirklichkeit. Er weiß wohl, daß er einen Körper und deshalb auch seinen Ort in Raum und Zeit hat. Aber da er sein Ich nicht mit seinem Körper identifiziert und den Zusammenhang nicht lebendig erfährt, erlebt er keine Verbindung mit der Umwelt und seinen Mitmenschen ... Die persönliche Identität hat nur insofern Substanz und Kultur, als sie ein Fundament in der Realität der körperlichen Empfindungen hat.«[13]

Identität über den Körper

Die psychische Gesundheit eines jeden Menschen hängt daran, daß er seinen Körper annimmt und Freude an ihm hat. Die

[11] *Böckle* 1977 (Anm. 1) 130.
[12] *A. Lowen,* in: *A. Montagu,* Körperkontakt, Stuttgart 1974, 129.
[13] *Montagu* (Anm. 12) 158.159.

traditionelle, allzu ängstliche Schamhaftigkeitserziehung, die es Kindern sogar verbot, den eigenen nackten Körper anzuschauen oder sich vorzustellen, hat dies in aller Regel erschwert und sich als identitätsstörend ausgewirkt. »Der Mensch erlebt und versteht seinen Körper nur insoweit, als er sich mit ihm identifiziert... Der Körper ist ein Etwas, das die Existenz in diesem Leben überhaupt erst möglich macht.«[14] Das Neugeborene ist an seiner Haut zunächst verhältnismäßig unempfindlich, weil sich seine Aufmerksamkeit ganz auf die Vorgänge in seinem Körperinneren konzentriert. Erst dadurch, daß seine Eltern es streicheln und zärtlich zu ihm sind, entwickelt es ein Gefühl für seine Körperoberfläche. Es entdeckt auch, daß die Haut die äußerste Peripherie seines individuellen Wesens ist, daß sie es trennt von anderen Individuen, obwohl sie zugleich den Kontakt zu ihnen herstellt. Die zärtliche Stimulation seiner Haut, die – wenigstens minimal – schon in allen Pflegehandlungen der Eltern gegeben wird, macht es dem Neugeborenen möglich, nach und nach ein Körper-Ich aufzubauen.

Der Körper ist also das Medium, über das die soziale Umwelt dem Menschen das Bewußtsein davon und das Gefühl dafür zuspielt, wer er ist, und als wer er sich in dieser Gesellschaft begreifen darf. Dies erstreckt sich auf das ganze Leben eines Menschen, ist also nicht auf die frühe Kindheit beschränkt. Aus der Erfahrung, von einem geschlechtsdifferenten Partner auch körperlich geschätzt zu werden, im Kraftfeld sozio-sexueller Beziehungen eine Rolle zu spielen, aus solcher Erfahrung stammt Identität. Ich-Stärke und Selbstwertgefühl des Menschen sind mit seiner Sexualität und mit den Erfahrungen, die er als sexuelles Wesen macht, zutiefst verknüpft[15].

[14] *D. Eicke,* Der Körper als Partner, München 1973, 23.

[15] *G. Bittner,* Sexualität und Selbstwerden: *Scarbath/Tewes* (Anm. 3) 19–24.

Gefährdete Identität ohne Sexualität

Menschen, die im Spiel sexueller, nicht unbedingt genitaler Beziehungen keine Rolle spielen, oder mehr spielen, weil sie als unattraktiv ausgestoßen werden oder sich – vielleicht wegen neurotischer Störungen – als uninteressiert ausschließen, geraten in Gefahr, ihre Identität zu verlieren. Die Probleme spitzen sich zu bei Menschen, denen man sexuelle Erfahrungen versagt, bei Behinderten beispielsweise, Strafgefangenen oder Alten. Sie zeigen sich aber auch schon bei Einsamen und Scheuen. Und sie sind die ständigen Begleiter von Fremden, Ausländern und Asylanten[16].

E. Bleske deutet in diesem Sinne die Erfahrungen einer an multipler Sklerose Erkrankten, mit ihrer sexuellen Anziehungskraft partiell auch ihre Identität verloren zu haben und dadurch »Null« geworden zu sein. »›Null werden‹ meint viel mehr als den chronifizierten Mangel an sexuell genitaler Befriedigung. Es drückt die bedrohliche Leere aus vor dem verriegelten Zugang zur eigenen fraulichen oder männlichen Existenz, den mindestens partiellen Verlust der eigenen Identität, der sexuellen Identität. Diese sexuelle Identität ist wohl deshalb so sehr gefährdet in der Einsamkeit, weil Sexualität immer Bezogensein auf den Partner beinhaltet, weil sie ergänzungsbedürftig ist und begegnen will. Weil sie sich eben nicht in der Geschlechtszugehörigkeit ›männlich‹ oder ›weiblich‹ bestimmt, sondern erst in der lebendigen Interaktion schöpferisch gestaltet und gestalten läßt. Sie realisiert sich in der Interaktion zwischen Frau und Mann ebenso wie von Frau zu Frau und von Mann zu Mann und nicht zuletzt in den Etappen des Sich-selbst-Findens allein. In diesem Zusammenspiel des Sich-Vergleichens und -Abgrenzens und Antwortens erlebt die Frau/der Mann sich als zugehörig zum eigenen Geschlecht und doch einzigartig in der persönlichen Variante des Frauseins oder Mannseins. Wenn dieses Zusam-

[16] Vgl. *Tabar Ben Jellou,* Die tiefste der Einsamkeiten, Basel – Frankfurt a. M. 1986.

menspiel gestört ist, ist mit ihm die Selbsterfahrung, die Erfahrung der eigenen Identität gestört.«[17]

Der unvermeidbare Gebrauch des Anderen

Aber heißt das nicht, die Sexualität oder den Partner sexueller Erfahrungen instrumentalisieren? Wird er so nicht zur eigenen Selbstverwirklichung mißbraucht? In der christlichen Tradition wurde die Idee der selbstlosen Hingabe in der Liebe soweit vorangetrieben, daß sie jeden Gedanken an den Gebrauch eines anderen Menschen für eigene Zwecke grundsätzlich verworfen hat. Der Andere werde so zum Objekt gemacht und verliere darin sein Personsein. Ist das richtig? Kaum: zwischen Menschen können verschiedenartige Beziehungen des Gebrauchs bestehen, die nichts von einer abzulehnenden Vergegenständlichung des Mitmenschen an sich haben. Das Kind gebraucht seine Eltern, um zu überleben. Der Mann die Frau, wenn sie ihm das Essen kocht. Die Frau den Mann, wenn sie ihn zum Einkaufen schickt. Und es ist keine Entwürdigung, wenn der Gebrauchte sich so gebrauchen läßt. Zudem mischt sich in jede zwischenmenschliche Beziehung immer auch der Aspekt des Gebrauchs. Es gibt den unvermeidlichen Gebrauch des Anderen. Und der ist gerechtfertigt, solange er wechselseitig bleibt. Das läßt sich auch von sexuellen Beziehungen sagen[18]. E. Mackscheidt erinnert an H. Stierlins Vorstellung von der »positiven Gegenseitigkeit«, in der »sowohl das Objekt im Subjekt als auch das Subjekt im Objekt zu ihrem Recht kommen«[19].

[17] *E. Bleske,* Einsamkeit und Sexualität: Lebendige Seelsorge 36 (1985) 82.
[18] *Bittner* (Anm. 15) 22.
[19] *E. Mackscheidt,* Erziehung für das Heil der Seele, Mainz 1982, 92.

»Ich kann lieben!«

Auch in dem Sinne hat Sexualität mit Identität zu tun, daß Menschen in ihr die Kraft ihres eigenen Liebens zu entdecken vermögen und daraus Zutrauen zu sich selbst finden. Die sexuelle Erfahrung spielt die Überzeugung zu: Ich kann lieben und die Liebe eines anderen Menschen wecken und auf mich ziehen. Wir brauchen die »Erkenntnis, daß wir fähig sind, dem geliebten Partner Genuß zu bereiten. Wir fühlen, daß es unsere ganze Person und nicht allein unser Körper ist, der das Lustempfinden unseres Partners hervorruft. Wir möchten nicht bloß als guter Sexualtechniker geschätzt werden. Vielmehr haben wir das Gefühl: ›Nur weil ich bin, was ich bin, kann ich ihm (oder ihr) die Gefühle hervorrufen, die er (oder sie) gerade empfindet‹. Auf diese Weise werden die Gefühlsregungen auf dem Gesicht unseres Partners zu einem Spiegel, der uns unsere eigene Seele und ihren Wert reflektiert.«[20]

Die identitätsbezogene Bedeutung der Sexualität (für das soziale Individuum, das der Mensch ist) ist ein Sinn spezifisch humaner Sexualität. Das läßt sich schon unter (ganzheits-) biologischem Aspekt zeigen. »Die biologische Bedeutung der Sexualität liegt ... sowohl in der Erhaltung und Ausbreitung der Art als auch im Lebensausdruck und gesteigerten Selbstvollzug des Individuums, und es ergibt sich die Aufgabe, beides als Einheit zu begreifen.«[21] Weil nun aber auch der Mensch seinen instinkthaft-biologischen Lebensvollzug in geistiger Reflexion und willentlicher Affirmation übersteigt und darin frei wird gegenüber seiner sexuell-biologischen Funktion, ist in der personalen und je persönlichen Individualität des Menschen ein seinen biologischen Lebensvollzug als solchen wesentlich übersteigender Sinngehalt menschlicher Sexualität zu sehen[22].

[20] *N. Branden,* Verliebt fürs ganze Leben. Psychologie der Zärtlichkeit, Reinbek b. Hamburg 1982, 133.

[21] *A. Rieber,* in: *H. Beck/A. Rieber,* Anthropologie und Ethik der Sexualität, München – Salzburg 1982, 41.

[22] *Beck/Rieber* (Anm. 21) 27. 32–43; *M. J. Heuts,* Grundzüge der eukaryo-

3. *Gewährung und Annahme von Gemeinschaft und Nähe. Der Beziehungsaspekt*

Die Sexualität ist ebenso das leibhaftige Medium, in dem Menschen sich suchen und finden, Gemeinschaft und Nähe einander gewähren und voneinander annehmen. Sexualität ist Körpersprache der Liebe. Sie spricht in vielen verschiedenen Worten und Dialekten.

Den Anderen »erkennen«

Die Bibel begreift die geschlechtliche Begegnung von Mann und Frau als Erkennen (Gen 4,1). Einen Menschen erkennen ist etwas gänzlich anderes als das Erkennen von Sachen. Sachen kann ich durch Beobachtung erkennen. Einen Menschen erkenne ich so nur halb. Will ich ihn erkennen, muß er sich mir zu erkennen geben. Er muß durch Zeichen ausdrücken, wer er und was in ihm ist. Er muß sich mir öffnen, mir nahe kommen, mir vorurteilslos und möglichst ohne Einschränkung begegnen – und ich ihm[23]. Damit hat es die Sexualität zu tun. Schon Gen 2,24 hatte von der liebe- und einheitsstiftenden Kraft der Sexualität gesprochen. Mann und Frau werden, so heißt es dort, einander anhangen und »ein Fleisch« werden – weil sie ursprünglich eins waren. Weitsichtige und realitätsnahe Theologen haben das schon früher bedacht, wurden allerdings damals kirchenamtlicherseits kritisiert. So schreibt Ernst Michel bereits 1937 in der Sprache und Vorstellungswelt seiner Zeit: »Das Geschlechtliche . . . ist nicht eine eigenständige Kraft oder Eigenschaft des Individuums,

tischen Geschlechtlichkeit: *N. A. Luyten* (Hrsg.), Wesen und Sinn der Geschlechtlichkeit, Freiburg – München 1985, 30–35. 42; vgl. auch *M. Erber,* Sexualität: biologisch-anthropologische Erkenntnisse ohne Konsequenzen im Denken und Handeln der katholischen Kirche: Concilium 10 (1974) 720–725.

23 Vgl. *H. Kentler,* in: *I. Brender,* Die Sache mit dem Sex, Weinheim und Basel 1982, 7.

sondern eine Realität, die zwischen zwei Menschen, in der Begegnung, aufbricht und dabei freilich jeden besonders ergreift. Es tritt allererst auf, wenn der an sich dunkle subjektive Trieb durch eine bestimmte Person des anderen Geschlechts verwandelt wird in das Verlangen nach der Leibesgemeinschaft mit eben diesem Menschen. Grundlegend ist also nicht die Beziehungsmöglichkeit eines Individualtriebes, sondern das wirkliche Bezogensein auf den Anderen, das von ihm Ergriffenwerden. In dieser Beziehung erst hat das Geschlechtliche Sein. Der Geschlechtstrieb schafft nur in zwingender Weise die Erschlossenheit im Menschen, von einem Menschen anderen Geschlechts angerufen werden zu können. In diesem Trieb meldet sich die Unruhe der Ergänzungsbedürftigkeit des Einzelnen: die Unruhe des Mangels, aus der isolierten Einzelhaftigkeit heraus Mensch im Vollsinn werden zu können.«[24] Ähnlich auch 1935 Herbert Doms: »Im vollkommenen, menschenwürdigen Sexualakt erfassen sich die Partner gegenseitig in intimer Liebe, d.h. geistig, und schenken sich in dieser Liebe einander in einem Akte, der die Hingabe und den Genuß der ganzen Person, nicht bloß eine isolierte Organbetätigung, beinhaltet. Wegen dieser mit der vollkommenen Sexualhingabe verbundenen und sie tragenden liebenden Erfassung der ganzen Person durch den Geist ist der Sexualakt des Menschen etwas vom tierischen Sexualakt Artverschiedenes.«[25] Heute ist solche Rede in der Welt des Christentums selbstverständlich geworden.

Sexuelle Liebe und Ehe

Die kirchliche Doktrin bezieht die positive Wertschätzung der Sexualität als Medium von Gemeinschaft und Nähe allerdings nur auf die Ehe. Was in sexueller Praxis zum Ausdruck gebracht werden soll, bedarf danach immer der Qualität der ehelichen,

[24] *E. Michel,* Die moderne Ehe in Krisis und Erneuerung, Mainz 1937, 105f.

[25] *H. Doms,* Vom Sinn und Zweck der Ehe, Breslau 1935, 23.

d. h. der einen und unauflöslichen Liebe. Jedenfalls wenn sexuelle Praxis in ihrer intimsten Form gemeint ist, als genitale Begegnung von Mann und Frau.
Da die Sexualität das ganze Leben bestimmt und eine differenzierte »Stufenleiter der Zärtlichkeiten« kennt, kann sie sich nicht auf die Ehe festlegen lassen. Umarmung und Kuß, das zärtliche Berühren der Wange und das behutsame Streicheln des Körpers: dies ist unter Menschen möglich und sinnvoll, auch wenn sie nicht verheiratet sind, und darin ereignet sich Sexualität als Sprache der Liebe. Das gilt aber auch für die Ausdrucksformen genitaler Sexualität. Sie sind an das Lieben gebunden und nicht auf die Ehe beschränkt, haben darum teil an dem spannungsreichen Verhältnis von Liebe und Ehe, in dem die Ehe als Erfüllung und Sicherung menschlichen Liebens erscheint, ohne daß sie immer und nur sie Ort und Hort der Liebe wäre. Die Gemeinschaft und Nähe, die in genitaler Sexualität gewährt und empfangen wird, bedarf nicht zwingend der Merkmale der Einheit und Unauflöslichkeit, die der ehelichen Liebe eigen sind. Die deutschen Bischöfe betonen zwar, die sexuelle »Hingabe und Annahme« sei »ihrem Wesen nach von solcher Eindringlichkeit und Endgültigkeit, daß sie nur als Besiegelung unwiderruflicher, d. h. ehelicher Gemeinschaft gerechtfertigt ist«[26]. Doch ist sie das wirklich? Dagegen steht die (auch keusche) Erfahrung vieler Frauen und Männer, die nicht nichts ist, die ihre genitale Sexualität sehr viel alltäglicher und bescheidener erleben. Dagegen steht auch die (häufig aus leidvoller Empirie, nicht aus schnellem Ausprobieren erwachsene) Einstellung junger Menschen, die für ihr Lieben zwar auch qualifizierende Merkmale gelten lassen, doch nur Ausschließlichkeit und Dauer verlangen; genitale Praxis also schon dann für sinnvoll und geboten halten, wenn beide für die Dauer ihrer Freundschaft ausschließlich aneinander festhalten. Auch das müssen wir ernst nehmen und behüten. Zurecht kritisiert E. Ell an der kirchenamtlich vertretenen Auffassung den idealistisch überzogenen Liebesbegriff, der für genitale Sexuali-

[26] Zur Sexualerziehung in Elternhaus und Schule (Anm. 10) 8.

tät eine Liebe fordert, die in der Realität, selbst der einer durchschnittlichen Ehe, kaum gefunden werde. »Die Liebe wird hochstilisiert zu einer edlen, klassischen Leiche; sie ist nicht unsere Liebe.«[27] Für Ell ist das eine »feine Form des Manichäismus«. Vielleicht ist er nur sexuell Unerfahrenen möglich. Gleichwohl werden wir möglichst vielen Menschen, sogar allen, die Fähigkeit und Bereitschaft zur ehelichen Liebe wünschen und ermöglichen (s. S. 167f. 205ff.). Es ist zu hoffen, daß alle Liebenden zu der uneingeschränkten Vertrautheit und lebenslangen Treue finden, die die Ehe meint und schützt; daß sie den Mut fassen, zueinander ohne (zeitliche und sachliche) Vorbehalte Ja zu sagen; daß sie bereit und fähig werden, ihr Ja zueinander öffentlich zu machen und öffentlich Verantwortung füreinander zu übernehmen; daß sie ihr Ja zueinander immer wieder durch ihre sexuelle Gemeinschaft erneuern und bestärken, mit allen Konsequenzen für mögliche Kinder; und daß sie es versöhnt durchzuhalten vermögen, wenn sich Leid einstellt, wenn Erwartungen enttäuscht werden und Träume zerrinnen. Das alles ist zu wünschen und zu ermöglichen, auch in einer Zeit, in der viele Ehen zerbrechen und Paare auseinandergehen. Doch die Liebe, die sich sexuell ausdrückt, kennt viele Intensitätsgrade. Und welcher Intensitätsgrad von Liebe Voraussetzung gelungener Sexualität ist: Wer will das im Einzelnen vorweg sagen können? Vielleicht bedarf es hier sensibler Erfahrung – auch im schmerzlichen Versuch und Irrtum.

Der Wunsch nach Verläßlichkeit

Solche Gelassenheit ist gerechtfertigt. Promiskuität ist offensichtlich eher der Traum von Erwachsenen (und deren Furcht) als der von jungen Partnern und Paaren (s. S. 32–34). Natürlich gibt es auch Verführung und Gewalt. Selbstverständlich existieren auch die, die an der Liebe nur nippen und Partner »vernaschen«,

[27] *E. Ell,* Dynamische Sexualmoral, Zürich 1972, 54.

und die egoistisch nur ihren Vorteil suchen. Ihnen kommt man aber nicht durch eine rigorose Moral bei, sondern – wenn überhaupt – durch rechtzeitiges Bereitstellen der Bedingungen, die Sexualität als Sprache der Liebe erlernen lassen. Dabei ist zu erinnern, daß immer mehr junge Leute sich nach Bindungen sehnen, weil sie die Ort- und Heimatlosigkeit leid sind. Sie suchen Verläßlichkeit und Menschen, denen sie ihre Liebe auch als Opfer darbringen können.

Unsere Sprache scheint um die (genitale) Sexualität als Medium der Beziehung zu wissen. Für »Geschlechtsverkehr« sagen wir, daß Menschen »miteinander schlafen«, oder daß sie »einander beiwohnen«. Sicher drückt sich darin auch aus, wie wenig wir fähig sind, von der Sexualität des Menschen offen zu reden[28]. Wir haben Sprachtraditionen, die die vergangene Tabuisierung der Sexualität noch weiterführen. Doch ist in solchen Worten von Wohnen und Schlafen die Rede, von Formen und Möglichkeiten, in denen die Menschen viel Zeit miteinander und füreinander verbringen. Wo Menschen wohnen und schlafen, da sind sie zuhause und daheim. Gerade dieses Zuhause und Daheim will die Sexualität vermitteln und gewähren. Nicht in Räumen, sondern in der Nähe und der Gemeinschaft eines Menschen.

4. In der Erfahrung von Lust Ekstase zu eigenem Leben. Der Lustaspekt

Sexuelles Erleben und sexuelle Praxis wollen und sollen auch Lust bereiten. Die hier gemeinte Lust ist auch die orgastische Lust. Aber sie ist darauf nicht eingeschränkt. Sie schließt ein die Freude am anderen Menschen, an der Schönheit seines Gesichts, an der Attraktivität seines Leibes, an seiner reizvollen Nähe, an der Geborgenheit in seinen Armen, an seiner Zärtlichkeit; sie

[28] Das konnte schon das Alte Testament nicht: *Haag/Elliger* (Anm. 8) 22–25.

schließt ein das lustvolle Erleben der Beziehung zu ihm, das Staunen über seinen Erlebnis- und Gedankenreichtum; sie schließt ein die Freude am eigenen Körper, an seiner Geschmeidigkeit und Kraft, an dem Genuß seiner Nacktheit und dem Reiz seiner fantasievollen Kleidung; an Bewegung und Tanz, an der Sensibilität der Sinne und an der Kraft der Sinnlichkeit. Es scheint – das ließe sich durch vielfältige Zeugnisse belegen –, daß der Orgasmus erst wahrhaft befriedigt, wenn er in den Gesamtzusammenhang solch differenzierter Erfahrungen eingebettet ist. Dann erst hinterläßt er nicht nur körperliche Entspannung, sondern ein tiefes Glücksgefühl.

Das traditionsreiche Problem mit der Lust

Die Christen haben ihr Problem mit der sexuellen Lust (auch und gerade in der Ehe)[29]. Lange Jahrhunderte durften sie sie nur in Kauf nehmen, weil Fortpflanzung nicht ohne sexuelle Lust zu haben ist, nicht aber bejahen oder gar suchen. Stoische Selbstbeherrschung wurde ihnen verordnet. Die Angst vor der Lust hatte viele Gesichter. Sie war wohl die Angst vor der sexuellen Attraktivität der Frau, angesichts derer (speziell zölibatäre) Kirchenleute den Kopf zu verlieren drohten, wogegen sie sich nicht nur mit diversen Kleidervorschriften für die Frauen zu schützen suchten. Hinter allem war es die Angst des »animal rationale«, in der selbstvergessenen sexuellen Leidenschaft seiner Rationalität verlustig zu gehen und zum untermenschlichen »animal« zu verkommen. Die sexuelle Lust schien, darin dem Vollrausch, bei Alban Stolz auch dem Schlaf ähnlich, das Menschsein des Menschen in Gefahr zu bringen.
Von der Angst vor der ekstatischen Lust der Sexualität sind bis

[29] *J. M. Pohier,* Die Lust und ihre besondere Problematik für das Christentum: Concilium 10 (1974) 752–758. Vgl. die differenzierte Geschichte: *W. Molinski,* Theologie der Ehe in der Geschichte, Aschaffenburg 1975; *A. Ziegler,* Sexualität und Ehe: *H. Halter* (Hrsg.), Sexualität und Ehe, Zürich 1981, 28–67.

heute Menschen, Ehen und Elternhäuser bestimmt. Ein Beispiel bietet Fritz Zorn: »Die Sexualität ... gehörte nicht in meine Welt, denn die Sexualität verkörpert das Leben; ich aber war in einem Haus aufgewachsen, wo das Leben nicht gern gesehen war, denn bei uns zu Hause war man lieber korrekt als lebendig. Das ganze Leben aber ist Sexualität, geht es doch im Lieben, Begehren und in der Auseinandersetzung mit dem anderen auf. Der ganze Prozeß des Lebens ist dem Akt der sexuellen Vereinigung gleichzusetzen: alles Leben drängt unaufhörlich nach Vermischung, Durchdringung und Vereinigung, und jedes Trennen, Auseinanderhalten, Abspalten und Auseinandergehen ist immer wieder der Tod. Wer sich vereinigt, lebt, wer sich fernhält, stirbt. Eben das war das Motto, unter das mein Elternhaus gestellt war: halte dich fern und stirb! Die Logik dieses Spruchs, dieses Gebotes muß überzeugen, denn nichts kann weniger durch Inkorrektheit auffallen als etwas Totes.« Und auch die Abwesenheit von Lust ist (selbst in der Ehe) nichts Seltenes. Der Therapeut Fritz Tanner: »Erfüllte Geschlechtlichkeit ist nicht die Hauptsache in unserem Dasein – Als ›schönste‹ Nebensache müßte sie darin zu ihrem Recht kommen dürfen. Acht, zehn, fünfzehn Ehejahre ohne Sex! In der Kartei meiner Praxis sind sie verbucht und in hundert anderen Sprechzimmern auch.«[30]

Im November 1980 war in der Frankfurter Rundschau die Mahnung Johannes Pauls II. an die Ehemänner zu lesen, ihre Frauen nicht lüstern anzuschauen. Der Papst hatte sich in einer Mittwochansprache auf Mt 5,27-28 berufen: »Ihr habt gehört, daß gesagt ist: ›Du sollst nicht die Ehe brechen‹. Ich aber sage euch: Jeder, der eine Frau anschaut, um sie zu begehren, hat mit ihr in seinem Herzen schon die Ehe gebrochen.« Das Begehren, so der Papst, verändere die Ausrichtung des Daseins der Frau für den Mann. Es verkürze den Reichtum der ewigen Berufung zur Gemeinschaft der Personen auf die bloße Befriedigung des leiblichen Triebes. »Eine solche Verkürzung bewirkt, daß die

30 *F. Zorn,* Mars, München 1977, 84; *F. Tanner,* Bis daß der Mord euch scheidet, Olten 1982, 117.

Person (in unserem Fall die Frau) für die andere Person (den Mann) in erster Linie zu einem Objekt der potentiellen Befriedigung des eigenen sexuellen Triebes wird.«[31] Der Mann, der, wie in Mt 5,27–28 beschrieben, seine Frau auch nur lüstern anschaue, bediene sich ihres Frauseins, um seinen Trieb zu befriedigen, und begehe darin »im Herzen« Ehebruch mit seiner Ehefrau. – Ein erschütternder Beleg für das Problem des Christentums mit der sexuellen Lust. Dazu wird sogar der biblische Text verzerrt. Er redet nämlich nicht von der eigenen Ehefrau, sondern von der eines anderen (es heißt: »eine Frau«; zu lesen ist: »eine Ehefrau«). Und: »eine Frau begehren« meint nicht, »eine Frau lüstern anschauen« (Einheitsübersetzung) sondern »eine Frau (zu eigen) haben wollen« – wie der Vergleich mit dem 10. Gebot belegt (Dtn 5,21), das das Begehren der Frau des Nächsten in einem Atemzug mit dem Begehren von dessen Haus, Feld, Sklaven, Sklavin, Rind und Esel verbietet.

Was Johannes Paul II. in der Bibel findet, erinnert an den stoisch geprägten Asketismus des Hieronymus, der in seiner Schrift gegen Jovinian (393) die Sätze Senecas zitierte: »Nichts ist schändlicher, als seine Frau wie eine Mätresse zu lieben . . . Der Mann soll sich seiner Frau nicht als Geliebter, sondern als Gatte nähern.«[32] Der Sexualwissenschaftler Sigusch kommentierte den Papst denn auch mit der Feststellung, der »Fluch, mit dem der Vatikan gerade den begierigen Blick des Ehemanns auf ›seine‹ Frau belegen zu müssen glaubt«, habe »wenig mit dem wirklichen Leben zu tun«[33]. Der (katholische) Psychotherapeut E. Ringel hält anders als der Papst mehr erotische Leidenschaft zwischen Eheleuten für angemessen: »Die Aufforderung von Papst Johannes Paul II., die Ehemänner sollten ihre Frauen nicht begehrlich ansehen, wird die Situation (einer gewohnheits- und pflichtmäßigen Sexualität in der Ehe) auch nicht verbessern können, denn das eben ist ja die Tragödie, daß Ehemänner dies

[31] Frankfurter Rundschau Nr. 262 (10. 11. 1980) 10.

[32] Adversus Jovinianum, I, 49; vgl. *P. Ariès*, Liebe in der Ehe: *ders.* (Anm. 7) 169.155.181.

[33] *V. Sigusch,* Die sexuelle Frage, Hamburg 1982, 10.

mit der Zeit, des sicheren ›Besitzes‹ müde und überdrüssig, immer weniger tun.«[34] Noch immer also hat das Christentum sein Problem mit der Lust.

Aspekte der Lust

Doch: Sich an einen anderen Menschen zärtlich und leidenschaftlich hinzugeben und in der Ekstase der Lust sein Ich zu verschenken, das sind Möglichkeiten des Menschen, die er zum Menschsein braucht und die sein Menschsein fördern können. Jeder Mensch will letztlich Glück, Lust, Freude. Die Sexualität kann dafür Medium sein. Es muß doch eine Bedeutung haben, daß der weibliche Orgasmus wahrscheinlich nur unter Menschen vorkommt. Die Erfahrung der Lust zeichnet die menschliche Sexualität offensichtlich in spezifischer Weise, anders als bei Tieren, aus. Die völlige, für alle sexuelle Lust uninteressierte Unsinnlichkeit war für Thomas von Aquin nicht nur ein Defekt, sondern ein sittlicher Mangel. Der Mensch ist für Lust sensibel zu halten.

Der Lustaspekt der Sexualität bezieht sich nicht nur auf die Lust, die ich genieße, sondern auch auf die, die ich gewähre. In unserer von der bürgerlichen Kultur und der christlichen Tradition geprägten Welt, die die Selbstlosigkeit im Lieben immer betont hat, wird mit der Idee der sexuellen Lust zumeist der Gedanke an egoistischen Lustgenuß zusammengebracht. So meint beispielsweise D. Bernt, Lust sei »im Grunde immer ichbezogen«[35]. Es kann zur Humanisierung der Sexualität beitragen, wenn beim Lustaspekt der Sexualität auch die Möglichkeit entdeckt wird, so zu lieben, daß der Partner sich befriedigt und glücklich fühlt.

[34] *E. Ringel,* Die österreichische Seele, Wien – Köln – Graz 1984, 164. Vgl. *E. Ringel/A. Kirchmayr,* Religionsverlust durch religiöse Erziehung, Wien – Freiburg – Basel 1985, 140.

[35] *D. Bernt,* Konfliktfeld Sexualerziehung in der Schule, Frankfurt a. M. 1983, 151.

5. *In lebensschöpferischer Fruchtbarkeit Ekstase zu neuem Leben. Der Fruchtbarkeitsaspekt*

Die Kritik an einer monovalenten Sexualität soll nicht einen Begriff von Sexualität hervorbringen, der den Aspekt der Fruchtbarkeit aus der Sexualität aussperrt. Fruchtbarkeit bleibt ein Sinn von Sexualität.

Die Fortpflanzungszentrierung katholischer Sexualpädagogik

Die traditionelle katholische Sexualpädagogik kannte, rigoroser als die Sexualethik, nur einen zugelassenen Zweck für Sexuelles: die Fortpflanzung. Ihr Vokabular schon verrät sich. So wurden beispielsweise die Geschlechtsteile »Zeugungswerkzeuge« oder »Zeugungsorgane«, der Geschlechtsverkehr »Generationsakt« oder »Zeugungsverhalten« genannt[36]. – Wenn wir heute von »Genitalien« sprechen, tun wir übrigens das gleiche. – Man hatte damals auch nur einen »Fortpflanzungstrieb« und »Fortpflanzungseigenschaften«[37]. Ludwig Auer wußte es genau: »Es gibt im idealen Christenleben keinen Geschlechtstrieb, sondern nur einen Fortpflanzungstrieb.« Darum konnte er behaupten: »Geschlechtstrieb und Geschlechtsleben bewegen sich in Dingen, die unter Christen nicht genannt werden sollen. Sie sind immer und überall pathologisch.«[38]

Hardy Schilgen ist von der Fortpflanzungszentrierung der Sexualität im extremen Maße überzeugt: »Das eigentliche, letzte Ziel, das Gott mit dem in den Menschen gelegten Geschlechtstrieb

[36] *F. Walter,* Die sexuelle Aufklärung der Jugend, Donauwörth 1908, 154.

[37] *T. Wilhelm,* Das sexuelle Leben und seine Bewertung in der Erziehung der Kinder, Donauwörth 1906, 16.

[38] Beide Zitate: *L. Auer,* Die Einführung in ein richtiges Geschlechtsleben, Donauwörth 1907, 5.6.

erstrebt, ist – das Kind. Man kann sich das nicht klar genug machen: der Endzweck der Verschiedenheit von Mann und Frau, das Hauptziel der Liebe mit all ihrer Poesie und ihrer Seligkeit sowie der Ehe mit ihrem Glück und ihren Freuden ist nicht die Befriedigung der eigenen Wünsche, nicht der persönliche Genuß, auch nicht das Wohl der Eheleute. Das ist alles nur Nebenzweck, oder noch besser: Mittel zum eigentlichen Zweck. Die Hauptsache ist das Kind. Alles zielt und strebt dahin, daß dem Kinde das Dasein geschenkt wird... Wenn daher ein junger Mann Neigung zu einem Mädchen verspürt, wenn er selig ist, sie gefunden zu haben und sein eigen zu nennen, wenn namenloser Jubel sein Herz erfüllt und er glaubt, weiter zu seinem Glück nichts zu brauchen, so soll er sich klar machen, daß ihm das alles nicht in seinem eigenen Interesse gegeben ist, sondern damit er dadurch angelockt zur Ehe schreite und Vater werde.«[39]

So wird die Sexuallust zum Motor oder »Lockmittel«[40] zur Heirat. Sie ist die große Täuscherin, die unter Vorspiegelung von Vergnügen zum beschwerlichen Elternleben und zur widrigen Kinderaufzucht verführt. So sah es selbst August Adam: »Auch der Geschlechtstrieb hat seinen wichtigen Zweck. Er hat für die Fortpflanzung des Menschengeschlechts zu sorgen. Die Menschen in ihrer Mehrheit würden womöglich die zahllosen Sorgen, Beschwerden und Mühen nicht auf sich nehmen, die mit der Geburt und Erziehung der Kinder verbunden sind, hätte ihnen der Schöpfer in seiner Fürsorge nicht einen so mächtigen Drang in das Herz gelegt.« Die Sexualität gilt ihm als Einrichtung, mit der »das Einzelwesen in den Dienst der Art« gezwungen wird[41]. Das

[39] *H. Schilgen,* Du und sie. Des Jungmanns Stellung zum Mädchen, Düsseldorf 1924, 15f.

[40] *M. Gatterer,* Im Glaubenslicht. Christliche Gedanken über das Geschlechtsleben, Innsbruck 1927, 79.

[41] Beide Zitate: *A. Adam,* Das sechste Gebot. Gedanken und Vorschläge für die Behandlung der sexuellen Fragen in Erziehung und Unterricht (1942) Paderborn 1949, 86.90.

waren gängige Ideen der traditionellen katholischen Sexualpädagogik[42].

Was auch immer die Motive für eine Ehe hätten sein mögen: ihr Zweck war das Kind. »Das Kind ist der Endzweck der Ehe.«[43] Und nichts anderes! »Nicht nur die Moral, sondern vor allem die Biologie sagt uns ... mit aller Deutlichkeit, daß jene Einrichtungen, die die Natur geschaffen, zur vollendeten Sinnlosigkeit werden, wenn man ihre letzte Erfüllung herausnimmt. Und diese Erfüllung ist das Kind. Wollte die Natur dem Menschen eine Quelle individueller Freude schaffen, so hätte sie das auf einem ganz anderen Wege vermocht als durch jene komplizierten Einrichtungen, von denen, man möchte sagen, jedes Fäserchen gestaltet ist, um dem Nachwuchs der Menschheit zu dienen.«[44] Die Eheleute wurden genötigt, ihre Motive mit diesem Zweck in Übereinstimmung zu bringen. Man wollte um der Menschenwürde des Sexuellen willen die »Ordnung der Natur« wahren, hat aber offensichtlich nicht bedacht, daß der Mensch so seine Menschenwürde gerade verlieren muß, weil er faktisch dem Gattungszweck unterworfen und instrumentalisiert wird: eine am Ende also durchaus menschenfeindliche Sinndeutung der Sexualität. Sie verzweckte auch die Kinder. Man wußte nämlich, wofür sie herhalten sollten. »Auf euch schaut das Vaterland und erhofft von euch die Erhaltung seiner Kraft, die Erhöhung seiner Ehre. Auf euch blickt voll Liebe die heilige Mutter, die Kirche, und hofft von euch das Erstarken des Glaubens, das Wachstum der Tugend, die Erhaltung des Reiches Gottes unter den Menschen. Auf euch schauen eure Eltern und eure Ahnen. Ihr sollt die Fackel des Lebens einmal weitertragen ...«[45]

42 Vgl. *F. W. Foerster,* Jugendlehre, Berlin 1904, 622; *M. Gatterer/F. Krus,* Die Erziehung zur Keuschheit, Innsbruck 1910, 104; *T. Mönnichs,* Zur Katechese über das 6. (9.) Gebot, München (1922) 1928, 13. So schon *J. H. Campe,* Väterlicher Rath für meine Tochter, Tübingen 1789, 143. *Beck/Rieber* (Anm. 21) 31, weisen auf Darwin und Schopenhauer hin.

43 *Gatterer* (Anm. 40) 108.

44 *J. Schröteler,* Die geschlechtliche Erziehung, Düsseldorf 1929, 7.

45 *Adam* (Anm. 41) 88.

Man könnte meinen, diese Aussagen beträfen nur den Geschlechtsverkehr. Doch tatsächlich wurde alles, von dem man dachte, es gehe aus dem Geschlechtstrieb hervor, auf Ehe und Kind bezogen. Die Begegnung und Beziehung zwischen Jungmann und Jungmädchen wurde nur dann erlaubt, wenn Absicht und Aussicht auf die Ehe bestand. Zärtlichkeiten (der Kuß) waren nur unter dieser Voraussetzung gestattet. Fortpflanzungszentriert war darum nicht nur die genitale Praxis, sondern alles, was mit Sexualität irgendwie zu tun hatte.
Der Grund dieser Engführung ist nicht nur ein biologistisches Sexualitätsverständnis, das – im Sinne der Naturrechtslehre des Ulpian – als »natürlich« begreift, was dem Menschen mit dem Tier gemeinsam ist. Es liegt auch eine Fehldeutung von Gen 1,28 vor. Aus dem Fruchtbarkeitssegen, der da gegeben wird, wurde ein »Zeugungsauftrag«, gar ein »Zeugungsgebot«; aus der Möglichkeit also eine Verpflichtung. Die Engführung entsprach den Interessen des Bürgertums in der Welt des Christentums[46].
Die Fortpflanzungszentrierung hatte nun und hat noch sexualpädagogisch schlimme Wirkungen, die wir uns klar machen müssen, um von ihnen los zu kommen. Von der Bezeichnung der Geschlechtsorgane als »Genitalien« war schon die Rede. Noch immer wird auch die sexuelle Information, manchmal auch die Beratung, primär in die Zuständigkeit des Mediziners oder des Biologen gegeben. Nach den baden-württembergischen Richtlinien für die schulische Sexualerziehung von 1984 beispielsweise darf im obligatorischen Unterricht nur der Biologielehrer entsprechend tätig werden. Die fortpflanzungszentrierte Sicht der Sexualität brachte auch die folgenreiche Einschränkung des Begriffs »sexuelle Praxis« auf den Geschlechtsverkehr. Nur diese sexuelle Praxis ist ja mögliche Fortpflanzung. Konsequent war es dann, sie nur zum Zwecke der Zeugung für erlaubt zu erklären und nur in der Ehe zuzulassen. Darum mußte die Lust, die zu ihr drängt, sonst unterdrückt werden (Zucht, Warten, Verzicht). Darum mußte eine Schutzmauer aufgerichtet sein, die

[46] Vgl. *J. van Ussel,* Sexualunterdrückung, Gießen 1977.

gegen den plötzlichen Einbruch solcher Lust sichert (Schamhaftigkeit). Darum mußte die bloße Gefährdung schon (als sündhaft) verurteilt werden. Darum erfolgte eine fast totale Kontrolle (der Kleidung, des Tanzens, des Sports). Darum kein Kuß für solche, die nicht die Absicht und die Aussicht auf eine Heirat hatten. Darum möglichst Trennung von Mädchen und Jungen (keine Koedukation); sie sollten ja nicht vorzeitig einander verfallen. Darum die Forderung, »die sexuelle Kraft« bis zur Zeugung in der Ehe aufzubewahren (keine Selbstbefriedigung). Darum die bekannten Schwierigkeiten mit der Geburtenregelung und der Homosexualität. Sexualerziehung war so kaum möglich, es sei denn zu dem Ziel, die Sexualität in Schach zu halten und bis zur Ehe aufzubewahren. Wie aber sollte man so das (sexuelle) Lieben lernen?

Die Kritik an dieser monovalenten Sexualität zielt nun nicht auf einen Begriff von Sexualität, der die Fortpflanzung ausschlösse. Fortpflanzung bleibt ein Sinn menschlicher Sexualität. Sexuelle Erfahrung, sexuelle Begegnung, sexuelles Lieben sind darüber hinaus auf vielfältigere Weise fruchtbar. Sie schaffen, so sie gelingen, und erschaffen neues, reiches, tiefes, erfülltes, lebendiges Leben: auch in Kindern, doch nicht nur für sie.

Lebenschaffende Sexualität

Sexuelle Fruchtbarkeit meint nämlich mehr als Fortpflanzung. Sie schließt die Fortpflanzung ein und überschreitet sie zugleich. Sexuelles Erleben und sexuelles Handeln machen lebendig und lassen lebendig werden, sowohl in den Augenblicken ekstatischer Außeralltäglichkeit wie in der Alltäglichkeit einer Beziehung, deren Medium die Sexualität ist. Die Sexualität stiftet lebendiges Leben. »Man könnte mit D. Morris sagen, daß wir den Begattungsakt nicht so sehr zur Befruchtung eines Eies als zur Befruchtung von Beziehungen vollziehen.«[47]

[47] *J.-J. Eisenring*, in: *Luyten* (Anm. 22) 44.

In die Vorstellung der lebenschaffenden Sexualität ist das Erleben und Ertragen von Leid eingeschlossen (s. S. 175f. 257ff.). »Niemals sind wir so verletzlich, als wenn wir lieben«, meinte Freud. Sexualität ist aus vielen Gründen – auch – Quelle von Leid. Doch in der versöhnten Annahme und Bewältigung dieses Leids steckt die Möglichkeit vertieften schöpferischen Lebens. Niemand wird solches Leid wünschen oder hervorbringen. Wo es unnötig ist und beseitigt werden kann, ist es auch zu verhindern oder abzuschaffen. Doch es gibt notwendiges und unvermeidliches Leid. Das ist mit der Endlichkeit und der Schuldfähigkeit des Menschen gegeben. Darum brauchen wir Motive und Hilfen zur Annahme und Bewältigung von Leid. Der (christliche) Glaube hält solche Motive bereit.
Weitergabe von Leben in sexuellen Beziehungen und genitalen Begegnungen, fruchtbare Sexualität also, ist darum mehr als Zeugung und Erziehung von Kindern. Sexuelle Beziehungen und Begegnungen sind überhaupt lebensschöpferisch und lebensspendend. Sie sind in der Schaffung und Ermöglichung, in der Anregung und Inspiration von Leben auf viele Weise und in vielfältigen Formen fruchtbar.
Diese Sicht der sexuellen Fruchtbarkeit gibt der Sexualität von Alten und Behinderten einen überraschend neuen Sinn. Man wird nun auch in der sexuellen Begegnung alter Menschen Äußerungsformen einer lebensschöpferischen Fruchtbarkeit gelten lassen; und Behinderte kirchlich trauen, weil ihnen fruchtbare Sexualität zuzutrauen ist, auch wenn sie zum Geschlechtsverkehr selbst unfähig sind (gegen das Trauungshindernis der Impotenz can. 1084 CIC). Der Gedanke wird sicher auch für die Sinngebung autoerotischer (Selbstbefriedigung) und homoerotischer Praxis (s. S. 151f. 159. 170) Folgen haben, sofern diese – und wer will das im vornherein bestreiten – lebenschaffende Sexualität zu erleben gibt, möglicherweise gar (zeitweise oder lebenslang) die einzige Möglichkeit sexuellen Lebens darstellt.

Freundschaft mit Kindern

Eine Form sexueller Fruchtbarkeit, womöglich die eigentliche, in jedem Fall die im wahrsten Sinne kreative, ist die Fruchtbarkeit in Kindern. Die Fortpflanzungsfruchtbarkeit ist als Möglichkeit verständlicherweise nur präsent in heterosexuell-genitaler Sexualität. Und dort auch nur, wenn sie nicht durch Empfängnisverhütung ausgeschlossen oder wegen des Alters der Partner unmöglich wurde. Bei allen anderen Formen sexuellen Erlebens und Handelns, die gewiß häufiger sind, kann Fortpflanzungsfruchtbarkeit keine Rolle spielen. Auch darum ist es sinnvoll, die Sexualität des Menschen nicht nur mit diesem Aspekt der Fruchtbarkeit in Zusammenhang zu bringen.

Die Fortpflanzungsfruchtbarkeit der Sexualität, die auf Arterhaltung (Reproduktion) und Artentwicklung (Evolution) gerichtet ist, ist übrigens schon unter dem Aspekt des Biologischen beim Menschen etwas anderes als beim Tier oder bei der Pflanze. Als Medium der Fortpflanzung besitzt die Sexualität »auf der pflanzlichen Ebene ein ›vorpsychisches‹, auf der tierischen Ebene ein determiniertes psychisches und auf der menschlichen Ebene ein ›nach-psychisches‹, nämlich ›geistoffenes‹ Sein, das die biologische Fortpflanzungsfinalität der Sexualität in einem jeweils wesentlich verschiedenen Sinne charakterisiert«.[48] »Sexualität« ist auch unter diesem Aspekt ein analoger Begriff.

Die Sexualität in Kindern fruchtbar werden zu lassen, ist Zeichen der Freundschaft mit Kindern. Ich glaube nicht, daß die Menschen unserer bundesrepublikanischen Gesellschaft kinder- und familienfeindlich sind. Es sind eher die Strukturen und Bedingungen, unter denen sie leben müssen, die Kinder verhindern, obwohl sich viele und zunehmend mehr Frauen und Männer, Paare und Ehepaare mit ihrem Kinderwunsch gegen sie durchsetzen. Haben unsere Zeitgenossen, die Eltern werden könnten, als Kinder so enttäuschende Erfahrungen gemacht, daß sie sich schwer tun, mit Kindern neue Erfahrungen zu machen? Erscheint

[48] *Beck/Rieber* (Anm. 21) 26.

ihnen unsere Gegenwart so zerrüttet und die Zukunft so verstellt, daß sie Kindern weder diese Gegenwart noch die Zukunft zumuten wollen? Natürlich ist es mit einer Ermutigung zu Kindern nicht getan. Es müssen die (rechtlichen) Strukturen und die (ökonomischen und ökologischen, die auf Frieden, Bildung und Lebenssinn bezogenen) Bedingungen hergestellt werden, die eine Verwirklichung des Kinderwunsches erlauben und erleichtern – eine politische Aufgabe. Doch darf man auch zu Kindern Mut machen. Kinder sind ein Reichtum und eine Herausforderung. Sie sind Wesen, die durchaus Lebensinhalt von Vätern und Müttern sein können. Der Umgang mit ihnen ist kreativer als manche berufliche Tätigkeit, die ihnen vorgezogen wird[49].

Was die Lebensumstände betrifft, die für Kinder für erforderlich gehalten werden, so haben wir womöglich bescheidener zu werden. Sie werden oft so hoch angesetzt, daß sie realistischerweise nicht hergestellt werden können. Daran ist sicher der hierzulande hohe Lebensstandard ursächlich beteiligt, doch auch die zu unmittelbare Popularisierung der Erkenntnisse von Psychologie und Pädagogik. Eltern fühlen sich durch sie häufig genötigt, ihren Kindern ein einschränkungslos störungs- und leidfreies Leben zu ermöglichen, und sind überfordert. »Die Deutschen sind abstrakt kinderfreundlich, aber das Ja zum Kind ist an optimale, gar utopische Voraussetzungen gebunden (sicheres Einkommen, gelungene Partnerschaft, kein Standardverlust).«[50] Hier werden Korrekturen nötig. Denn Kinder brauchen nicht die besten Lebensumstände, sondern nur hinreichend gute. Und sie brauchen nicht alles, was für die Sicherung ihres Lebens denkbar ist und angeboten wird.

Gegenwärtig gewinnen auch solche Lebensumstände für die Entscheidung für oder gegen Kinder eine besondere Bedeutung, die nicht aus den Möglichkeiten der Eltern hervorgehen. Die

[49] Womit nichts gegen eine familienfreundliche Berufstätigkeit von Eltern gesagt sein soll, sondern alles für eine emanzipationsoffene Familie und die freie Entscheidung zur Erwerbstätigkeit.

[50] *D. Seeber,* Die emanzipierte Generation: Herder-Korrespondenz 38 (1984) 529.

weltgesellschaftliche Situation mit ihren ökonomischen und ökologischen Problemen und die Zukunftsaussichten oder -befürchtungen, die mit den Stichworten »Atomtechnik«, »Informationstechnik« und »Reproduktions- und Gentechnik« angedeutet sind, wirken stärker denn je und mit wohl zunehmender Intensität auf die Bereitschaft zu Kindern ein. Man wird niemanden mit der gläubigen Überzeugung, daß die Welt und ihre Zukunft in Gottes Händen liegt, billig über seine Ängste hinwegtrösten. Doch vermag diese Überzeugung (auch) Motiv und Kraft zu sein, im öffentlichen Diskurs ein Ethos zu entwickeln, das die neuen Technologien in den Dienst einer die Würde des Menschen wahrenden und seinen friedlichen Einklang mit der Natur fördernden Zukunft stellt, und auf der Weltebene durch politische Entscheidungen die notwendigen Konsequenzen zu ziehen. Auch dafür übrigens braucht es Menschen.

In der BRD ist es, wie das in der deutschen Geschichte schon mehrfach der Fall war[51], wieder üblich geworden, die geringe Geburtenzahl zu kritisieren (s. S. 105f.). Ohne zu sehen, daß der Verzicht auf (eigene) Kinder auch Ausdruck der Freundschaft mit Kindern sein kann, wenn auch nicht überall ist, wird kinderlosen Paaren pauschal Kinderfeindlichkeit, in der Regel auch Bequemlichkeit unterstellt. Daß sich zunehmend Ehepaare ihren Kinderwunsch mit Hilfe der modernen Reproduktionsmedizin erfüllen, weil sie sonst nicht zu Kindern kommen, ist sicher kein Zeichen von Kinderfeindlichkeit. Es ist aber von Kinderfeindlichkeit zu reden, wenn Kinder aus bevölkerungspolitischen, rentenpolitischen oder militärpolitischen Gründen gefordert werden, zumal in einer Zeit, in der Bildungspolitiker sich auf geburtenschwache Jahrgänge einstellen und Arbeitsmarktpolitiker sie herbeisehnen. Solches Denken instrumentalisiert Kinder für ihnen fremde Zwecke.

Es besteht vielfach der Eindruck, speziell die katholische Kirche

[51] »Die deutschen Klagen über die drohende Entvölkerung begannen um 1870 mit einzelnen Beiträgen und schwollen um 1900 ... zu einer veritablen Flut an«: *P. Gay,* Erziehung der Sinne. Sexualität im bürgerlichen Zeitalter, München 1986, 281.

habe ununterbrochen zu großen Familien gedrängt. Doch war Kinderreichtum nicht immer ein christliches Ideal. Am Ende der Antike und zu Beginn des Mittelalters wurden Eheleute ermahnt, sich der geschlechtlichen Vereinigung zu enthalten, sobald die Nachkommenschaft gewährleistet sei. Erst vom 16. Jahrhundert an suchten Theologen die Angst vor allzu vielen Kindern zu vertreiben[52]. Der Erfolg war in aller Regel mäßig. »Im städtischen Haushalt wurden im Durchschnitt weniger als zwei Kinder groß: In Nürnberg waren es am Ende des 15. Jahrhunderts 1,64, in Frankfurt 1,81. Weniger als zwei waren es auch in Basel, Köln und Rostock.«[53] Im bäuerlichen Haushalt lebte im Schnitt ein Kind mehr. Zwar wurden mehr Kinder geboren, doch viele starben schon bald nach der Geburt. Die Kinderzahl nahm erst zu, als die Kindersterblichkeit abnahm. Das geschah im 19. Jahrhundert. Das Wachstum der Bevölkerung jedoch resultierte zunächst nicht aus größer werdenden Familien. Es war in erster Linie darauf zurückzuführen, daß nach Aufhebung der vielen Heiratsverbote immer mehr Menschen zur Ehe kamen. Seit Mitte des 19. Jahrhunderts wurden allerdings auch die Familien groß. »Auf eine Eheschließung kamen zwischen 1871 und 1881 im Deutschen Reich – eheliche und uneheliche zusammengezählt – statistisch 4,5 Kinder.«[54] Seither wurde die Geburtenkontrolle propagiert, und die Familien wurden wieder kleiner.

Die katholische Kirche hatte seit Antike und Mittelalter alle Methoden der Empfängnisverhütung verboten. Sie wollte sich dadurch für den naturgemäßen Gebrauch der menschlichen Sexualität einsetzen. Tatsächlich trieb sie den Menschen die Freude am Erleben ihrer Sexualität aus. Erst als die Bestimmung der Kinderzahl durch die Ausnutzung naturgemäßer Abläufe (nämlich der empfängnisfreien Tage bei der Frau) möglich wurde, begann sie die Empfängnisverhütung zu tolerieren. Sie sah nicht,

[52] *J.-L. Flandrin,* Das Geschlechtsleben der Eheleute in der alten Gesellschaft: *Ariès* (Anm. 7) 149.

[53] *B. Beuys,* Familienleben in Deutschland, Reinbek b. Hamburg 1980, 209.

[54] *Beuys* (Anm. 53) 459.

daß die Empfängnisverhütung, wenn ein (weiteres) Kind nicht verantwortet werden kann, auch als eine Form der Freundschaft mit Kindern anzusehen ist.
Wenn die Lebensumstände nicht gegeben sind und nach menschlichem Ermessen nicht geschaffen werden können, die es einem Kind einmal ermöglichen, das Leben und das Lieben zu lernen, auch in der Sprache der Sexualität, werden Liebende es – aus Freundschaft mit Kindern – nicht ins Leben schicken. Sie werden die Empfängnis verhüten. Das gilt insbesondere für junge Paare. Da die Abtreibung keine Methode der Geburtenkontrolle ist, werden sie sich über die Methoden unterrichten und sie verantwortungsvoll handhaben. Die Entscheidung darüber, auch über die Menschenfreundlichkeit und Menschenwürdigkeit der Methoden, muß in der Hand der Betroffenen liegen. Es mag sein, daß die Möglichkeit der Empfängnisverhütung zur Entfesselung der Sexualität beigetragen hat. Doch diese wird nicht durch neue Verbote aufgehalten. Sie ist durch eine Erziehung zu verhindern, die das Lieben ermöglicht und die Sexualität zur Sprache der Liebe macht.

Der Doppelaspekt sexueller Fruchtbarkeit

Beide Aspekte der sexuellen Fruchtbarkeit müssen wir zurückgewinnen. Das Kind ist zwar nicht Zweck der genitalen Begegnung. Ihr Zweck ist diese Begegnung selbst. Aus ihr soll fruchtbares Leben entstehen. Das Kind aber ist eine mögliche (und möglicherweise die höchste) Frucht dieser Begegnung. Und Kinder sind bei aller Belastung, die sie bedeuten, eine Bereicherung des Menschen, der Kinder selbst wie der Erwachsenen, die mit ihnen umgehen.
Die biblische Tradition spricht von beiden Aspekten menschlicher Fruchtbarkeit, obwohl die Fortpflanzungsfruchtbarkeit – bei der Wertschätzung einer großen Nachkommenschaft, die die Bibel des Alten Testaments allerorts verrät – deutlich im Vordergrund steht. Daß die deutschen Bischöfe jene Aspekte immerhin

andeuten, davon war schon die Rede (s. S. 191f.). Ein Wort Johannes Pauls II. bekommt in diesem Zusammenhang einen überraschend neuen Sinn: »Die fruchtbare eheliche Liebe bringt ihren Dienst am Leben in vielfältigen Formen zum Ausdruck, von denen die Zeugung und die Erziehung die unmittelbarsten, die eigentlichsten und unersetzbarsten sind. In der Tat, jeder Akt echter Liebe zum Menschen bezeugt und vervollkommnet die geistige Fruchtbarkeit der Familie, weil er sich von der tiefen inneren Dynamik der Liebe als Hingabe seiner selbst an die anderen leiten läßt.«[55]

6. Zum Problem des Eigenwerts und der Integration der Sinnaspekte menschlicher Sexualität

Sexuelle Praxis kann vermutlich nur wahrhaft glücken, wenn in ihr alle vier Sinngehalte wenigstens ansatzhaft realisiert sind. Sobald sich ein Sinnaspekt auf Kosten der anderen gänzlich verselbständigt, wenn beispielsweise nur der eigenen Identität nachgegangen oder nur der Gattung gedient wird, wird die Sexualität wohl verfehlt. Dabei verfehlt sich auch der Mensch in seiner Sexualität.

Perfekte Sexualität?

Die Frage nach den Bedingungen gelungener Sexualität hat allerdings selbst schon etwas Fragwürdiges an sich. In ihr steckt nämlich – ohne daß man sich das vielleicht bewußt macht – die Vorstellung, allseits gelungene Sexualität sei nicht nur möglich, sondern immer auch nötig. Daraus erwächst die Regel, ein Mensch dürfe sich nur dann sexuell betätigen, wenn alle Bedin-

[55] *Johannes Paul II*. (Anm. 5) Nr. 41.

gungen gelungener Sexualität erfüllt sind. Die traditionelle Moral insbesondere hat uns die fast zwanghafte Überzeugung überliefert, im Bereich der Sexualität sei nur Perfektes zugelassen. Alles Imperfekte gilt ihr nicht als mangelhaft, sondern als sündhaft. Während man sonst – speziell im Umgang mit der Macht – sehr viel Nachsicht walten ließ, weil man sich der Endlichkeit und des Versagens des Menschen bewußt war, wurde im Bereich der Sexualität selbst das Unvollkommene rigoros verurteilt und bekämpft. Von der wirklichen Schuld ganz zu schweigen: Hier glaubte man der menschlichen Ohnmacht keine Zugeständnisse machen zu dürfen. Es durfte nur ganze Vollkommenheit geben. Wo diese auch nur in Gefahr geriet – und die Gefahr lauerte überall – begann schon der Bereich der (sündhaften) Verfehlung (s. S. 93. 102).

Ernst Ell hat meines Erachtens ganz zu Recht vor solchem Perfektionismus gewarnt. Er nahm dazu ein Beispiel. »Daß der Geschlechtsakt innigster Ausdruck der totalen Liebe sein soll, ist sicher ein wertvolles Ideal. Ideale sind dadurch gekennzeichnet, daß sie nicht völlig realisierbar sind; sie sind Leitsterne. Die Frage ist: Mit welchem Recht erwartet man von jungen Menschen das Ideal, während niemand dieses von den Eheleuten erwartet? In der Ehe muß jedes Paar seinen eigenen Kompromiß schließen – vor der Ehe aber gibt es nach dieser Meinung keinen Kompromiß, sondern nur das Ideal – oder nichts.«[56]

Warum dann doch die Frage nach den Bedingungen gelungener Sexualität? Es ist ein Unterschied, ob man *sich* Überzeugungen von den Bedingungen gelungener Sexualität bildet und einsichtig macht, oder ob man seine Überzeugungen *anderen* um die Ohren schlägt. Nicht daß man ein Ideal hat, ist das Problem, sondern wie man es gegenüber anderen zur Geltung bringt. Die Frage nach der Bedeutung der Sinnaspekte menschlicher Sexualität wird hier zur Selbstorientierung aufgeworfen.

[56] *E. Ell,* Sexualmoral, Voreheliches Geschlechtsleben und Zölibat, Zürich 1970, 14.

Der Eigenwert der sexuellen Lust

Die Frage nach dem Eigenwert eines der Sinngehalte menschlicher Sexualität wurde und wird am Lustaspekt strittig diskutiert. In der Tradition katholischer Sexualpädagogik gilt als ausgemacht, daß die sexuelle Lust sich nicht verselbständigen darf. Sie darf nur zugelassen oder zustimmend erlebt werden, wenn sie im Dienst der Fortpflanzung steht. Alles andere gilt als ungeordnet. Der (ungeordnete) sexuelle Lustgenuß als solcher wurde dann zum Kriterium der Sündhaftigkeit einer sexuellen Verfehlung und galt in jedem Falle als Zeichen von Egoismus. Das läßt sich bei manchem sexualpädagogischen Autor katholischer Provenienz auch heute noch belegen[57]. Die Betonung des Eigenwerts der sexuell-orgastischen Lust in der sexualaffirmativen Sexualpädagogik verfällt – in der Sicht der herkömmlichen katholischen Sexualpädagogik – darum auch heftiger Kritik. Die Sexualaffirmation, wie sie seit 1968 betrieben wird, habe zu einer rein hedonistischen Sexualität geführt, die jede sexuelle Erfahrung unter (fast) jeder Bedingung zugestehe, wenn sie nur Spaß mache.

Nun hat ein schrankenloser sexueller Hedonismus sicher etwas Fragwürdiges. Darum setzen selbst Vertreter der Sexualaffirmation dem Lustgenuß Bedingungen. Im Gefolge A. Comforts erheben sie für die sexuelle Praxis von Jugendlichen die Forderung: 1. Sie sollen die Gefühle eines Menschen nicht rücksichtslos ausbeuten und ihn nicht mutwillig enttäuschenden Erfahrungen aussetzen. 2. Sie sollen unter keinen Umständen die Zeugung eines unerwünschten Kindes riskieren[58]. Doch hat die Gegnerschaft zur Sexualaffirmation manche katholische Reaktion zu einseitig übertriebenem Asketismus verführt, der dem Lustaspekt der Sexualität nicht wirklich gerecht wird. Im Widerspruch zum sexuellen Hedonismus bleiben sie ihm noch verhaftet.

[57] *Bernt* (Anm. 35) 137. 151. 211. 224f. 241.

[58] Zitiert in: *H. Kentler,* Sexualerziehung, Reinbek b. Hamburg 1970, 143.

Die in katholischer Tradition nachsichtigste und darum vermutlich auch als anstößig verurteilte Auffassung hat E. Ell vertreten. Er gibt seit 1972 dem Lustaspekt der Sexualität ein volles, eigenständiges Recht. Neben den Sinnaspekten »Fortpflanzung« und »Ausdruck von Liebe« bejaht er, was er den »Eigengehalt« menschlicher Sexualität nennt[59]. Er meint damit den Wert sexueller Aktivität für des Menschen Gesundheit und Entspannung, Ich-Begegnung und Leib-Erfahrung, Selbstvertrauen und Ekstase, ihre Bedeutung für eine positive Selbstbegegnung als Bedingung der Du-Begegnung. Ell hält sexuelle Erfahrungen auch dann für gerechtfertigt, wenn sie nur diesen Eigengehalt suchen. Dabei will er gar nicht bestreiten, »daß das Sexuelle dadurch, daß es in den Dienst anderer Werte gestellt wird, also in den Dienst der Fortpflanzung oder der Liebe, sehr viel an Sinn hinzugewinnen kann und mit dem Sinn auch persönliche Beglükkung«. Er gibt auch zu, »daß es eine menschliche Verarmung bedeutet, wenn jemand sein Leben lang nur auf der Ebene des Eigengehaltes leben muß«[60]. Doch möchte er anerkannt wissen, daß sexuelle Aktivität, auch wenn sie nicht in den Dienst der Liebe oder der Fortpflanzung tritt, in ihrem Eigengehalt schon so viel Sinnmöglichkeit und Glückserfahrung gewährt, daß es besser ist, sie zu erleben, als einem vielleicht unerreichbaren perfekten Glück nachzujagen.

Die Sinnaspekte in der Lebensgeschichte

Ell äußert zudem die Vermutung, es könnte eine Beziehung bestehen zwischen den Sinnaspekten der Sexualität und den lebensgeschichtlichen Phasen eines Menschen. Danach wäre es möglich, daß die verschiedenen Phasen des Lebens die Realisierung verschiedener Sinnaspekte der Sexualität zur Aufgabe machen. Notwendig erschiene dann nicht die synchrone Verwirkli-

[59] *Ell* (Anm. 27) 65. 85.
[60] Beide Zitate: *Ell* (Anm. 27) 85.

chung aller Sinnaspekte in jedem sexuellen Akt, sondern deren diachrone Integration im Laufe des Lebens. Das Ideal bliebe zwar die Einheit aller Sinnaspekte in ein und demselben Akt. Doch diese Einheit wäre Ergebnis einer Entwicklung. »Die einzelnen Sinngehalte müssen erst einmal im Nacheinander erfahren werden, ehe sie sich zum vollkommenen Wert komponieren können.«[61]

Man muß diesen Gedanken mit den Ergebnissen der sozialhistorischen, soziologischen und psychologischen Lebenslauf- und Familienzyklusforschungen verknüpfen, um sich seine Bedeutung klar zu machen[62]. Es läßt sich nämlich zeigen, daß die traditionelle Moralauffassung, die mit dem Geschlechtsverkehr in der Ehe (zwar nicht den Ausdruck der Liebe, aber doch) die Absicht der Fortpflanzung verbunden wissen wollte, auf dem Hintergrund der Lebensuhr unserer Vorfahren durchaus verständlich erscheint. Noch im 18. Jahrhundert hatte eine Frau bei der Geburt ihres letzten Kindes zwei Drittel ihres Lebens hinter sich. Heute liegen zum selben Zeitpunkt zwei Drittel ihres Lebens noch vor ihr. Für die heutige Frau, von der niemand erwarten wird, daß sie die letzten zwei Drittel ihres Lebens sexuell enthaltsam lebt, wird die Bedeutung der Fortpflanzung zwangsläufig zurücktreten, die Frage nach anderen Sinngehalten ihrer Sexualität, auch nach dem Sinn permanenter Empfängnisverhütung – nach der Fruchtbarkeit ihrer »Unfruchtbarkeit« – jedoch hervortreten, zumal sich die Zeit zwischen letzter Geburt und Menopause gegenüber früher heute enorm verlängert hat.

[61] *Ell* (Anm. 27) 95.

[62] *A. E. Imhof,* (Hrsg.), Der Mensch und sein Körper. Von der Antike bis heute, München 1983; *ders.,* Die verlorenen Welten, München 1984; *ders.,* Geschichte der Sexualität – Sexualität in der Geschichte: *C. Wulf* (Hrsg.), Lust und Liebe. Wandlungen der Sexualität, München – Zürich 1985, 181–215; *E. Shorter,* Die Geburt der modernen Familie, Reinbek b. Hamburg 1977; *Beuys* (Anm. 53); *C. Höhn,* Der Familienzyklus – zur Notwendigkeit einer Konzepterweiterung, Boppard am Rhein 1982, vgl. dazu auch den Literaturbericht von *H. Tyrell,* in: Nichteheliche Lebensgemeinschaften in der BRD. Schriftenreihe des BMJFG. Band 170, Stuttgart–Berlin–Köln–Mainz 1985, 93–140.

Analoges gilt für den Mann. Setzt man für die Elternpflichten am letzten Kind 20–25 Jahre an, dann fiel im 18. Jahrhundert – bei einer Lebenserwartung von 60 Jahren – der Tod der Frau, sofern sie nicht schon früher starb, mit dem Ende dieser Pflichten zusammen. Heute jedoch kommt sie, wenn die Kinder das Haus verlassen, in ihre »besten Jahre«. Das »Bis der Tod Euch scheidet« hielt also früher ein Paar so lange zusammen, wie die elterliche Sorge von der nachwachsenden Generation benötigt wurde. Heute bindet die Ehe die Partner weit darüber hinaus. Alterssexualität konnte damals kaum ein Problem sein. Heute aber ist sie eines, und damit auch ihre Sinngebung.
Und die Jugend? Für deren Sexualität spielen das Eintreten der Geschlechtsreife und die Höhe des Heiratsalters gewiß eine Rolle – und beides hat sich in den letzten Jahrhunderten verschoben. Doch auch der Altersabstand bei der Hochzeit läßt Rückschlüsse zu. In den letzten zweihundert Jahren ist eine zunehmende Gleichaltrigkeit zu beobachten. Erst mit dieser Angleichung konnten körperliche Attraktivität und erotische Anziehungskraft eine Rolle zu spielen beginnen. Möglicherweise hat dies dazu beigetragen, daß Ehen immer mehr aus »Liebe« geschlossen wurden. Nach Auffassung von Arthur E. Imhof »war die zunehmende Gleichaltrigkeit aufgeblühter junger Körper eine tragende Mit-, wenn nicht gar Vorbedingung jener ›Revolution der Affektivität‹ mit einer tieferen Zärtlichkeit, größeren Intimität, romantischeren Liebe, wie sie sich seit dem 18. Jahrhundert zwischen immer mehr Ehepartnern vollzog«[63]. Es konnte gar nicht ausbleiben, daß das Ideal romantischer Liebe auch die Jugend vor der Ehe erreichte und ihre Sexualität prägte. Sexuelle Aktivität ließ sich nun nicht mehr allein an die Ehe und an den Fortpflanzungszweck binden. Sie wurde ein Erfahrungsfeld eigener Dignität. Dies zumal, seitdem durch den zeitlich verschobenen Eintritt in die Geschlechtsreife die Jugend früher beginnt, sich schneller und forcierter vom Elternhaus (auch durch Auszug) löst, ohne

[63] *A. E. Imhof,* Unsere Lebensuhr: P. Borscheid/H. Tenteberg (Hrsg.), Ehe, Liebe, Tod, Münster 1983, 186.

sofort in eine eigene Ehe zu treten, und länger dauert, nicht zuletzt durch immer längere Ausbildungszeiten für immer mehr Jugendliche. Wir müssen die Angepaßtheit der alten Moral an die Lebensuhr unserer Vorfahren für die veränderten soziologischen und psychologischen Verhältnisse der Gegenwart erneut gewinnen.

Im Sinne von E. Ell ist – ich spreche jetzt meine Sprache und übergehe die kindliche Sexualität, die ihren eigenen lebensgeschichtlichen Bedeutungswandel hat[64] – der Identitäts- und Lustaspekt der Sexualität der Jugendphase zugeordnet. »In diesem Alter hat der junge Mensch in der Regel noch keinen Liebespartner... Er soll das Phänomen Sexualität an sich erfahren und erforschen: die Lustfähigkeit der einzelnen Leibbereiche ... die ersten Verbindungen von Sexualität und Sozialität.«[65] Wer auf der Suche nach Identität den Fragen nachgeht, wer er ist und als wen andere ihn einschätzen und anerkennen, und das ist nur in Beziehung zu anderen möglich, der wird auch im Erfahrungsfeld der Sexualität seine Neugier ins Spiel bringen, um seine Identität auch hier in Versuch und Irrtum zu erkunden. Seine »experimentelle Moral« ist darum durchaus dem Identitätsaspekt der Sexualität zuzurechnen. Bei jungen Erwachsenen kommt, wenn die Freundschaften festere Formen annehmen, der Beziehungsaspekt hinzu. Je sicherer sie ihrer selbst werden, desto mehr tritt der Identitätsaspekt vermutlich zurück. Diese Sinngehalte der Sexualität bestimmen auch noch die Zeit der gebundenen Partnerschaft (in der nichtehelichen Lebensgemeinschaft oder in der jungen Ehe). In der ersten Familienphase – in der Regel, wo noch nicht erfolgt, nach der Eheschließung – wird die Fortpflanzungsfruchtbarkeit zentral, im Verbund mit den anderen Sinnaspekten. Sobald das letzte Kind geboren ist, tritt die Beziehungs- und Lustsexualität wieder in den Vordergrund. Sie prägen auch die Nach-Kinder-Phase, wenn die Eltern wieder allein sind. Hinzu kommt, im Zusammenhang mit der Menopause und der Midlife-

[64] Vgl. dazu auch: *Duss-von Werdt* (Anm. 1) 748f.
[65] *Ell* (Anm. 27) 95.

Crisis, die das Selbstwertgefühl tief beeinträchtigen können und bei der Frau wie beim Mann die bedrängende Frage aufwerfen, wer sie sexuell (noch) sind, der Identitätsaspekt. Die Altersphase mag vornehmlich bestimmt sein vom Identitäts- und Beziehungsaspekt der Sexualität. In allen Phasen mischt sich der Aspekt lebensschöpferischer Fruchtbarkeit ein.

Ich erwähne dies, nicht um dogmatische Feststellungen zu treffen, sondern um die Idee der geschichtlichen Verwirklichung der Sinnaspekte der Sexualität im Lebenslauf nicht nur abstrakt anzudeuten. Man muß dabei wissen, daß die Konzepte der Phasen des Lebenslaufs bzw. des Familienzyklus sehr viel komplizierter sind, als ich andeuten konnte, und daß deren Sequenz in der individuellen Lebensgeschichte dem gesellschaftlich vorherrschenden Modell immer weniger entspricht[66]. »Diese Gedanken führen zu dem Ergebnis: das Perfekte (für Ell jene Realisierung von Sexualität, in der alle Sinnaspekte zusammenkommen) ist wohl ein Ziel, aber es ist nicht das Endziel. Vom Ablauf des ganzen menschlichen Lebens gesehen ist es nur eine Station; wohl der Höhepunkt einer aufsteigenden Linie, zugleich aber auch der Wendepunkt für die absteigende Linie.«[67] Ell gibt den Rat: »Versuche, im Laufe deines Lebens möglichst alle ... Sinngehalte der Sexualität zu erfüllen.«[68] Das Synodenpapier »Sinn und Gestaltung menschlicher Sexualität« sagt: die Sinnaspekte werden »das Gesamtverhalten im Laufe des Lebens« bestimmen[69].

Die Verknüpfung der Sinnaspekte

Obwohl ich dieser Idee viel abgewinnen kann, habe ich auch eine kritische Anfrage an sie. Gibt es überhaupt – wenn Sexualität

[66] *Tyrell* (Anm. 62) 120.
[67] *Ell* (Anm. 27) 98.
[68] *Ell* (Anm. 27) 153f.
[69] Arbeitspapier der Gemeinsamen Synode der Bistümer in der BRD (Anm. 9) Nr. 3. 1. 5.

einigermaßen glückt – eine Verselbständigung der Sinnaspekte menschlicher Sexualität in der Form, wie es der Begriff »Eigenwert« unterstellt? Ist denn der Lustaspekt der Sexualität von ihrem Beziehungsaspekt, um nur ein Beispiel zu nennen, wirklich zu trennen? Im Fall der Selbstbefriedigung scheint das zwar der Fall zu sein. Aber kann man sie nicht auch als Ausdruck und Vollzug von (legitimer) Selbstliebe verstehen? Hat sie nicht, weil ein Partner häufig in der Fantasie anwesend ist, etwas von – möglicherweise sehr gebrochener – Beziehungssexualität? Ist sie vielleicht der Versuch einer sexuellen Beziehung, ihre erlebnisintensive gedankliche Einübung und Vorwegnahme, Bedingung der Möglichkeit also einer realen Beziehung, die noch nicht in Frage kommt oder übermäßig ängstigt? Es scheint zudem, daß Selbstbefriedigung auf Dauer eben doch nicht wirklich befriedigt, weil der leibhaftige Partner fehlt, so daß – e contrario – die Untrennbarkeit beider Aspekte in geglückter Sexualität deutlich würde.

Ist ein Partner beteiligt, läßt sich fragen, ob die libidinöse oder orgastische Lust, die ihm gewährt und mit ihm genossen wird, nicht auch den Genuß seiner Gegenwart und das Erleben seiner körperlichen Nähe einschließt; ob nicht doch die ekstatische Erfahrung der Lust mit der Intensität der Beziehung zusammengeht. Die Sexualaffirmation hatte gegen solches Fragen – wohl eher gegen die Attitüde des sicheren Wissens entsprechender Antworten und gegen die Umfunktionierung solchen Wissens in generelle Vorschriften – den Verdacht geäußert, diejenige Bejahung der Sexualität könnte verlogen sein, die die Sexualität an sich zwar nicht verteufele, ihr aber »die Zulassung der (uneingeschränkten) Absättigung« verweigere, »falls diese nicht im Geschirr über- und vorgeordneter ›höherer‹ Werte, Normen und Institutionen« gehe[70]. Mag sein, daß eine Bejahung der Sexualität, die zugleich deren Lust verdächtigt, widersprüchlich oder gar

[70] Vgl. *W. Fischer,* Kritik der sexualaffirmativen Geschlechtserziehung der Gegenwart, zugleich ein Beitrag zum Normenproblem in der Sexualpädagogik: *ders.* u. a. (Hrsg.), Normenprobleme in der Sexualpädagogik, Heidelberg 1971, 170.

doppelzüngig ist. Gleichwohl scheinen mir Zweifel berechtigt an einer Sexualität, in der die Lusterfahrung auf »Absättigung« sich reduziert. Die Freudsche These von der entspannenden Lust, in der Lust als Beendigung von Unlust ausgegeben wird, findet jedenfalls ihre wissenschaftliche Kritik[71]. Und Jugendliche scheinen die Zweifel zu bestätigen. In ihrer sexuellen Praxis ist das traditionelle Fortpflanzungskonzept durch ein Beziehungskonzept abgelöst. Hinter dem Beziehungskonzept mag zwar »keine idealisierende, romantisch überfrachtete Vorstellung von Sexualität im Sinne einer ›Kopulationsmystik‹ (stehen), sondern erstaunlich häufig eine ganz handfeste und durchaus hedonistisch getönte Auffassung von Sexualität«.[72] Es ist aber das Konzept einer Sexualität »als einer sozialen Aktivität«[73]. Sexualität, so sind viele Jugendliche überzeugt, bringt einander näher, weil sie für beide schön ist, beiden Spaß macht, Lust bereitet und beide befriedigt. Und sie ist für beide schön, weil sie beiden die leibhaftige Gegenwart des anderen lebendig zu erfahren gibt.

Der unlösliche Zusammenhang von Identitäts- und Beziehungsaspekt bräuchte eigentlich nicht dargelegt zu werden. Die interaktionistischen Identitätstheorien haben die Wechselseitigkeit von Identität und Beziehung im Detail beschrieben. Beide sind füreinander Bedingung. Das gilt auch für die sexuell vermittelte Identität und Beziehung.

Der Zusammenhang von Identität und Beziehung bildet sich ab in dem von Selbstliebe und Partnerliebe. J. Reuss hat ihn so formuliert: »Zum Menschen gehört die Ichbezogenheit. Darum liebt ein Mensch auch ichbezogen, d. h. er hat eine Zuneigung zu

[71] Vgl. *G. Schmidt,* Sexuelle Motivation und Kontrolle: *E. Schorsch/G. Schmidt* (Hrsg.), Ergebnisse der Sexualforschung, Köln 1975, 30–37; *G. Schmidt,* Jenseits des Triebprinzips (1982): *Scarbath/Tewes* (Anm. 3) 27–39; *ders.,* Motivationale Grundlagen sexuellen Verhaltens: *H. Thomae* (Hrsg.), Psychologie der Motive. Enzyklopädie der Psychologie II, Göttingen 1983, 70–101. Zur Kritik an der Kritik: *V. Sigusch,* in: *M. Dannecker – V. Sigusch* (Hrsg.), Sexualtheorie und Sexualpolitik, Stuttgart 1984, 3–16.

[72] *Walczak,* in: *Schlaegel* u. a. (Anm. 3) 308.

[73] *Walczak,* in: *Schlaegel* u. a. (Anm. 3) 308.

einem Du, er ist einem Du gut, weil es ihm selbst guttut. Aber kein Mensch darf nur ichbezogen lieben.«[74] »Deshalb muß der Mensch mit seiner ichbezogenen Liebe die dubezogene Liebe verbinden. In dieser Verbindung bleibt die ichbezogene Liebe des Menschen bestehen, sie wird aber von der dubezogenen Liebe überformt.«[75] Mit seinen Bemerkungen steht Reuss in der Linie des Epheserbriefes: »So sollen auch die Männer ihre Frauen lieben wie ihren eigenen Leib. Wer seine Frau liebt, liebt sich selbst. Niemand hat doch je sein eigenes Fleisch gehaßt, sondern man hegt und pflegt es« (Eph 5,25–32)[76].

Sexuelle Partnerliebe ist ohne Selbstliebe gar nicht möglich. So wie wir in der sprachlichen Kommunikation mit anderen immer auch mit uns selbst im Gespräch sind, weil wir, was wir dem anderen sagen, auch selbst hören und darauf reagieren, so ist es auch in der sexuellen Kommunikation. Wer zu einem Partner zärtlich ist, erlebt immer auch sich selbst: nicht nur darin, daß die Berührung des anderen notwendig auch sein eigenes Berührtwerden einschließt; auch in dem Sinne, daß jeder seinem Partner die Zärtlichkeiten gewährt, die ihn selbst beglückt haben, wobei er vermutet, ohne ein genaues Wissen zu haben, der andere erfahre unter seinen Zärtlichkeiten, was ihm unter dessen Zärtlichkeiten zuteil wird.

So ist es folgerichtig, daß das Synodenpapier »Sinn und Gestaltung menschlicher Sexualität« unter den Gesichtspunkten für die Orientierung des Sexualverhaltens neben den Prinzipien »Nächstenliebe« und »soziale Verantwortung« auch die »Eigenliebe« nennt: »Im Sexualverhalten des einzelnen müssen seine berechtigten Belange, Wünsche und Ziele zum Ausdruck kommen und realisiert werden.«[77]

Selbst der Beziehungs- und der Fruchtbarkeitsaspekt der Sexuali-

74 *J. M. Reuss,* Geschlechtlichkeit und Liebe, Mainz (1961) 1962, 19.

75 *Reuss* (Anm. 74) 20.

76 Vgl. *W. Trobisch,* Liebe dich selbst. Selbstannahme und Schwermut, Wuppertal (1975) 1979.

77 Arbeitspapier der Gemeinsamen Synode der Bistümer in der BRD (s. Anm. 9) Nr. 3. 1. 4. 1.

tät lassen sich nicht gänzlich trennen. Ich meine allerdings nicht das, was der Doktrin der katholischen Kirche wichtig ist, wenn sie gegen die Abkoppelung der Fortpflanzung von der sexuellen Liebe eintritt. Mir geht es – umgekehrt – gegen die Abkoppelung der sexuellen Liebe von der Fortpflanzung. Denn die »Kommunikationsfunktion der Sexualität als das spezifisch Menschliche – nur der Mensch verfügt über nonverbale und verbale Kommunikationsfähigkeit – ist selbst unter dem Gesichtspunkt der Fortpflanzung, also von den Bedürfnissen des zu zeugenden oder zu empfangenden Kindes her gesehen, als Ausdruck und Verstärker der für das Kind lebensnotwendigen elterlichen Beziehung Voraussetzung optimaler Lebensbedingungen der Nachkommenschaft und damit Voraussetzung einer nicht nur biologisch verstandenen, sondern auch menschlich verantworteten Fruchtbarkeit.«[78] Nur wo die Sexualität Vollzug einer Liebe ist, die die Beziehung der Liebenden stärkt, ist sie auch in ihrem Fortpflanzungssinn bei sich, weil Kinder – das wäre Bedingung für sie – nur leben und lieben lernen können, wenn ihre Eltern leben und lieben.

Der Zusammenhang von Beziehungs- und Fruchtbarkeitsaspekt (im Fortpflanzungssinn) steht neu auf dem Spiel, seit die moderne Reproduktionsmedizin die Zeugung eines Menschen aus zwischenmenschlich gelebter Sexualität zu lösen vermag. Wo bisher bei Kinderwunsch ein integraler Zusammenhang von Liebesspiel, Zeugung, Schwangerschaft und Geburt bestand, da ist es heute möglich, die sexuelle Erfahrung auszusperren, den Zusammenhang technisch herzustellen und Mann und Frau nur noch als Zellenlieferanten zu beanspruchen. Ich will darauf nicht weiter eingehen. Hier geht jedoch die Desintegration der Sinnaspekte menschlicher Sexualität so weit, daß menschenwürdige Sexualität sicher verfehlt wird. Das Bestehen der kirchenamtlichen Sexualmoral auf dem Nichteingriff in den »natürlichen« Fortpflanzungssinn oder auf »natürlichen« Methoden bei der Empfängnisverhütung wäre durchaus als Schutzversuch vor der

[78] *K. Loewit,* Menschliche Geschlechtlichkeit. Versuche einer Sinndeutung aus der körpersprachlichen Botschaft des Sexualverhaltens: Diakonia 15 (1984) 223.

gänzlichen Desintegration der Sinnaspekte der Sexualität zu verstehen. Die Bejahung dieser Intention läßt jedoch nicht übersehen, daß sie auf unzulängliche Weise verfolgt wird. Dieser Schutzversuch muß nämlich deshalb scheitern, weil er die Desintegration selbst faktisch noch betreibt. Die kirchenamtliche Sexualmoral nötigte zu lange dazu, den Identitäts- und Lustaspekt – bis vor wenigen Jahrzehnten auch den Beziehungsaspekt – aus der Sexualität auszusperren und den Fruchtbarkeitsaspekt auf die Fortpflanzung einzuengen. Die zum Gattungszweck instrumentalisierte Sexualität verlor ihren gesamtmenschlichen Sinn. Die Sprache der Liebe verkam. Die Kirche ist auch gegenwärtig noch in der Gefahr, die Sexualität zu verfehlen. Zugleich sehe ich sie aber auf dem Weg zu einer umfassenden Sinndeutung menschlicher Sexualität.

7. Sexualität zur Konfliktlösung. Ersatzbefriedigungsaspekt

Helmut Kentler hat darauf aufmerksam gemacht, daß man wohl noch einen weiteren Sinnaspekt menschlicher Sexualität benennen muß, den er »Ersatzbefriedigungsaspekt« nennt. »Sexualität wird benutzt als Ersatz für alles Mögliche (Wem der Erfolg im Beruf fehlt, sucht ihn im Bett).«[79] Wenn Sexualität nicht nur unter dem Aspekt ihrer idealen Verwirklichung, sondern auch unter dem ihrer realen Praxis betrachtet wird, spielt der Ersatzbefriedigungsaspekt eine zentrale Rolle. Er stammt zwar aus der subjektiven Sinngebung, die der sexuell Handelnde seinem Handeln gibt. Doch ist ihm dies nur möglich, weil die Sexualität, wie sie anthropologisch verfaßt ist, sich dazu – offensichtlich sogar gut – eignet. Das hat nun damit zu tun, daß, wie in den Motivationstheorien der Sexualität diskutiert wird, sexuelles Handeln (häu-

[79] *H. Kentler,* Taschenlexikon Sexualität, Düsseldorf 1982, 255.

fig) aus nicht-sexuellen Motiven hervorgeht[80]. Sexuelle Aktivität ist immer – schon R. Allers hatte das zwischen den beiden Weltkriegen herausgearbeitet – Ausdruck des ganzen Menschen. Sie bringt dessen Einstellung zum Leben überhaupt zum Vorschein. Darum kann sie mehr sein als erotische Lustsuche. In ihr drückt sich etwa der Protest gegen eine einschnürende Normenwelt oder gegen eine (mit übertriebenen oder nicht einleuchtenden Leistungsforderungen) bedrückende Menschenwelt aus, oder auch die (möglicherweise neurotisch bedingte) Flucht davor. Alle Gefühle der Seele und alle Störungen der Psyche finden in sexueller Praxis, in einer bestimmten Weise dieser Praxis, oder gar im »Verzicht« auf sie einen möglichen Austragungsort (s. S. 41. 96ff.).

Sexualität stellt eben einen »Erlebnisbereich dar, in dem es auch um Angstabwehr, Konfliktbewältigung und Wunscherfüllung geht«[81]. Das kann sich auf die anderen Sinnaspekte der Sexualität negativ auswirken. »Je mehr die Sexualität der Angstabwehr und der Konfliktbewältigung dient, desto geringer wird die partnerschaftliche Beziehungsfähigkeit, desto stärker treten im allgemeinen aggressive Anteile und Feindseligkeiten in den Vordergrund.«[82]

Sexualität als Ersatzbefriedigung: Sicher ist das eine Sexualität, die ihren Sinn verfehlt, denn Sinn wird so nicht in sexuellem Erleben und Handeln selbst erfahren. Sinn wird mittels – unter Gebrauch oder Mißbrauch – der Sexualität gesucht. Das Sexuelle ist nicht mehr Medium, sondern Instrument, das zwar geeignet ist, aber doch auch gegen ein anderes ausgewechselt werden könnte. Die Grenzen lassen sich nur schwer ziehen, weil sich der Ersatzbefriedigungsaspekt in aller Regel mit anderen vermischt; sie werden in der Praxis auch gar nicht immer gezogen werden müssen. Man sollte nur darum wissen.

[80] Vgl. speziell *Schmidt* 1982 (s. Anm. 71).

[81] *E. Schorsch,* Sexualität und Devianz: *Kluge* 1984 (Anm. 3) 254.

[82] *Schorsch* (Anm. 81) 254; vgl. *ders.*, Sexualität und Gewalt: *C. Wulf* (Hrsg.), Lust und Liebe. Wandlungen der Sexualität, München – Zürich 1985, 93–97.

Gefährdungen der Sexualität

Vom Menschen und seiner Sexualität kann nicht »ohne den dunklen Hintergrund der Trauer und des Leidens, der Schuld und des Todes« (J. B. Metz) gesprochen werden. In unserer Gesellschaft scheint die Verhütung von Leiden, die Vermeidung von Belastungen und Zumutungen jeglicher Art, die Verdrängung der Ohnmacht und des Versagens des Menschen zum entscheidenden Orientierungspunkt allen Planens und Handelns zu werden. Was ist mit der konstitutiven Endlichkeit und der schicksals- und schuldhaften Gebrochenheit des Menschen? Betreffen sie vielleicht auch seine Sexualität und sein sexuelles Lieben?

1. Die Grenzen des Glücks

Von den Grenzen des Glücks zu reden erscheint unerlaubt in einer Tradition, in der zu viel von Grenzen die Rede war. Doch die Kritik an vergangenen Einschränkungen und Behinderungen muß nicht blind machen für die Grenzen, die mit der Endlichkeit und dem Versagen des Menschen zu tun haben. Sie darf es auch nicht. Denn nur wer seiner Grenzen ansichtig ist, kann sie verschieben. Es gibt ja überall neben den Grenzen, die unverrückbar den Radius des Lebens abstecken und denen man nicht entkommt, solche, die die eigene Fantasie und Kreativität unnötig lahmlegen, und solche, die man sich um der eigenen Sicherung willen ängstlich gibt. Mit solchen Grenzen kann nur umgehen, wer sie sich bewußt macht. Dann mag er sie zu verrücken suchen, damit er seine wirklichen Grenzen kennenlernt und sich mit ihnen versöhnt.
In diesen letzten Überlegungen deutet sich an, daß sexuellen Erfahrungen nur eine eingeschränkte Fähigkeit innewohnt, wirklich glücklich zu machen. Sie werden ja immer von Menschen gemacht, die sich in ihrer Lebensgeschichte, geprägt von den sozialen Konstellationen und den historischen Situationen, in denen sie sich schicksalhaft vorfinden oder in die sie schuldhaft kamen, nur begrenzt, vielleicht auch nur geschädigt entwickeln

konnten. Sie haben damit an der Endlichkeit und Schuldverfangenheit des Menschen teil, die auch an seine sexuellen Möglichkeiten heranreichen.

Das Scheitern an neuen »Normen«

Was das sexuelle Glück des Menschen betrifft, so werden heutzutage vielfach vollmundige Versprechungen gemacht oder grenzenlose Träume geträumt, die an der Realität allzu häufig scheitern. Das als möglich ausgegebene oder vorgestellte Glück will sich nicht greifen lassen. Es leidet daran am meisten, wer in Unkenntnis der Grenzen des Menschen für bare Münze nimmt, was ihm vorgegaukelt wurde oder er sich selbst eingeredet hat (s. S. 43f.).

Was die sexualdefensive Tradition untertrieb, hat die sexualaffirmative überschätzt: die Möglichkeiten sexuellen Glücks. Die einen behinderte ihre pessimistische Anthropologie, die dem erbsündlich geschädigten Menschen alles Schlimme zutraute und seine »böse Begierlichkeit« an die Kette legte. Die anderen beflügelte ihr uneingeschränkter anthropologischer Optimismus, der dem Menschen alles Gute verhieß und seine erotische Lust entfesselte. Nachdem die Erwartungen sexuellen Glücks theoretisch entgrenzt waren, wurden sie in praktische Versprechungen umgesetzt. Nicht nur die Medien begannen Geschichten zu erzählen, die jedem jedes sexuelle Abenteuer in Aussicht stellten[1]. Indem sie von der zartesten Liebe bis zum härtesten Sex alles vor Augen führten, was die Fantasie hergibt, schufen sie neue Begriffe davon, was normal und selbstverständlich sei, und verführten diejenigen, die sich zu leichtgläubig darauf einließen, zur Nachahmung. Schnell bildete sich die Überzeugung, jedes Mädchen gehe am ersten Abend schon mit ihrem Kavalier ins Bett oder jeder Junge warte nur darauf, verführt zu werden, und

[1] Vgl. das Kapitel »In echt ist es anders als im Film«: *R. Hanswille*, Liebe und Sexualität. Ein Buch für junge Menschen, München 1986, 71–78.

sei dann eine leichte Beute. Die Latte war sehr niedrig gelegt. Und wurde sie nicht übersprungen, konnte es nur am Springer selbst gelegen haben. Er mußte sich sein »Versagen« zurechnen. Das Zurückbleiben hinter scheinbaren sexuellen Selbstverständlichkeiten und das Scheitern an den Aufforderungen der neuen »Normen« führten zu vielen Selbstzweifeln. Es kam nicht die Frage auf, ob die Erwartungen womöglich überzogen seien. Nein: Die eigene Identität wurde in Frage gestellt. Versagensgefühle und Potenzstörungen waren die unvermeidliche Konsequenz. Das alte Leiden an der Unfreiheit repressiver Moral war eingetauscht worden gegen neues Leiden an der Hemmungslosigkeit[2].

Wer nicht so feinfühlig reagierte, stellte sich unter ständigen Streß. Die neuen Selbstverständlichkeiten zu erfüllen, war ja nicht einfach: wollte man sich seiner Identität versichern, mußte man ihnen entsprechen. Die Zahl der »aufgerissenen« Mädchen oder die der »umgeworfenen« Jungen sollten das Selbstbewußtsein stärken. Selbst noch das Quantum der erlebten Orgasmen mußte ins Kalkül gezogen werden. »Nicht das Glück, der Erfolg wurde zur Richtschnur.«[3] Dabei wird Sexualität eher konsumiert als erlebt. Glück kann daraus kaum hervorgehen.

Man wird André Béjin zustimmen: die Verbreitung »von ›deskriptiven‹ Informationen (die den Bezugsrahmen für die Selbsteinschätzung liefern) und eindeutig normativen Hinweisen (von der Art eines Vademekums des Orgasmus) (trägt) dazu bei, die Toleranzschwelle für sexuelle Funktionsstörungen zu senken und zugleich das Erwartungsniveau hinsichtlich der sexuellen ›Leistung‹ zu erhöhen. Daher rühren dann die Empfindlichkeiten gegenüber ›Mißerfolgen‹ und die ›Unzufriedenheit‹. Sind Begierde, Lust und Genuß erst einmal unter Produktivitäts- und Leistungskriterien gestellt, entweicht aus ihnen die Erfahrung nicht nur der Sinnlichkeit, sondern des Sinns . . .«[4]

[2] Vgl. *H. Ostermeyer,* Zärtlichkeit. Der sexuellen Revolution wahrer Kern, Frankfurt a. M. 1982, 18.

[3] *Ostermeyer* (Anm. 2) 18.

[4] *A. Béjin,* Die Macht der Sexologen und die sexuelle Demokratie: *P. Ariès* u. a., Die Masken des Begehrens und die Metamorphosen der Sinnlich-

Mit Enttäuschungen leben

Das Glück des Menschen geht nicht mit seiner sexuellen Befriedigung ineins (s. S. 175f. 233). Es gibt bereichernde Sinnerfahrung ohne sexuelle Befriedigung. Und es gibt sexuelle Befriedigung, die Trauer hinterläßt. Diese Sätze sind natürlich leicht für die Interessen derer zu mißbrauchen, die den Menschen ihre Sexualität austreiben wollen. Doch ist es Aufgabe der Sexualerziehung, die Menschen für die Wahrheit dieser Sätze wahrnehmungsfähig zu halten. Vielleicht leuchtet sie erst ein, wenn sie durch entsprechende Erfahrungen bestätigt wurde; diese müssen dann allerdings auch gemacht werden dürfen.

Unsere Leidverhinderungskultur, die auch den Bereich der Erziehung befallen hat, sucht Kinder und Jugendliche weitgehend vor Enttäuschungen zu bewahren (auch vor anstrengenden Aufgaben, aber davon ist jetzt nicht die Rede). Enttäuschungen werden fast nur in ihren destruktiven Anteilen gesehen. Das geht manchmal so weit, daß Eltern, weil sie die Traurigkeit ihrer Kinder nicht aushalten, sich unter quälenden Selbstvorwürfen die Frage stellen, was sie denn falsch gemacht haben. Als könnten sie ihren Kindern, hätten sie nur alles richtig gemacht, ein Leben ohne Trauer und Leid schaffen. Eltern werden ihren Kindern natürlich möglichst keine Enttäuschungen bereiten; sie werden sie schon gar nicht mutwillig vermehren. Aber sie sollten auch entdecken, daß das »Möglichst« sie nicht bis an die Grenze des Leistbaren treibt, wo die eigene Selbstachtung in Frage steht. Sie werden sich also nicht als Sklaven ihrer Kinder mißbrauchen lassen. Und sie müssen ihrerseits mit der Enttäuschung leben lernen, daß sie ihre Kinder zwangsläufig enttäuschen.

Denn Enttäuschungen haben auch einen produktiven Sinn[5]. Dieser macht sie zwar nicht weniger schmerzlich, aber er drängt zur

keit. Zur Geschichte der Sexualität im Abendland, Frankfurt a. M. 1984, 263.

[5] *R. A. Spitz,* Vom Säugling zum Kleinkind. Naturgeschichte der Mutter-Kind-Beziehungen im ersten Lebensjahr (1965), Stuttgart 1974, 164–166; *ders.,* Vom Dialog, Stuttgart 1976, 38–41; *M. S. Mahler* u. a.,

Lebendigkeit des Lebens. Man kann nur mit Hilfe von Enttäuschungen zum Leben kommen und im Leben weiterkommen. Das fängt schon mit der Geburt an, deren Schmerz sich als Schreien meldet und im Schreien löst. Ein Kind wird später dadurch zu einem selbständigen – und selbstbestimmten – Menschen, daß es sich schrittweise von seinen Eltern löst, was ihm nur möglich ist, wenn es in der Beziehung zu seinen Eltern Enttäuschungen erlebt und aushält. Nur wenn die Enttäuschungen zu stark werden oder die Eltern mit der (verständlichen) »Rache« ihres enttäuschten Kindes nicht gelassen umzugehen verstehen, schlagen sie in ohnmächtige Wut und destruktive Aggression um. Doch eben nur dann. Die sanfte, von den Eltern mit Fürsorge begleitete Enttäuschung jedoch ist Bedingung der Möglichkeit einer gesunden Entwicklung jeden Kindes. Enttäuschung drängt progressiv zur Ablösung und Verselbständigung.

Eltern brauchen Enttäuschungen nicht etwa zu inszenieren. Sie liegen schon in der Struktur der Eltern-Kind-Beziehung begründet. Nur müssen Eltern sich wie erwachsene Menschen benehmen: als Mann und Frau, die sich lieben und – nach der Geburt eines Kindes – der Gestaltung ihrer Partnerschaft nach und nach wieder die gleiche Bedeutung geben wie der Betreuung ihrer Nachkommenschaft; als Menschen, die (je) eigene Interessen haben (dürfen) und zunehmend verfolgen (sollen), sicher nicht gegeneinander und auf Kosten ihres Kindes, aber doch neben ihrer Ehe und Elternschaft; als interessierte Anreger, Begleiter und Tröster ihres Kindes, dessen Verselbständigung sie liebevoll anregen, dem sie zutrauen, mit den zwangsläufigen Enttäuschungen, die darin liegen, fertig zu werden, und das sie trösten, wenn die Enttäuschung zu weh tut. Der Konflikt zwischen Eltern und Jugendlichen hat eine analoge Struktur und Funktion. Er tritt in den Beziehungen ungleicher (ungleichartiger) Menschen immer auf.

Die psychische Geburt des Menschen. Symbiose und Individuation (1975), Frankfurt a. M. 1978, z. B. 84f.

Es wäre seltsam, wenn sexuelle Beziehungen davon verschont wären. Die Gleichwertigkeit von Mädchen und Junge, von Mann und Frau hebt ja deren Ungleichartigkeit nicht auf. In der Regel bestehen – ob genetisch bedingt, sozial induziert oder aktiv arrangiert – auch zwischen sexuell Liebenden Unterschiede in den Gewohnheiten des Denkens, den Mustern des Fühlens oder den Bereitschaften zum Handeln. Die gesellschaftlichen Normen, die Beziehungen »berechenbar« machen und Enttäuschungen mindern können, regeln zudem nur das Allernötigste. Auch lassen sie Gestaltungsfreiheit. Sie legen also die Erwartungen nicht fest, mit denen Liebende einander (sexuell) begegnen; was Irritationen möglich macht. Darüber hinaus bringen die Partner ihre Eigenarten mit. Sie können sie aneinander erkunden und miteinander in Erfahrung bringen, aber nicht einebnen. Denn ihre Beziehung lebt von solchen Unterschieden. Sie wird durch sie entfaltet. Gegensätze mögen aufregen, doch regen sie auch an. In all dem liegt die Wahrscheinlichkeit von Enttäuschungen als Kehrseite des Glücks. Ziel jener Gegensätze ist nicht die mögliche Ablösung, wie im Verhältnis von Eltern und (jugendlichen) Kindern; sie wollen die Spannung von Nähe und Distanz im Lot halten, die in jede Beziehung gehört und sie lebendig hält[6].

Es gibt also notwendigerweise Enttäuschungen im Lieben. Niemand entkommt ihnen. Ein psychiatrisch erkrankter Patient hat dafür die Worte gefunden: »Das Lieben ist schön. Schöner noch als das Singen. Das Lieben hat zwei Personen. Das ist beim Lieben der Kummer.«[7] So steht sich das grenzenlose Glück immer wieder selbst im Weg.

Enttäuschungen sind auch deshalb unvermeidlich, weil mit der Intensität des Liebesglücks dessen Gefährdung wächst. »Niemals sind wir so verletzlich, als wenn wir lieben« (S. Freud). Es ist richtig: »Lieben heißt, sich in Unsicherheit begeben . . . Wer liebt, ist zum Leiden verurteilt. Vielleicht gehören Liebe und

[6] *P. Schellenbaum,* Das Nein in der Liebe. Abgrenzung und Hingabe in der erotischen Beziehung, Stuttgart 1984.

[7] In: *Hap Grieshaber,* Engel der Geschichte 23, Düsseldorf 1976, 14.

Leidenschaft auch deshalb zusammen.«[8] Es ist mit dem Lieben wie mit dem Leben: nur der Tote ist möglichen Verletzungen entzogen.

Enttäuschungen gehen schließlich daraus hervor, daß Lieben ohne (partiellen) Verzicht nicht auskommt, auch sexuelles Lieben nicht. Die Verschiedenheit der Liebenden bedingt, daß ihre Wünsche und Bedürfnisse (zeitlich oder inhaltlich) nicht zusammenfallen müssen. Die Wechselseitigkeit der Liebe verlangt, daß sie sensibel aufeinander Rücksicht nehmen. Da ist Verzicht unvermeidlich. Und so richtig ist, daß »die Einübung von Verzicht . . . einer Vertiefung zwischenmenschlicher Beziehungen« dient und die »Einschränkungen, Schwierigkeiten und Belastungen für andere«, die wir bereitwillig hinnehmen, »keine Verkümmerung, sondern eine Bereicherung unseres Lebens« bedeutet[9], so wenig ist falsch, daß im Verzicht immer auch die Grenzen des Glücks schmerzlich erfahrbar werden.

Die Zeitnot des Glücks

Das sexuelle Glück des Menschen findet heute eine besondere Aufmerksamkeit, wie uns überhaupt die Sexualität als universale Bestimmtheit des Menschen bewußter geworden ist. Ein Rückblick in die Geschichte kann zeigen, daß die Menschen Leib und Leben, Gesundheit und Krankheit, Sterben und Tod mit je unterschiedlicher Intensität wahrgenommen und ernst genommen haben. Gegenwärtig unterliegen Sterben und Tod starker Tabuisierung; Gesundheit und Krankheit dagegen finden großes, vielleicht überhöhtes Interesse. Und Leib und Leben? Und die Sexualität? Arthur E. Imhof bezeichnet die hier denkbaren und in

[8] *R. Affemann,* Sexualität im Leben junger Menschen; Freiburg 1978, 99. 146.

[9] *J. Gründel,* Thesen zu einem pädagogisch verantwortbaren moraltheologischen Konzept der Sexualerziehung: *H. Scarbath/B. Tewes* (Hrsg.), Sexualerziehung und Persönlichkeitsentfaltung, München–Wien–Baltimore 1982, 109.

der Geschichte aufweisbaren Einstellungsextreme einerseits als »System der Verschwendung und Geringschätzung menschlichen Lebens« und andererseits als »System der Erhaltung und Wertschätzung menschlichen Lebens«[10]. Sie sind sowohl historisch gleichzeitig, aber in verschiedenen geografischen Regionen, als auch in geschichtlicher Folge nachzuweisen. Der Begriff »System« soll andeuten, daß die Einstellung der Menschen zu Leib, Leben und Sexualität verknüpft ist mit vielen sie bedingenden Elementen und nur aus dieser Verknüpfung begriffen werden kann: vom Altersunterschied der Ehegatten bei der Hochzeit und der schnellen oder langsamen Folge der neuen Heirat nach dem Tod eines Ehegatten, der Säuglingssterblichkeit und der Sterbensquote der Mütter, über die Zahl der Schwangerschaften einer Frau, ihrer zeitlichen Abstände und ihrer familialen Funktion, über die Traumatisierung der Menschen durch Kriege und todbringende Krankheiten, bis hin zur Länge ihres Lebens und ihrer Lebenserwartung[11].

Wo in der alltäglichen Erfahrung der Tod von Säuglingen und Müttern, Vätern, Geschwistern und Gatten überhäufig vorkam, da gab man für Leib und Leben der Menschen nichts. Das Sterben mag wohl Traurigkeit ausgelöst haben. Doch seine Häufigkeit mußte zu großer Indifferenz, vermutlich gar Gleichgültigkeit führen. Wo der zurückbleibende Ehemann sich – ohne das Trauerjahr einzuhalten – bereits wenige Monate nach dem Kindbett-Tod seiner Gattin wiederverheiratete, weil er eine Frau für seinen Haushalt und eine Mutter für seine Kinder brauchte, da konnte die Liebe kaum Passion (gewesen) sein, sondern besten-

[10] *A. E. Imhof,* Unterschiedliche Einstellungen zu Leib und Leben in der Neuzeit: *ders.* (Hrsg.), Der Mensch und sein Körper. Von der Antike bis heute, München 1983, 65.

[11] Vgl. *A. E. Imhof,* Unsere Lebensuhr. Phasenverschiebungen im Verlaufe der Neuzeit: *P. Borscheid/H. J. Teuteberg* (Hrsg.), Ehe, Liebe, Tod. Studien zur Geschichte des Alltags, Münster 1983, 170–198; *ders.,* Die verlorenen Welten. Alltagsbewältigung durch unsere Vorfahren, München 1984; *ders.,* Geschichte der Sexualität – Sexualität in der Geschichte: *C. Wulf* (Hrsg.), Lust und Liebe. Wandlungen der Sexualität, München – Zürich 1985, 181–215.

falls Solidarität. Da richtete man auf sexuelle Erfüllung nur bescheidene Erwartungen. Wo die Bauersleute von morgens bis abends ununterbrochen und hart arbeiten mußten, da sanken sie mit Beginn der Nacht müde in die Betten. Schon die körperliche Erschöpfung trieb ihnen die Lust am Liebesspiel aus. Der typische jahreszeitliche Rhythmus der Geburten, signifikant bezogen auf das Auf und Ab der anfallenden Arbeit in Feld und Hof, kann das belegen. Man lese einmal die sogenannten »Medizinischen Topographien«, die Ärzte in der zweiten Hälfte des 18. und im 19. Jahrhundert anfertigten und in denen sie Einzelheiten des Alltagslebens ihrer Patienten festhielten[12]. Sie berichten von Bedingungen des Zeugens und Gebärens, des Hungerns und Sterbens, die betroffen machen. Man wird sich denken können, daß Menschen, die ihre Endlichkeit permanent vor Augen hatten – und, sofern sie gläubige Christen waren, durch ihre Auferstehungshoffnung zu relativieren wußten –, auch ihre sexuelle Bestimmtheit gleichgültiger als wir heute erlebten.

Die Zunahme der subjektiven Bedeutung der Sexualität und die größere Aufmerksamkeit für das sexuelle Glück hängen vermutlich noch mit etwas anderem zusammen: mit der Verkürzung unserer Lebenserwartung. Imhof weist wiederholt auf diesen Zusammenhang hin[13]. Zwar habe die Medizin die Lebenserwartung der Menschen Schritt für Schritt verlängert. Doch die Säkularisierung und die Entchristlichung des allgemeinen Bewußtseins hätten sie zugleich radikal verkürzt. Sie hätten nämlich die Gleichsetzung von Leben mit irdischem Leben gebracht und so die jenseitige Ewigkeit, Inbegriff der gläubigen Hoffnung unserer Vorfahren, der Vergessenheit anheimgegeben. Das medizinisch verlängerte Leben wurde durch den Verlust der Ewigkeitsperspektive entscheidend amputiert. »Was ist schon eine Ausdehnung von 30 auf 70 Erdenjahre angesichts einer einge-

[12] *Imhof* (Anm. 10) 69. 70; *ders.* 1984 (Anm. 11) 111f. 231, Anm. 11 und 12.

[13] *Imhof* (Anm. 10) 17–21; *ders.* 1983 (Anm. 11) 195–198; *ders.* 1984 (Anm. 11) 210–230.

büßten Ewigkeit!«[14] »Angesichts einer jenseitigen Ewigkeit verblaßt selbst eine Verdoppelung oder Verdreifachung der irdischen Spanne zu einem Nichts.« In Zeiten, in denen sich »Leben« nicht auf das irdische Leben beschränkte, sondern das Jenseits einbegriff, kam auch dem Körper des Menschen eine weniger zentrale Bedeutung zu. »Vor dem ... Hintergrund des ewigen Lebens dürfte ... einsichtig werden, weshalb für unsere Vorfahren selbst ein kurzes oder sehr kurzes Erdendasein nicht die Katastrophe bedeutete, als welche sie uns in der Rückschau erscheinen mag.« Das hat sich nun wesentlich geändert. Die »Gleichsetzung von irdischem Leben mit Leben schlechthin (hatte) zur Folge, daß ... (der) Körper einen unerhörten Schub an Aufwertung erfuhr, denn irdisches Leben ist für uns Heutige nun einmal quantitativ wie qualitativ mit dem körperlichen Zustand verbunden. Nun lohnte es sich und wurde sinnvoll, in den Körper zu investieren.«[15] Und weiter: »Alles Irdische, alles Zeitlich-Endliche erfuhr einen gewaltigen Schub an Aufwertung, seien es nun familiäre Werte, Eltern-Kind- und Partnerschafts- sowie Generationsbeziehungen ...«[16]

Zunehmende Bedeutung von Leib, irdischem Leben und Sexualität und zugleich Verkürzung der Lebensperspektive: das sexuelle Glück, das seit Beginn des 19. Jahrhunderts die Form der leidenschaftlichen »romantischen Liebe« suchte[17], geriet in Zeitnot. Gab die Ewigkeit nichts mehr zu erleben, mußte das Diesseits ausgekostet werden. Es ist darum nicht zufällig, daß das Aufkommen des romantischen Liebesideals mit der breiten Durchsetzung der Säkularisierung zusammenfällt. »Die romanti-

[14] *Imhof* 1983 (Anm. 11) 195.

[15] Die letzten drei Zitate: *Imhof* (Anm. 10) 19.

[16] *Imhof* 1983 (Anm. 11) 197.

[17] Das Ideal der »romantischen Liebe« schlägt sich erstmals literarisch nieder in: *F. Schlegel,* Lucinde (1799), Stuttgart 1985; *F. Schleiermacher,* Vertraute Briefe über die Lucinde (1800), Hamburg 1835. Mit der tatsächlichen Realisierung des Ideals befaßt sich (kritisch): *P. Borscheid,* Geld und Liebe. Zu den Auswirkungen des Romantischen auf die Partnerwahl im 19. Jahrhundert: *ders./H. J. Teuteberg* (Anm. 11) 112–134.

sche Liebe ist ganz auf das Diesseits bezogen. Indem sie körperliche und seelische Freuden in Sexualität und Liebe miteinander verschmilzt und romantische Verzauberung und Alltagsleben in sich vereint, legt sie ein leidenschaftliches Bekenntnis ab zu unserem irdischen Dasein und zu der strahlenden Lebensfreude, die wir hier auf Erden erleben können.«[18] Es wäre zynisch, wollte man die Möglichkeit solchen Glücks von vornherein bestreiten; ebenso, wollte man diese Möglichkeit überhaupt verstellen. Doch der Tatsache entkommen wir nicht, daß Legionen von Zeitgenossen dem Traum vom uneingeschränkten (sexuellen) Glück nachrennen, ohne eine Chance, ihn je zu verwirklichen. Die Zeitnot des Glücks bringt Enttäuschung und Verzweiflung. Die Perspektive der Zeitlichkeit kann darauf drängen, den Traum vom Glück bis an die Grenze des Möglichen ins reale Leben zu bringen. Und vielleicht sind die, die sich dazu nicht drängen lassen oder gedrängt erfahren, in noch größerer Not. Die verlorene Ewigkeit ist dadurch aber nicht aufzufüllen. So bleibt das Glück begrenzt und gefährdet.

2. Erbsündliche Schädigung – Böse Begierlichkeit

Die Tradition katholischer Sexualpädagogik hat die Idee der Gefährdung des sexuellen Glücks im Zusammenhang mit der Lehre von der Erbsünde thematisiert[19]. Sie verschärfte diese Idee ursprünglich sogar zu der Gewißheit einer erbsündlichen Schädigung des Menschen, die dem sexuellen Glück nun überhaupt keine Chance gab, weil sie den Menschen der Verführungsmacht

[18] *N. Branden*, Verliebt fürs ganze Leben. Psychologie der Zärtlichkeit, Reinbek b. Hamburg 1982, 20.

[19] Vgl. dazu auch: *W. Bartholomäus*, Erbsündliche Schädigung und katholische Sexualpädagogik. Materialien zum Gespräch zwischen theologischer Anthropologie und Religionspädagogik: *K. Baumgartner* u. a. (Hrsg.), Glauben lernen – leben lernen, St. Ottilien 1985, 81–107.

seiner »bösen Begierlichkeit« verfallen sah (und erlebte). Nicht »Sprache der Liebe«, sondern »Glut der Begierde« (Thomas von Aquin) war die geschädigte Sexualität. Sie galt es nicht zu entfalten. Sie war möglichst auszumerzen.
Die erbsündliche Schädigung des Menschen, die auf das Verständnis seiner Sexualität und auf den Umgang mit ihr so einschneidende Wirkungen hatte, wird traditionell – unter Bezug auf Röm 7,18–23 – als Desintegration des Menschen gedeutet. Leib und Geist, oder, was dasselbe sagen will, Leib und Seele, Natur und Geist, Trieb und Geist seien durch die Sünde Adams aus ihrer ursprünglichen Harmonie herausgefallen. Im Menschen wurde dadurch ein Zwiespalt aufgerissen. Jetzt rebelliert es in ihm – dies erfährt er gerade auf dem Gebiet des Sexuellen. Hier hat er sich nicht mehr in der Hand. Er erlebt sich der sündhaft-verführerischen Macht einer entfesselten Triebhaftigkeit (»Böse Begierlichkeit«, »Konkupiszenz«) ausgeliefert. Diese »konkupiszente« Sexualität droht ihn ständig zu überwältigen. Darum kann es mit ihr keinen Pakt geben. Sie ist grundsätzlich sein Gegner.

Zwei Traditionsstränge

Der Zwiespalt von Leib und Geist im Menschen wird auf unterschiedliche Weise genauer gefaßt. Die Verschiedenheit hängt damit zusammen, daß man sich entweder der Erbsündenlehre des Augustinus oder der des Thomas von Aquin anschließt.
Nach Augustinus (354–430) sind sexuelle Erregung und libidinöse Lustempfindung erst durch die Sünde Adams hervorgebracht worden[20]. Der paradiesische Mensch kannte – glücklicherweise, wie Augustinus meint – das widerliche Drängen des Leibes nicht. Die Sünde habe die Lust geweckt und die Herr-

[20] Vgl. *M. Müller,* Die Lehre des hl. Augustinus von der Paradiesesehe und ihre Auswirkung in der Sexualethik des 12. und 13. Jahrhunderts bis Thomas von Aquin, Regensburg 1954, 19–32; *ders.,* Grundlagen der katholischen Sexualethik, Regensburg 1966, 42–46.

schaft des Menschen über seinen Leib und dessen Fortpflanzungspflichten zerstört. Jetzt sei der Mensch Sklave dieses Übels. Er dürfe sich ihm nur aussetzen, um Kinder zu zeugen. Da das leider nur zum Preis der Unterwerfung unter die Bedürfnisse der Libido möglich sei, dürfe er diese wohl zulassen, ihr aber nicht zustimmen. Im Paradies, noch ohne die störende Lust, habe, so Augustinus, der Mensch (doch wohl der Mann) sein Sexualorgan beherrschen können wie Arme und Beine. Nicht die Lust habe die Erektion hervorgerufen, sondern sein Wille. Die Lust sei eine Folge der Sünde und schändlich wie diese selbst. »Im Paradiesmenschen sieht Augustinus das stoische Ideal des Weisen verwirklicht, der über jede Leidenschaft erhaben ist, seine Sexualität ganz ›beherrscht‹ und bei ihrer Aktivierung vom Erlebnis der Sexuallust letztlich unberührt bleibt.«[21] Die durch die Ursünde entfesselten Triebe des Leibes haben diese Leidenschaftslosigkeit zerstört.

Thomas von Aquin (1224–1274) nimmt Erregung und Lustempfindung schon für den paradiesischen Menschen an[22]. Die Libido sei dem Menschen natürlich zu eigen. Der paradiesische Mensch aber konnte sie beherrschen. Seine Vernunft sei so stark gewesen – ein Gnadengeschenk Gottes –, daß sie durch die Libido nicht zu irritieren war. Die Sünde Adams habe dann die Kräfte der Vernunft geschwächt und aus dem Beherrscher der Sexualität deren Sklaven gemacht. Der Abfall von Gott habe die Eigenart der Natur zwar nicht geändert. Er brachte aber eine Schwächung des Geistes. War im Paradies der Geist Herr der natürlichen Leidenschaft, so wurde durch die Ursünde die Leidenschaft Herr des ohnmächtigen Geistes.

Beide Denkmodelle haben die katholische Sexualmoral und Sexualpädagogik entscheidend geprägt. Sie waren Widerschein und Ursache zugleich für die bittere Selbsterfahrung von Generationen von Menschen, die mit sich selbst im Widerspruch lagen

[21] *J. Gründel,* Die eindimensionale Wertung der menschlichen Sexualität: *F. Böckle* (Hrsg.), Menschliche Sexualität und kirchliche Sexualmoral. Ein Dauerkonflikt?, Düsseldorf 1977, 80f.

[22] Vgl. *Müller* 1954 (Anm. 20) 254–272.

und gehalten wurden. Sie kennen den sexuellen Menschen nur als in sich zerrissen, als desintegriert und disharmonisch, als einen, der seine vitalen Antriebe tendentiell als Gegenmacht gegen seinen Geist erlebt. Ein dualistisch-manichäisches Menschenverständnis, das den Menschen aus zwei »Bestandteilen« bestehend dachte und die Sexualität am »niederen« Leib festmachte, ging in diese Deutung der erbsündlichen Schädigung ein. Diese Schädigung ist zudem individualistisch bestimmt, denn sie ist nur auf den Einzelmenschen als ein von sich selbst entfremdetes Wesen gerichtet. Daß sexuelle Menschen soziale Wesen sind, die gerade auch durch ihre Sexualität aufeinander zugehen und zugetrieben werden, bleibt – obwohl es offensichtlich ist – unberücksichtigt. Die Auswirkungen beider Modelle auf den pädagogischen Umgang mit der Sexualität waren verheerend.

Entfesselung der Triebe: Im Banne des Augustinus

Alban Stolz (1808–1883) registriert im Menschen nicht nur Zerrissenheit, sondern sogar Rebellion. Der Leib werde dem Geist höchst gefährlich. Er suche allein seinen Genuß und versuche, dazu den Geist zu verführen: »Der menschliche Leib ist nämlich infolge der Erbsünde höchst anmaßlich; er ist nicht wie das Tier in allweg durch den Instinkt geleitet, er begehrt sinnlichen Genuß um jeden Preis, ohne Rücksicht auf eigene Erhaltung und auch weniger auf sittliche Gesetze, und treibt den Menschen, der seinen sinnlichen Genüssen vollständig die Zügel schießen läßt, in das Spital oder Zuchthaus oder Irrenhaus, meistens aber in den vorzeitigen Tod. Der Leib ist deshalb ein höchst gefährlicher Gefährte der Geistnatur.«[23] Aus diesem an-

[23] *A. Stolz*, Erziehungskunst (1873), Freiburg 1921, 17 f., vgl. auch 11.47 f. 77; *ders.*, Das Menschengewächs oder wie der Mensch sich und andere erziehen soll. Kalender für Zeit und Ewigkeit (1844), Freiburg 1913, 11 f. 23; *ders.*, Das Bilderbuch Gottes. Kalender für Zeit und Ewigkeit (1859), Freiburg 1913, 79; vgl. *E. Mackscheidt*, Erziehung für das Heil der Seele. Kritische Lektüre des katholischen Pädagogen A. Stolz, Mainz 1982, 87–89.

thropologischen Ansatz, aus dem die Angst vor der Lust und der Sinnlichkeit spricht, die Stolz womöglich selbst erlebt hat, entwickelte er eine katholische Pädagogik, die den Menschen nicht allein vor allem Sexuellen, sondern von jedweder irdischen Wirklichkeit abzuschotten und mit Hilfe der Religion fast totalitär stillzustellen suchte.

Im anthropologischen Ausgangspunkt gemäßigter, auch ohne die unerträglichen pädagogischen Konsequenzen, erscheint Josef Schröteler (1886–1955). Für ihn besteht der von Gott gut geschaffene Mensch aus zwei wesentlich voneinander verschiedenen Substanzen, aus zwei, wie er es nennt, »Wesensbestandteilen«. Das Verhältnis beider Bestandteile zueinander sei hierarchisch. Die Seele sei der höchste natürliche menschliche Wert. Sie sei die Form des Leibes, das belebende Prinzip, das den Körper trägt und zusammenhält. Doch gebe es zwischen Leib und Seele eine »naturgemäße Spannung« – beide gehörten zwei verschiedenen Welten an. In dieser »naturgemäßen Spannung« liegt die Möglichkeit der erbsündlichen Gegnerschaft von Leib und Seele. Zwar war diese Spannung im Paradies noch gnadenhaft neutralisiert. Doch als dieses verlorenging, brach die Rebellion aus: »Das Fleisch empörte sich gegen den Geist, die Triebe gegen den Willen, der Verstand wurde verdunkelt, der Wille geschwächt. Immer wieder suchten die niederen Kräfte die Herrschaft zu gewinnen.«[24] Jetzt wollen die niederen Kräfte die Alleinherrschaft antreten. Sie wollen ihre begrenzte, wenn auch wichtige Rolle nicht mehr spielen, die sie im Organismus haben. »Mit der Urgewalt des Triebhaften sucht ... (der Geschlechtstrieb) das werthierarchische Sinngefüge des Menschen revolutionär umzustoßen.«[25] Schröteler weiß von »Dämonen des Trieblebens« zu reden. Es sei viel Lebensweisheit in dem Satz: »In jedem Mann steckt ein Schweinehund, und wenn der einmal geweckt ist, so reicht kaum Götterkraft hin, ihn zu bändigen.«[26]

[24] *J. Schröteler,* Die geschlechtliche Erziehung, Düsseldorf 1929, 133.
[25] *Schröteler* (Anm. 24) 90.
[26] Beide Aussagen: *Schröteler* (Anm. 24) 123.

Konnte man sich überhaupt mit einer so begriffenen – und doch wohl auch erlebten – Sexualität versöhnen? Konnte man in Einklang mit ihr kommen? Ich glaube nicht. Und so mußte die sexuelle Libido ständig im Menschen bohren und ihn narzistisch verletzen. »Das ist ein Zustand der Erniedrigung, dessen sich der Mensch mit Recht schämt.«[27]

Schwächung des Geistes: Auf den Spuren des Thomas

Was Friedrich Wilhelm Foerster (1869–1966) 1907 nur mit dem Satz andeutet: »Die Sünde liegt nicht in der sinnlichen Natur, sondern im Abfall der Seele von ihrem Führerberuf und in der Unterwerfung der Seele unter die bloße Natur«[28], vervollständigt sich bis 1952 zu einer entfalteten Erbsündenlehre, die vor allem Geist und Willen des Menschen von der erbsündlichen Schädigung betroffen sieht.
Foerster wendet sich gegen die Auffassung, »daß die Natur in Revolte gegen den Geist, die Libido gegen das Ethos stehe, und daß der Geist herbeieilen müsse, um diese Revolte zurückzudämmen«[29]. Nein: Die Triebe sind ihm »das gottgewollte Mittel, um das natürliche Leben und seine Fortpflanzung zu sichern, sie haben also nicht den geringsten Anteil an dem, was die christliche Lehre als Erbsünde bezeichnet«[30]. So wie die Seele auf Gott hin geschaffen sei, so sei die natürliche Triebwelt auf Gehorsam gegenüber der (biologischen und sittlichen) Gesamtordnung des Lebens hin angelegt. Ursprünglich hätten die Triebe eine naturwüchsige Bereitschaft besessen, sich dieser Gesamtordnung einzuordnen. Die Sünde Adams aber habe die Neigung zur Umkehr

[27] *A. Schmidt,* in: *Schröteler* (Anm. 24) 74.
[28] *F. W. Foerster,* Sexualethik und Sexualpädagogik. Eine Auseinandersetzung mit den Modernen, Kempten und München 1907, 47.
[29] *F. W. Foerster,* Sexualethik und Sexualpädagogik. Eine neue Begründung alter Wahrheiten, München 1952, 248.
[30] *Foerster* (Anm. 29) 70. 249.

dieser Verhältnisse gebracht. Jetzt nämlich gehorche die Seele den Trieben, statt ihnen das Gesetz des Geistes sowie die Rücksicht auf die Lebensbedingungen der menschlichen Gesellschaft aufzuzwingen: »Nicht in den natürlichen Trieben und im Willen zum Leben liegt die Sünde begründet, sondern in dem rätselhaften Hang der menschlichen Seele, sich mit der Gesetzgebung der Triebwelt zu identifizieren, statt ihr die Gesetzgebung des Geistes aufzuzwingen.«[31]

Der libidinöse Wille zum Leben, auch daß er sich durchzusetzen sucht, gehört nach Foerster also zur Natur, nicht zu ihrer Schädigung. Geschädigt ist nicht die Natur, geschwächt ist der Geist, der ihr Führer sein sollte. Seine Schwächung gründet in seinem Abfall von Gott. Es ist »der Abfall der geistigen Kraft von Gott . . ., der die Revolte der Triebe und die Diktatur der Libido verursacht« – eine zugestandene Revolte also, nicht eine angemaßte – »und nicht etwa eine von Gott geschaffene Tendenz der Triebwelt, sich in Widerspruch zur Gesamtordnung des Lebens zu setzen, die von Vernunft und Gewissen vertreten wird und die nicht weniger biologisch begründet ist als die Teilfunktionen, die den einzelnen elementaren Dingen zuerteilt sind«.[32] Nicht also der Leib revoltiert. Nein: der Geist kapituliert. Nicht die böse Begierlichkeit des Leibes, sondern die gottwidrige Schwäche des Geistes macht die erbsündliche Schädigung aus. Anarchisch ist nicht der Naturwille. Anarchisch ist der Menschenwille. Er will nicht herrschen, sondern verbündet sich stattdessen mit den Wünschen der Libido. Die Unterordnung des Geistes und seines Willens unter Gott, nicht der Kampf beider gegen die Natur, bringt darum auch allein die Ordnung zurück. Dabei wird die Religion zur stärksten sexualpädagogischen Kraft.

[31] *Foerster* (Anm. 29) 249. 256f.
[32] *Foerster* (Anm. 29) 251.

Die Erziehungsenzyklika Pius XI. von 1929

In der Enzyklika »Divini illius magistri« verknüpft Pius XI. beide Traditionen und erhebt sie zur Verbindlichkeit kirchenamtlicher Doktrin. Seine anthropologische Grundlage formuliert der Papst so: »Niemals dürfen wir aus dem Auge verlieren, daß Gegenstand der christlichen Erziehung der ganze Mensch ist, der Geist mit dem Körper verbunden zur Einheit der Natur, mit allen seinen natürlichen und übernatürlichen Fähigkeiten, wie wir ihn aus Vernunft und Offenbarung kennen: somit der aus seinem paradiesischen Urzustand gefallene Mensch, der von Christus erlöst und in seine übernatürliche Stellung als Adoptivsohn wieder eingesetzt wurde, jedoch nicht in die außernatürlichen Vorrechte der leiblichen Unsterblichkeit und der Unversehrtheit oder Harmonie seiner Strebungen. Es bleiben darum in der menschlichen Natur die Folgen der Erbsünde, besonders die Schwäche des Willens und die ungeordneten Triebe.«[33]

Die Rede ist zwar vom ganzen Menschen aus Körper und Geist, von der Einheit von Natur und Übernatur, von der erbsündlichen Schädigung und ihrer partiellen Heilung durch die Erlösung. Doch worauf der Ton liegt, wird an dem Erziehungskonzept sichtbar, das der Papst entwirft, und an den Gegenkonzepten, die er verwirft. Sein Ausgangspunkt ist Mißtrauen gegenüber dem (kindlichen) Menschen. Darum die entschiedene Ablehnung einer Erziehung, die – ihr naturalistischer Fehler – glaubt, ohne übernatürliche Hilfen (Glaubenswahrheiten und Gnadenmittel) auskommen zu können; und einer Erziehung, die – ihr optimistischer Fehler – der Aktivität und Initiative des Kindes auch Gutes zutraut. Die Naturalisten und Optimisten, so der Vorwurf des Papstes, hätten weder theologische Einsicht noch empirische Kenntnis: Sie »täuschen sich schwer, da sie die angeborene Schwäche der menschlichen Natur und das Gesetz nicht anerkennen wollen, von dem der Apostel sagt, daß es dem Gesetz des

[33] Divini illius magistri. Rundschreiben *Papst Pius' XI.*, über die christliche Erziehung der Jugend (1929). Autorisierte Ausgabe, Freiburg o. J., 49.

Geistes widerstreitete, und da sie die Erfahrungstatsachen verkennen, die beweisen, daß gerade bei den Jugendlichen die Verfehlungen gegen die Sittenreinheit nicht so sehr Folge von Nichtwissen als vielmehr von Willensschwäche sind, wenn der junge Mensch den Gelegenheiten ausgesetzt und von den Gnadenmitteln nicht gestützt wird«[34].

Die Folge der Unterdrückung der Sexualität

Im Begriff »konkupiszenter Sexualität« wird man einen Realitätssinn aufbewahrt finden, den lange geschichtliche Erfahrung mit den Menschen und der Wirklichkeit ihrer Sexualität, wohl auch Erfahrungen aus der je eigenen Lebensgeschichte, geprägt haben. Es verbirgt sich in ihm ein Wahrheitsgehalt, den wir nicht verlieren dürfen, wenn wir uns nicht eines naiven Umgangs mit der menschlichen Sexualität schuldig machen wollen. Das gibt es ja alles: die sexuelle Geilheit und die entfesselte Begierde, das Erlebnis der Zerrissenheit und des Ausgeliefertseins – möglicherweise als Ausbruch konstruktiver Leidenschaft; vielleicht als Flut destruktiver Triebverfallenheit; im Übermaß am ehesten bei denen, die sich aus der Welt des Sexuellen ausgeschlossen fühlen. Und es ist häufig Inhalt unserer Selbsterfahrung.
Doch woher stammen solche Erfahrungen? Darf man nach den Ursachen fragen? Sie liegen natürlich auch in der Endlichkeit und Gebrochenheit des Menschen, an denen seine Sexualität teilhat. Doch die Intensität dieser Phänomene hat vermutlich mit der gesellschaftlichen Tabuisierung der Sexualität in der Vergangenheit zu tun. Sie erst stellt (fast) jede Form der Sexualität unter Angst und Schuld. »Erst durch diesen emotional aufgeladenen Zusammenhang, durch ihre Legierung mit starken Emotionen, wird Sexualität zu etwas Explosivem, zu etwas Drängendem mit unheimlicher Faszination, gegen das man ständig ankämpfen

[34] *Pius XI.* (Anm. 33) 55.

muß.«[35] Die Tabuisierung gibt der Sexualität Verbotscharakter. Das Verbotene aber muß verdrängt werden. »Die Sexualität ist nicht an sich von subversiver Sprengkraft; sie bekommt diese Qualität erst durch ihre Unterdrückung.«[36]
Darum werden wir uns nicht länger auf das dem Menschen mißtrauende und darum verletzende Verständnis seiner Sexualität als »böse Begierlichkeit« festlegen lassen und folglich auch andere sexualpädagogische Hilfen bereithalten als Warnung und Verbot, Aussperrung und Unterdrückung.

3. Entfremdete Beziehungen durch die »Macht der Sünde«

Gegenwärtig gibt es in der Welt des Christentums schon Ansätze zur Überwindung solcher angstbesetzter Tabuisierungen. Selbst in kirchenamtlichen Texten wird der Begriff »Erbsünde« weitgehend durch die Rede von der »Macht der Sünde« ersetzt. Die Gefährdung der Sexualität des Menschen erscheint – nun unter Hinweis auf Röm 1,18–32 – als Störung seiner zwischenmenschlichen Möglichkeiten. Ein katholischer Sexualpädagoge hat das so formuliert: »Durch die Macht der Sünde ist auch das Verhältnis von Mann und Frau und damit ihr sexuelles Verhalten bedroht. Auch hier ist nicht alles von selbst und selbstverständlich in Ordnung ... Wir Menschen haben Schwächen und machen Fehler. Unser Egoismus bedroht auch Partnerschaft und Ehe, Sexualität und Erotik. Und kann zur Zerstörung und Unmenschlichkeit führen.«[37] Dieser »Macht der Sünde« verfällt der Mensch dadurch, daß er in den Zusammenhang einer Gesellschaft entfremdeter Menschen tritt und von deren vergifteten

[35] *G. Schmidt,* Motivationale Grundlagen sexuellen Verhaltens: *H. Thomae* (Hrsg.), Psychologie der Motive. Enzyklopädie der Psychologie II, Göttingen 1983, 73.
[36] *Schmidt* (Anm. 35) 73, vgl. 98.
[37] *A. Janzing,* Glücklich werden zu zweit, Mainz 1981, 92.

Beziehungen angesteckt wird. Das ist zugleich Schicksal und Schuld, Verhängnis und Tat in einem: er findet die Entfremdung vor und wirkt an ihr mit. Darin rächt sich – in der Sicht des christlichen Glaubens – des Menschen Abfall von Gott. Weil der Mensch seine Beziehung zu Gott aufgekündigt hat, hat er die zu den Menschen verloren. Insofern ist auch von »Sünde« zu reden. Gott hat zwar in seiner erlösenden Selbstmitteilung die Beziehung seinerseits aufrechterhalten bzw. neu gestiftet, so daß es dem Menschen in der Kraft Gottes möglich ist, den zwischenmenschlichen Entfremdungszusammenhang zu durchbrechen. Doch der Mensch ist, solange der Tod noch vor ihm ist, nur vorläufig geheilt, nicht endgültig heil. Darum ist er immer wieder versucht, sich und sein sexuelles Lieben von den Entfremdungen unter der »Macht der Sünde« bestimmen zu lassen. Das gefährdet und stört sein Glück.

Die sexualpädagogischen Richtlinien von 1964

Mit der Überwindung des Leib-Seele-Dualismus wird die traditionelle Deutung der erbsündlichen Schädigung nach und nach hinfällig. Die deutschen Bischöfe stellen 1964 ausdrücklich heraus, der Mensch sei Leib-Geist-Einheit und diese mache sein Personsein und seine Gottebenbildlichkeit aus. Damit ist die dualistische Menschensicht verworfen, wenn auch nicht, wie Details zeigen, überwunden. Gleichwohl finden die Bischöfe – im sexualpädagogischen Zusammenhang wohlgemerkt – zum Ansatz einer neuen Sinndeutung der Sexualität. Sie bejahen die Sexualität als eine Möglichkeit, durch die Mann und Frau in leibgeistiger Begegnung ihr Alleinsein überwinden. »Als Mann und Frau sind sie auf gegenseitige Ergänzung und auf Gemeinschaft ausgerichtet, die das Alleinsein des Menschen überwindet. Sie sind befähigt, in leibgeistiger Begegnung, die in der Liebe zueinander gründet, das Menschengeschlecht fortzupflanzen und zu immer innigerer Gemeinschaft zu wachsen. So ist die Geschlechtlichkeit eine Gabe Gottes, die den Menschen zu einer eigenen Weise der Liebe befähigt und deshalb uneingeschränkt zu bejahen.«[38]

Die Andeutung der Beziehungssexualität ermöglicht auch eine zurückhaltend neue Fassung der aus der Sünde stammenden Gefährdung des Menschen. Sie wird auf die Beziehung zwischen Mann und Frau gerichtet: »Allerdings drängt seit der Ursünde das geschlechtliche Begehren jetzt auf das hin, was es erstrebt, und droht den Menschen zu überwältigen.«[39] Ist, was das sexuelle Begehren erstrebt, die leibhaftige Nähe eines anderen Menschen (warum wird das nicht gesagt?), dann wird hier die Schädigung der Sexualität nicht mehr intrapersonal-individualistisch begriffen als rebellische Gegnerschaft von Leib und Geist, sondern interpersonal-sozial als Möglichkeit der Störung sexueller Beziehungen, weil der Mensch in ihnen zum Schaden seines Partners von seinen sexuellen Wünschen bedrängt und überwältigt werden kann. Angedeutet wird auch, daß das sexuelle Begehren nicht als solches »böse« ist, sondern erst dessen Möglichkeit, sich gegen alle humanen Rücksichten durchzusetzen. Die Bischöfe nennen das die »Eigenart der geschlechtlichen Triebhaftigkeit, die sich sehr schnell verselbständigt und den Menschen überwältigt«[40].

Der Hirtenbrief von 1973

In ihrem Hirtenbrief »Zu Fragen der menschlichen Geschlechtlichkeit« von 1973 sprechen die Bischöfe ausdrücklich nur von der »Macht der Sünde«: »Es gibt die Macht der Sünde. Es gibt zerstörerischen Egoismus. Es gibt die Gefährdung des einen Menschen durch den andern, ja sogar den Mißbrauch des Menschen durch den Menschen. Gerade in der Begegnung von Mann

[38] Sexualpädagogische Richtlinien für die Jugendseelsorge: *W. Bokler/H. Fleckenstein,* Die sexualpädagogischen Richtlinien in der Jugendpastoral, Mainz 1967, 8, Nr. 1.

[39] Sexualpädagogische Richtlinien (Anm. 38) 8, Nr. 1.

[40] Sexualpädagogische Richtlinien (Anm. 38) 14, Nr. 4.

und Frau kann ein Mensch den andern lieblos behandeln und erniedrigen. Das gilt auch vom Intimbereich der sexuellen Begegnung.«[41] Der Begriff konkupiszenter Sexualität ist dem kommunikativer Sexualität gewichen, ohne daß die Erfahrungen der möglichen Gefährdung und Störung der Sexualität verschwiegen würden.

Erklärung zur Sexualerziehung von 1979

Auf dieser Linie blieben die deutschen Bischöfe bis heute. 1979 haben sie sich wiederum zum Thema geäußert. In ihrer »Handreichung zur Sexualerziehung in Elternhaus und Schule« entfalten sie breit – und bemerkenswert – ihre theologisch-anthropologische Basis und ihre polyvalente Sinndeutung der Sexualität. Zur erbsündlichen Entfremdung heißt es dort: »Die Sünde des Menschen hat eine Störung der Schöpfungsordnung und des Verhältnisses der Geschlechter nach sich gezogen. Davon ist auch der sexuelle Bereich betroffen. In ihm spiegelt sich die menschliche Grundsituation, d. h. auch die erbsündliche Gebrochenheit wider (vgl. Röm 1,18ff.). Die Sexualität ist von ihrem Wesen her auf Überwindung der Grenzen des Individuums angelegt.« Die Bischöfe schweigen davon, inwiefern die Sünde die Ordnung der Schöpfung durcheinander gebracht hat. Möglicherweise finden sie das mit dem Verweis auf das 1. Kapitel des Römerbriefs genügend angedeutet. Doch sie erläutern die Störung im interpersonalen Bereich. Danach verfällt die Sexualität »unter dem Schein der Selbstüberschreitung leicht der Selbstsucht und Selbstentfremdung, der Manipulation und Ausnutzung des anderen«[42]. Es tritt, statt Lust, Sucht zwischen die Menschen, statt Partnerschaft Manipulation, statt Zuwendung Ausnutzung. Sexuelle Beziehungen werden durch herrscherliche Machtaus-

[41] Die deutschen Bischöfe Nr. 05, hrsg. v. Sekretariat der Deutschen Bischofskonferenz, Bonn 1973, 9.

[42] Beide Zitate: Die deutschen Bischöfe Nr. 23, hrsg. v. Sekretariat der Deutschen Bischofskonferenz, Bonn 1979, 8–9.

übung und durch egoistische Lüsternheit verfälscht. Die Bischöfe sind mit solchen Aussagen nahe an die Selbsterfahrung der Menschen herangekommen. Daraus hat sich die Möglichkeit ergeben, bei aller Gefährdung der menschlichen Sexualität deren Wert als Medium und Sprache der Liebe zu betonen.
Diesen Eindruck könnten die beiden Synodentexte zum Thema verstärken[43]. Sie enthalten kein Wort zu einer erbsündlichen Schädigung der Sexualität. Sie sind ganz auf die sexuellen Möglichkeiten gerichtet, die der gnädige Gott Liebenden eröffnet hat, ohne deren Gefährdung zu verschweigen. Darum können sie bemerkenswert positiv von menschlicher Sexualität reden und die Sexualerziehung in der Welt des Christentums einschränkungslos als Ermöglichung und Entfaltung einer Liebe begreifen, die sich des Leibes nicht schämt.

Römische Dokumente

Selbst in Rom beginnt sich, wenn auch etwas zögerlicher, ein Wandel im Verständnis des Menschen und seiner Sexualität anzudeuten. Noch ganz im Sinne Pius' XI. allerdings argumentiert die Erklärung der Kongregation für die Glaubenslehre »Zu einigen Fragen der Sexualethik« von 1975: »Mit bewegenden Worten beschreibt der Apostel Paulus den schmerzlichen Widerstreit, den der Mensch, Sklave der Sünde, in seinem Innern erfährt: zwischen dem ›Gesetz seiner Vernunft‹ und einem anderen ›Gesetz in seinen Gliedern‹, das ihn gefangen hält« (Röm 7,23). Jesus Christus habe zwar die Befreiung gebracht. Diese jedoch, »die uns befähigt, Gott in einem neuen Leben zu dienen, beseitigt weder die Begierde, die in der Erbsünde gründet, noch den Anreiz zum Bösen von einer Welt her, die ›ganz vom Bösen

[43] Sinn und Gestaltung menschlicher Sexualität. Arbeitspapier der Gemeinsamen Synode der Bistümer in der BRD. Sonderdruck aus »Synode 7/1973«, Bonn 1973; Christlich gelebte Ehe und Familie. Ein Beschluß der Gemeinsamen Synode der Bistümer in der BRD. Heftreihe: Synodenbeschlüsse Nr. 11, Bonn 1975.

beherrscht wird‹«. Gegen sie gilt es darum die Mittel einzusetzen, die die Kirche um eines keuschen Lebens willen »schon immer empfohlen hat: Zucht der Sinne und des Geistes, Wachsamkeit und Klugheit, um die Gelegenheiten zur Sünde zu vermeiden, Wahrung des Schamgefühls, Maß im Genuß, gesunde Ablenkung, eifriges Gebet und häufiger Empfang der Sakramente der Buße und der Eucharistie.«[44] Die Jugend solle besonders die Verehrung der Gottesmutter pflegen und sich am Leben der Heiligen ein Beispiel nehmen. Hier zeigt sich erschreckend, daß es noch immer Träger des kirchlichen Lehramtes gibt, die nichts dazugelernt haben. Mit der schlichten Wiederholung von alten Appellen wird weder die Situation verändert, noch Ethos inspiriert. Es wird nur das eigene Gewissen beruhigt (s. S. 132f.).

Die Kongregation für das katholische Bildungswesen hat in ihrer »Orientierung zur Erziehung in der menschlichen Liebe« von 1984 die Gefährdung des Menschen mit ähnlichen Sätzen angedeutet: »Die von der Sünde gezeichnete menschliche Natur ist schwach«; und: »Die Sünde verdunkelt die ursprüngliche Unschuld«[45]. Folglich erleben und verstehen sich die Menschen mit ihrer Sexualität unter dem Druck innerer Zerrissenheit. »Die von der Sünde ausgelöste Unordnung, die im Einzelmenschen wie in der Kultur, die die Gesellschaft kennzeichnet, vorhanden und wirksam ist, übt einen starken Druck aus, die Geschlechtlichkeit entgegen dem Gesetz Christi in einer Weise zu verstehen und zu erleben, die der heilige Paulus das Gesetz der Sünde nennt (Röm 7,18–23)«[46]. Durch die Sünde sei es auch schwieriger geworden, den sexuellen Menschen in seiner Ganzheit in Betracht zu ziehen und dabei Biologisches, Psychologisch-Emotionales, Soziales und Spirituelles zu integrieren. Das ist die alte intrapersonale Desintegrationsthese, vom Selbsterleben auf das Verstehen aus-

[44] Alle Zitate: Verlautbarungen des Apostolischen Stuhls Nr. 1, hrsg. v. Sekretariat der Deutschen Bischofskonferenz, Bonn 1976, Nr. 12.

[45] Verlautbarungen des Apostolischen Stuhls Nr. 51, hrsg. v. Sekretariat der Deutschen Bischofskonferenz, Bonn 1984, Nr. 15 und 27.

[46] Kongregation für das katholische Bildungswesen (Anm. 45) Nr. 44.

geweitet und ergänzt durch den Verweis auf die verwirrende Macht der Kultur.
Es kommen in dem Dokument aber auch neuartige Aussagen hinzu. Die Sünde habe die Sensibilität des Menschen für Gott und für den Mitmenschen geschwächt. Sie erschwere das Wahrnehmen der christlichen Botschaft vom bräutlichen Sinngehalt des Leibes und von der geschlechtlichen Liebe. Es gebe, so eine zusammenfassende Bemerkung, eine »dem Menschen als Folge der Erbsünde angeborene Schwäche, die zum Verlust des Gespürs für Gott und den Mitmenschen führen und Auswirkungen im Bereich des geschlechtlichen Lebens haben kann«[47]. In bescheidenem Maße deutet sich die interpersonale Sicht jener Gefährdung an, die der Sünde entstammt. Sie wird gesehen als Schwächung der Möglichkeiten des Menschen in seinen Beziehungen zu anderen Menschen und zu Gott, die seine Sexualität nicht unberührt läßt (s. S. 134. 165).
Johannes Paul II. verzichtet in seinem Schreiben »Familiaris consortio« von 1981 ganz auf den Begriff »Erbsünde«. Nur an einer Stelle erwähnt er die gnadenhafte Wiederherstellung der »von der Sünde entzweiten Menschheitsfamilie«[48]. Der Mensch ist ihm Abbild des liebenden Gottes. »Die Liebe ist demnach die grundlegende und naturgemäße Berufung jedes Menschen ... Die Liebe schließt auch den menschlichen Leib ein, und der Mensch nimmt an der geistigen Liebe teil.«[49]

Zeichen der Hoffnung

Im Ganzen ist die jüngste Entwicklung ein Zeichen der Hoffnung. Sie eröffnet, auch in katholischer Tradition, die Möglichkeit, die Sexualität als Sprache der Liebe zu begreifen und zu

[47] Kongregation für das katholische Bildungswesen (Anm. 45) Nr. 102.
[48] Dem Leben in Liebe dienen. Apostolisches Schreiben »Familiaris consortio« über die Aufgaben der christlichen Familie in der Welt von heute *Papst Johannes Pauls II.*, Freiburg 1982, Nr. 15.
[49] *Johannes Paul II*. (Anm. 48) Nr. 11.

entfalten, ohne der geschichtlichen Erfahrung verlustig zu gehen, die die Gefährdungen der Sexualität aufbewahrt, aber auch ohne an den Deutungen festzuhalten, die die Sexualität nur als Bedrohung des Menschen und seiner Beziehungen zu anderen verstehen wollen. Man muß sich ja nicht naiv vom Glauben an den allseits guten Menschen leiten lassen, um den Glauben an den »von Jugend auf bösen« Menschen zu überwinden, der die katholische Sexualpädagogik der Vergangenheit zumeist verführt hat. Sicher fällt der »Schatten in der Schöpfung«, wie Bleistein die Erbsünde genannt hat[50], auch auf die Menschen und behindert sie in ihrer Sexualität. Als große »Gefährdung erscheint dabei das sexuelle Abgleiten von der Ebene des Seins zur Ebene des Habens«. Der Mensch »ist dann nicht mehr Sexualität, sondern er hat sie und geht dementsprechend mit ihr um. Auch sexuell kann der Mensch habsüchtig werden, indem er seine Sexualität zum Ding erklärt. Der sexuelle Mensch erscheint dann als Objekt, das man besitzen kann.«[51] Diese Entfremdung des Menschen ist möglich, weil er mit seiner Geburt in den Schicksals- und Schuldzusammenhang ihrerseits entfremdeter Menschen tritt und sich dessen Wirkungen nicht entziehen kann. Eine realistische Einschätzung des Menschen aber findet in ihm selbst genügend Anzeichen, die das Vertrauen rechtfertigen, er könnte die Sexualität zur Sprache seines Liebens machen wollen, wenn man ihm dazu nur alle Möglichkeiten erschließt und ihn in den typischen Gefährdungen dabei begleitet. Das ist die Aufgabe einer Sexualpädagogik in der Welt des Christentums.

[50] *R. Bleistein,* Sexualerziehung zwischen Tabu und Ideologie, Würzburg 1971, 93.

[51] *H. Windisch,* Freiheit und Sexualität. Pastoraltheologische Anmerkungen: Stimmen der Zeit 202 (1984) 349.

4. *»Einordnung der Sexualität in die eigene Persönlichkeit«: Zur Kritik eines sexualpädagogischen Ziels*

Allein aus der am Symbol der Erbsünde festgemachten dualistischen und individualistischen anthropologischen Tradition kann eine sexualpädagogische Zielformulierung verständlich werden, die seit der Zeit, in der man die sexualpädagogische Aufgabe nicht mehr nur im Kampf gegen die Unsittlichkeit und in der Führung zur Reinheit sah, als selbstverständlich gilt und bis in die Gegenwart weit verbreitet ist. Ich meine die Zielformulierung: »Einordnung der Sexualität in die eigene Persönlichkeit«[52] (s. S. 125. 159).

Aufhebung der erbsündlichen Desintegration

Die Überzeugung von der erbsündlichen Desintegration des Individuums gibt die Basis für eine individualistische Sexualerziehung, die diese Desintegration wieder aufheben soll. Mit R. Bleistein kritisiere ich den Individualismus im Menschenverständnis, der hier wirksam ist[53], und der einer Sexualpädagogik zuwiderläuft, die die Sexualität als Sprache der Liebe entfalten

[52] Sie wird beispielsweise vorgeschlagen von: *Schröteler* (Anm. 24) 91; *K. Tilmann,* Aufgaben und Wege der geschlechtlichen Erziehung, Würzburg 1959, 12; *H. Fischer,* Einführung in den Rahmenplan, München 1967, 56; *F. Böckle/J. Köhne,* Geschlechtliche Beziehungen vor der Ehe, Mainz 1967, 20; *K. Plehn,* Richtlinien und Denkschriften zur Geschlechtserziehung in den einzelnen Bundesländern: *N. Kluge* (Hrsg.), Sexualerziehung als Unterrichtsprinzip, Darmstadt 1976, 262; *D. Katte,* Ohne Trauschein, München 1982, 60; *E. J. Cooper,* Grundkurs Sexualmoral II: Leben in Liebe, Freiburg 1983, 132. 136. 139; Die Beispiele könnten vermehrt werden. Sie stammen nicht nur aus dem katholischen Bereich. Sie müßten allerdings differenziert werden je nachdem, ob sie dieses Ziel als einziges angeben oder ob sie es in ein größeres Zielspektrum einordnen. Das habe ich hier noch vernachlässigt.

[53] *Bleistein* (Anm. 50) 44.

und einüben will. Ihr schwebt nicht das Ideal einer integrierten und harmonischen Einzelpersönlichkeit vor. Ihr geht es um Menschen, die im Medium der Sexualität gerade mit anderen Menschen leibhaftig zu tun bekommen.

Die »Einordnung der Sexualität in die eigene Persönlichkeit« betreibt, wo sie als einziges Ziel erscheint, in Wahrheit auch nicht die Ermöglichung humaner und kultivierter sexueller Praxis zwischen Menschen, die sich lieben. Sie will die Mäßigung der Sexualität. Es geht ihr eher um die Beherrschung sexueller Sinnlichkeit, weniger um deren Differenzierung. Sie versucht deren Unterordnung unter die Regeln einer sexualitätsspröden Moral, nicht deren Entfaltung im Rahmen einer humanen Ethik. Am Ende steht der selbstbeherrschte Christ und Bürger, der in allem durch Korrektheit und Lustlosigkeit auffällt.

Eine Weiterführung wird angedeutet, wenn an die »Einordnung der Geschlechtlichkeit in das Leben« gedacht ist. So will Josef M. Reuss etwa »zeigen, wie Erwachsene den jungen Menschen helfen können, ihre Geschlechtlichkeit in ihr Leben einzuordnen . . .«[54]. »Leben« steht ja nicht nur für die Gesamtpersönlichkeit, die jemand wird. Es steht auch für seinen beruflichen und privaten Umgang mit anderen Menschen und für die Beziehungen, die er unterhält. In diesem sozialen Spiel (und Ernst) spielt die Sexualität eine zentrale Rolle. Sie darin menschenfreundlich und menschenwürdig einzuordnen und nicht daraus auszusperren, geht über die Zielvorstellung einer integrierten und harmonischen Einzelpersönlichkeit hinaus. Auf Reuss gehen denn auch die Formulierungen zurück, die sich in den »Sexualpädagogischen Richtlinien für die Jugendseelsorge« von 1964 neben anderen finden: »Einordnung der Geschlechtlichkeit in die gesamtmenschliche Existenz«, »Einordnung in das Leben« und »Einordnung in die Lebensgestaltung«[55]. Hier finde ich auch diese weiterführende Perspektive.

[54] *J. M. Reuss,* Geschlechtlichkeit und Liebe, Mainz (1961) 1962, 48.
[55] Sexualpädagogische Richtlinien (Anm. 38) 7, Nr. 3 und 5. 11, Nr. 2.

Sexualität als Sprache der Liebe verstehen und gebrauchen

Noch vernünftiger wäre es, von der »Einordnung der Sexualität in das Lieben« zu sprechen. Dann wäre die Leitperspektive, an der sich alles sexualpädagogische Handeln orientiert, die Fähigkeit und Bereitschaft des (jungen) Menschen, die Sexualität als Sprache der Liebe zu verstehen und zu gebrauchen[56], mit all den somatischen, psychischen, sozialen und ethischen Voraussetzungen und all den Bedingungen der lebendigen Erfahrung und des selbstbestimmten Urteilens, an die solches Lieben geknüpft ist. Damit ist nicht einfach »partnerschaftliche Liebesfähigkeit« gemeint, wie beispielsweise R. Bleistein vorschlägt[57]. Ich halte diese Formel für unzureichend, denn es gibt doch auch »Liebe ohne Sex«[58]. Partnerschaftlich lieben kann man doch auch ohne das Medium der Sexualität. Die Formel läßt sich also asexuell mißdeuten. Und dem sollte man ausdrücklich begegnen[59]. Bleistein meint freilich mit der Formel auch leibhaftiges Lieben. Dafür steht sein Satz: »Überall, wo zur Kommunikation, zur Begegnung, zu einer differenzierten Sprache, zur Sensibilität, zur Kreativität, zur Aufmerksamkeit, zur Zärtlichkeit, zur Freude am Leib, zur Fantasie, zur Treue, zur Hingabebereit-

[56] Vgl. *W. Bartholomäus,* Art. Sexualpädagogik: *G. Bitter/G. Miller* (Hrsg.), Handbuch religionspädagogischer Grundbegriffe I, München 1986, 322–327. Die Kritik, die M. Langer, Katholische Sexualpädagogik im 20. Jahrhundert, München 1986, 275, daran äußert, trifft nicht. Die Formel »Einordnung der Sexualität in das Lieben« ist kein Gegensatz zu dem, was er will, nämlich eine Einordnung der Sexual*erziehung* in die Gesamterziehung.

[57] *Bleistein* (Anm. 50) 37–47. Vgl. *H. Camenzind-Weber,* Erziehung zur Liebesfähigkeit: *H. Halter* u. a., Sexualität und Ehe, Zürich 1981, 68–77; *Langer* (Anm. 56) 279–284.

[58] *G. Brown,* Liebe ohne Sex. Lieben ist eine Kunst genauso wie Leben eine Kunst ist, Frankfurt a. M. – Berlin 1983.

[59] Vgl. *H. Hauke,* Sexualität und Liebe: *N. Kluge* (Hrsg.), Handbuch der Sexualpädagogik I, Düsseldorf 1984, 224f.

schaft ... erzogen wird, wird das Ziel einer christlichen Sexualerziehung angestrebt.«[60]

Auch D. Bernt wendet sich gegen die Formel »partnerschaftliche Liebesfähigkeit«. Er kritisiert jedoch an ihr das Fehlen der Dimension des Institutionellen. Bernt möchte ausdrücklich zum Ausdruck gebracht wissen, daß der Gebrauch der Sexualität durch Institutionen geordnet und sexualpädagogisches Handeln auf die Ordnung des Sexuellen in Institutionen gerichtet ist[61]. Da er die Ehe meint, müßte er von »ehelicher Liebesfähigkeit« sprechen[62]. Bernt setzt damit die Sexualerziehung mit der Ehevorbereitung ineins, was unzulässig ist, wenn man der von mir entfalteten Begriffs- und Sinndeutung der Sexualität folgt. Die Sexualerziehung wird die Perspektive einer möglichen Ehe nicht aus den Augen verlieren, wenn denn die Ehe als jene Form und Institution des Liebens gilt, die in Treue durchgehalten, versöhnt mit den ihr eigenen Leiden, Lebensglück am ehesten verspricht, speziell wenn sie, in Kindern fruchtbar, zur Familie sich weitet und, in neuen Erfahrungen fruchtbar, sich zur Gesellschaft öffnet. Doch ist die Ehe nicht jedem zu verordnen, der sich seiner Sexualität als einer Aufgabe bewußt wird, und sie ist nicht jedem möglich. Zudem wird die Sexualität als Sprache der Liebe schon vor der Ehe und auch außerhalb der Ehe gesprochen. Dafür sind die vielen Worte und Dialekte da, die sie hat. Bernt überbetont also den Aspekt des Institutionellen, der, so wenig er unterschätzt oder übersehen werden darf, mit der Selbstbestimmung der Liebenden und ihren so vielfältig möglichen Lebensgeschichten in Spannung bleiben muß. Ebenso übersieht er, daß es Möglich-

[60] *Bleistein* (Anm. 50) 46; auch: *ders.*, Jugendmoral, Würzburg 1979, 81–88. 100.

[61] *D. Bernt*, Konfliktfeld Sexualerziehung in der Schule, Frankfurt a. M. 1983, 149.

[62] Vgl. *A. Ziegler*, Sexualität und Ehe: *Halter* (Anm. 57) 60. Ziegler ordnet dieses Ziel E. H. Erikson zu. Doch der spricht von »Intimität« »Genitalität« und »Generativität«, ohne diese immer mit der Ehe in Beziehung zu bringen: *E. H. Erikson*, Kindheit und Gesellschaft, Stuttgart 1971, 260 f.; *ders.*, Identität und Lebenszyklus, Frankfurt a. M. 1966, 114–118; *ders.*, Jugend und Krise, Stuttgart 1981, 138–143.

keiten sexuellen Erlebens und Handelns gibt – den enormen Reichtum der Selbsterfahrungen und Begegnungen, die ganze Stufenleiter der Zärtlichkeiten –, die noch unterhalb des institutionell Geregelten bleiben und für die deshalb Institutionen nichts austragen.

Gefährdetes Sprechen

Die Leitperspektive der Fähigkeit und Bereitschaft, Sexualität als Sprache der Liebe zu verstehen und zu gebrauchen, gründet in einem Verständnis der Sexualität, das diese nicht mehr als böse Begierlichkeit sondern als Medium der Liebe begreift, und wird möglich auf der Basis jener Weiterführung der Lehre von der »Erbsünde«, welche die »Macht der Sünde« mit zwischenmenschlichen Beziehungen und deren Gefährdung in Verbindung bringt, ohne die kommunikativen Möglichkeiten der Sexualität zu verdrängen. Dieses Verständnis bleibt sensibel für das Zerbrechliche und Gefährdete des sexuellen Liebens, das an der Endlichkeit des Menschen und seiner Schuldfähigkeit hängt und sich aus dem Schicksals- und Schuldzusammenhang der Gesellschaft jedem aufdrängen will.

Ausblick: Sexualpädagogik in der Welt des Christentums

Ein Buch muß einmal zu Ende sein. Natürlich konnte ich nicht alles ansprechen, was man mit der Aufgabe einer umfassenden Sinndeutung menschlicher Sexualität zusammenbringen könnte und was zur Grundlegung einer Sexualpädagogik in der Welt des Christentums notwendig wäre. Und was angesprochen wurde, wird mancher zu wenig entfaltet finden. Das ist das Schicksal jedes Buches, das mit den Grenzen des Verfassers und des Verlegers, der Zeit und des Papiers zusammenhängt.

Nicht alles konnte behandelt werden

Viele interessante Einzelfragen, denen nachzugehen sich aufgedrängt hätte, mußten übergangen oder konnten nur allzu kurz angerissen werden. Das sind insbesondere die nach der Gleichwertigkeit von Mann und Frau und deren sexueller Identität und Rolle; die nach Nacktheit und Scham; die nach den Formen der Zärtlichkeit und den Weisen der Liebe; die nach Selbstbefriedigung und Lust; die nach der Homosexualität des Homosexuellen und des Heterosexuellen; die nach Freundschaft, Verliebtheit und Partnerwahl; die nach den nichtehelichen Lebensgemeinschaften und anderen, die (eheliche) Bindung aufschiebenden oder vermeidenden Formen der Zweisamkeit bzw. Mehrsamkeit; die nach dem bleibenden Wert von Ehe und Familie; die nach Verzicht und Ehelosigkeit. Hinzu kommt das Anliegen, wie in Elternhaus, Schule, Jugendarbeit und Gemeinde mit diesen Fragen umzugehen ist. Dies alles sollte und konnte hier auch nicht behandelt werden, denn dafür ist ein anderes Buch vorgesehen, dessen Inhalte ich hiermit umschrieben habe.

Sprache der Liebe

Mir ging es um Grundlagen für eine Sexualpädagogik in der Welt des Christentums: in allem um ein umfassendes Verständnis von Sexualität, das die traditionelle, speziell im katholischen Bereich überlieferte Erfahrung und Deutung der Sexualität als böse »Glut der Begierde« überwindet und zu einer Sexualität findet, die Sprache der Liebe ist, trotz alles Gefährdenden, dem sie ausgesetzt bleibt. Dazu war eine Auseinandersetzung mit Themen und Texten katholischer Sexualpädagogik nötig. Die Überwindung des Sexualpessimismus mit allen seinen schmerzlichen Folgen ist nicht in erster Linie ein theoretisches Problem. Der Sexualpessimismus sitzt nicht nur in unserem Kopf. Er sitzt uns in Fleisch und Blut, ist uns an die Nieren gegangen und hat unser Fühlen und Erleben besetzt. Wir müssen ihn dort aufspüren und bewältigen. Wir wollen endlich *erleben,* daß sexuelles Begehren, sexuelle Leidenschaft und Lust, sexuelles Lieben, menschenwürdige und kreative Möglichkeiten sind, mit denen zwar jeder auf seine Weise umgehen kann, im Gebrauch oder Verzicht, die aber nicht seine Menschlichkeit und Menschenwürde zerstören. Im Medium der Sexualität öffnen sich Menschen füreinander, kommen Menschen zueinander, bleiben Menschen beieinander. Im Medium der Sexualität entdecken sie, wer sie sind, und erkennen sie einander, erfahren sie die Lust und die Last des Lebens und Liebens. Bei aller Begrenzung des Menschen durch seine Endlichkeit und all seiner Gefährdung durch seine Schuldfähigkeit: sexuelle Beziehungen und Bezüge machen die Menschen reicher und menschlicher – wenn sie sich der Verführbarkeit durch destruktive Macht und egoistische Lüsternheit bewußt bleiben und diese düstere Realität nicht naiv überspielen. Sexualität ist Sprache der Liebe. Sie drückt Sympathie aus, Nähe, Gegenwart, Zuneigung, den Willen zur Gemeinschaft. Darin stiftet sie Identität, unterhält sie Beziehungen, gewährt sie Lust und erschafft sie neues Leben. Sie tut das in verschiedenen Dialekten und Intensitäten. Diese mögen unterschiedlich vollkommen sein. Doch unter Menschen bleibt das Unzureichende normal, das große Glück selten. Beides ist freilich an die Idee einer idealen Gestalt gebunden, nach der es sich bemißt. Ist sie die heterosexuelle Liebe in Ehe und Familie? Und ist alles andere davon abgeleitet? Ich will nicht von neuem beginnen. Sondern auf Zukünftiges verweisen.

Öffentlich kommunizierbar – In der Wirkungsgeschichte des Christentums

Die katholische Sexualpädagogik kann, sofern sie das Gespräch mit alternativen sexualpädagogischen Ansätzen sucht und die Auseinandersetzung mit allen mit der Sexualität des Menschen befaßten Wissenschaften will, nur als »Sexualpädagogik in der Welt des Christentums« weitergeführt werden. Sie entledigt sich dadurch ihrer konfessionellen Einseitigkeit und kirchlichen Enge, wird dabei (hoffentlich) öffentlich kommunizierbar, verbleibt aber in der Wirkungsgeschichte des von den Kirchen und ihren typischen Einstellungen zur Sexualität bestimmten Christentums und befaßt sich mit der Aufarbeitung von deren schädigenden und hilfreichen Möglichkeiten.

Der ganze Mensch

Zweifellos muß einer solchen Sexualpädagogik, die die sexualpositiven Elemente christlicher Tradition kreativ aufnimmt, eine ganzheitliche Anthropologie zugrunde gelegt werden. Diese will aber nicht darauf eingeschränkt sein, was man die »Einheit von Leib und Seele« nennt. Zur Ganzheit des Menschen gehört nicht nur seine (Leib und Geist integrierende und differenzierende) In-Dividualität (Ungeteiltheit). Zu ihr gehört auch anderes: seine personale Individualität (seine Eigenheit und Einzigartigkeit, seine Selbstbestimmung und Freiheit); seine mit dieser Individualität in Spannungseinheit stehende Sozialität (interpersonaler und gesellschaftlicher Art); seine Geschichtlichkeit (und damit Endlichkeit), die zur Folge hat, daß er von anderen bestimmt wird und andere bestimmt, nie also nur augenblicksbezogen ohne Verantwortung existiert; seine Transzendenzoffenheit, die sich in seinem Sinnbedürfnis zeigt und in der Erfahrung, daß es immer mehr gibt als das (sexuelle) Lieben hergibt. Zu ihr gehört auch die Gegebenheit, daß sich ihm – in der Sicht des Christentums – Gott selbst sinnstiftend und rettend in Schöpfung und Erlösung mitgeteilt hat. Diese Glaubensgewißheit steht nicht eigentlich neben den anderen anthropologischen Aspekten. Sie interpretiert, kritisiert und integriert sie. Doch weiß unser säkulares Bewußtsein um die Individualität, Sozialität, Geschichtlichkeit und Transzendenzoffenheit des Menschen auch »außerhalb« des Horizonts des Glaubens. Und es bringt beide, die wahrgenommene Realität und die im Glauben übernommene Theologizität, im Bewußtsein der Differenz zusammen, nur schwer aber im erfahrenen Glauben.

Die ganze Sexualität

Im Kontext einer so verstandenen Ganzheit des Menschen ist nach der umfassenden Sinngebung menschlicher Sexualität zu suchen. Es wird sich dann ihre Sinnvielfalt zeigen: Menschliche Sexualität ist nicht allein Instrument der Fortpflanzung, sondern allererst Sprache und Medium einer lebensschöpferischen (fruchtbaren) Liebe. Sie schenkt Selbstwertgefühl und gewährt Lusterfahrung. Der Rückblick in die Geschichte katholischer Sexualpädagogik zeigt, daß man den Fruchtbarkeitsaspekt auf die Fortpflanzung enggeführt hat, obwohl Sexualität auf vielfältige Weise lebendig macht, und daß man zu den anderen Sinnaspekten menschlicher Sexualität, zu deren identitätsförderndem und lustgewährendem Sinn, kaum Zugang fand. Speziell der Lustaspekt der Sexualität blieb fast unbearbeitet, wenn man darunter nicht ängstliche Abwehr oder egoistische Verteufelung, sondern positive Wertschätzung, sensible Entfaltung und sinnvolle Einübung versteht.
Dabei ist es wichtig, einen klaren Begriff von »Sexualität« zu haben (s. S. 24–27). Sexualität auf genitale Sexualität (z. B. Masturbation, Petting, Koitus) und sexuelle Lust auf orgastische Lust einzuschränken, ist eine begriffliche und konzeptionelle Selbstbehinderung. »Sexualität« steht für die Gegebenheit, daß die Menschen als Männer und Frauen existieren, was für ihr Begreifen von Wirklichkeit jeder Art und für ihre Beziehungen

zueinander immer von Bedeutung ist. »Sexualität« steht für geschlechtliche Identität und Rolle, für alle Erlebnisweisen und Handlungsformen, die mit der körpernahen Beziehung von Mann und Frau zu tun haben, und für die ganze Stufenleiter der Zärtlichkeiten bis zur genitalen Begegnung. Und »Sexualität« umfaßt die Normierungen und Institutionalisierungen, die sich darauf beziehen. Damit ist die Sexualpädagogik befaßt.
Gänzlich ohne Problematisierung blieb bislang, was in der sexualwissenschaftlichen Diskussion unter dem Stichwort »Motivationstheorien der Sexualität« als Frage nach den eigentlichen Motiven sexuellen Erlebens und Handelns erscheint. Fast durchgängig folgt die katholische Tradition einem (biologistischen oder psychoanalytischen) Triebkonzept der Sexualität, nach der die Sexualität aus einem Sexualtrieb hervorgeht, dessen Energien endogen anwachsen und von Zeit zu Zeit einer orgastischen Entladung bedürfen. Diese Theorie hat in der Wissenschaft ihre Kritiker gefunden. Man sieht, daß sexuelles Erleben und Handeln Ausdruck der Gesamtsituation des Menschen ist, daß in ihm Bedürfnisse zum Vorschein und zur Befriedigung kommen können, die man vorderhand gar nicht als sexuelle bezeichnen würde, weil sie mit orgastischer Lustsuche nur gleichsam nebenbei zu tun haben, diese »nur« zum Mittel nicht-sexueller Bedürfnisse nimmt oder zum Ersatz für die Bewältigung psychosozialer Konflikte. Wird das ernst genommen und verarbeitet, dann wird der Engführungscharakter einer auf Geschlechtsverkehr und Orgasmus, Befruchtung und Nachkommenschaft zentrierten Sexualerziehung erschreckend deutlich.
Eine Sexualpädagogik in der Welt des Christentums wird es vermeiden, das sexualpädagogische Handeln auf die Vermittlung ethischer Normen oder den Erwerb ethischer Urteilskraft zu reduzieren. Über das Ziel sexualpädagogischen Handelns wird man sich zwar noch verständigen müssen. Zu disparat sind bislang die vorgeschlagenen Konzepte. Wenn es um »partnerschaftliche Liebe« geht oder darum, »Sexualität als Sprache der Liebe zu verstehen und zu gebrauchen«, oder um ähnliche Vorschläge, dann geht es immer neben den ethischen Problem-

feldern, auf die sich traditionellerweise die Moral richtet, um sexualpositive Einstellungen und Handlungen, um deren Ermöglichung durch Lernen und Erfahrung, um Vorgänge also auf verschiedenen Ebenen (auf kognitiver, emotionaler, handlungsdispositiver Ebene) und in verschiedenen sozialen Kontexten (Familie, Schule, Jugendgruppe, Gemeindekatechese), in denen mehr vermittelt und erworben wird als Normen und Urteilskraft: Entfaltetes Menschsein ist das Ziel aller Bemühungen.

Sexualpädagogik im Interesse der Freiheit zu lieben

Eine Sexualpädagogik in der Welt des Christentums wird eine emanzipatorische Sexualpädagogik sein. Allerdings deutet sie die Emanzipation radikaler als die sexualaffirmative, auch »emanzipatorisch« genannte Sexualpädagogik. Sie rechnet nämlich mit der Möglichkeit von Versagen und Schuld; und sie läßt Versagen und Schuld zu. Sie zielt auf Freiheit von jeder Knechtschaft und Freiheit zu grenzenloser Liebe, eingeschlossen die Freiheit von Endlichkeit, Schuld und Tod. Sie rechnet mit unabänderlichem Leid und der Notwendigkeit der Versöhnung mit ihm. Sie weiß darum, daß Menschen nicht alles machen können; daß ihnen die Freiheit, in Freiheit zu lieben, letztlich zufällt, Geschenkcharakter hat. Hier beginnt sie von Gott zu reden.
Eine Sexualpädagogik in der Welt des Christentums hat, möglicherweise anders als das bisher geschah, mit den Realitäten zu rechnen. Damit ist mehr gemeint als die bloße Kenntnisnahme der Einstellungen Jugendlicher zur Sexualität und deren sexuelle Praxis, wie sie die empirische Sexualforschung erhoben hat. Wir müssen sie als Tatsachen respektieren. Eine Sexualpädagogik, die darauf setzte, die sexuellen Einstellungen und Praxisformen in unserer Gesellschaft würden sich in den nächsten Jahren wesentlich ändern, verurteilte sich selbst zum Scheitern. Man muß zwar nicht alles, gerade wenn es der Menschenfreundlichkeit und Menschenwürde widerspricht, akzeptieren und entschuldigen. Man wird auch offenen Widerspruch zum Ausdruck

bringen dürfen, wenn Realitäten dem entgegenstehen, was man selbst für angemessen hält. Der Respekt vor Menschen – auch vor sich selbst als Menschen – macht Widerspruch zwingend, wo es Gegensätze gibt. Doch er verlangt auch, jeden ohne Vorbedingungen als sexualpädagogischen Gesprächspartner ernst zu nehmen.

Sexualpädagogisches Handeln setzt nicht beim Perfekten an, sondern beim Defekten. Sexualpädagogik wird mit selbstbestimmten Menschen rechnen, die vielfältige, vielleicht nur halbwegs gelungene, vielleicht aber auch neue Möglichkeiten eröffnende sexuelle Erfahrungen haben. Die Bewegung, die in die Kirche wie unter die Menschen überhaupt gekommen ist, läßt für die Zukunft hoffen.